AF538078

# Das ist das Bauhaus!

# 50 Fragen 50 Antworten

Gesine Bahr
Halina Kirschner

E. A. Seemann

Was war das Bauhaus?

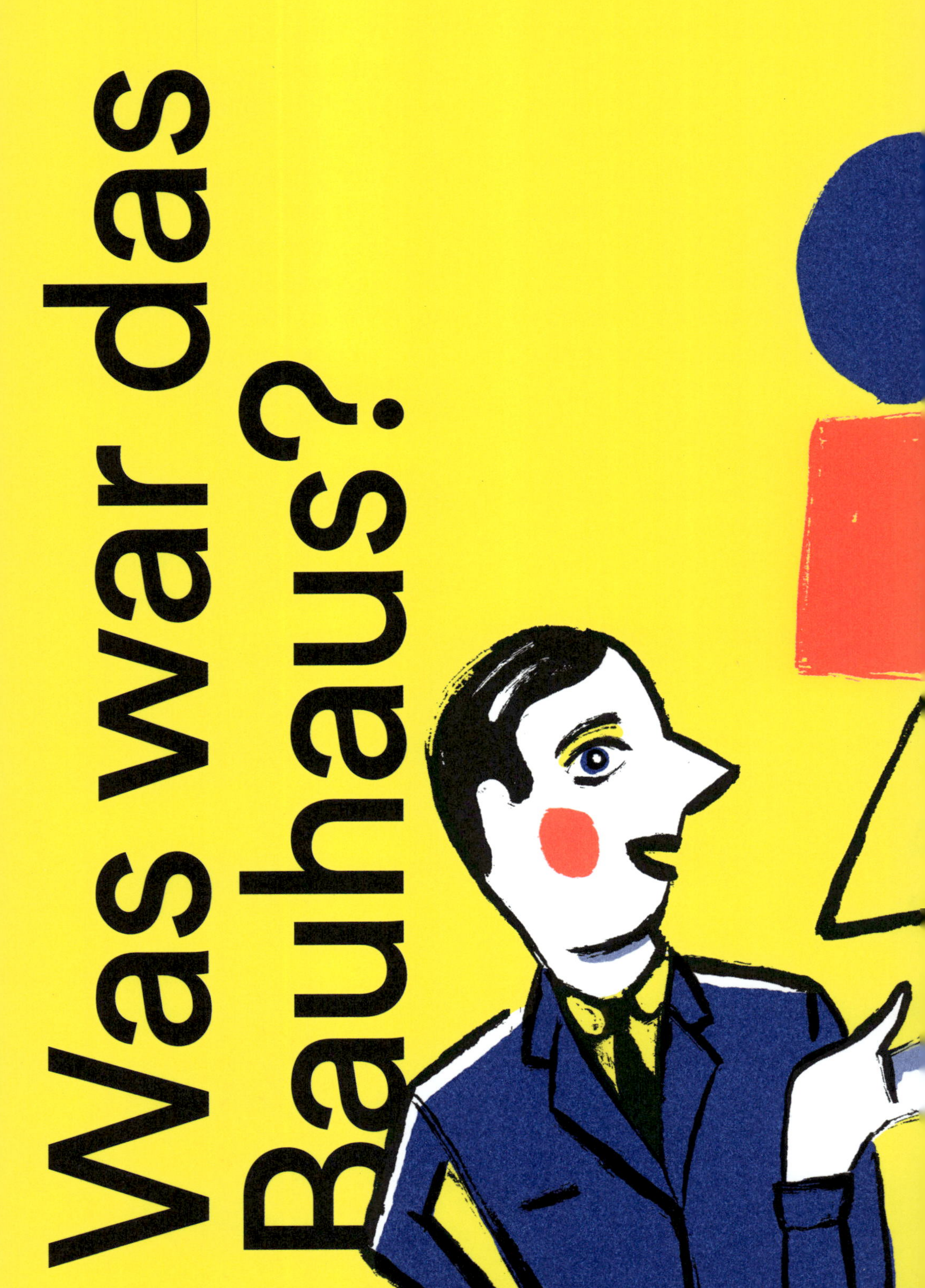
Was war das
Bauhaus?

Das Bauhaus war eine Idee. Eine Revolution. Ein Scheitern und ein Erfolg.
Das Bauhaus war eine Schule.
Das Bauhaus war Weimar, Dessau, Berlin, die ganze Welt.
Das Bauhaus war Streit.
Das Bauhaus war Gemeinschaft.
Das Bauhaus war Gropius, Meyer, Mies.
Das Bauhaus war glatt, weiß, klar und bunt.
Das Bauhaus war Kugel, Kegel, Kubus.
Das Bauhaus war blau, rot, gelb.
Das Bauhaus war die Speerspitze der Gestaltungsavantgarde.
Das Bauhaus war ein Spielhaus.
Das Bauhaus war ein Experiment.
Das Bauhaus war jung, international, dynamisch.
Das Bauhaus war politisch, künstlerisch und esoterisch.
Das Bauhaus war streitbar.
Das Bauhaus hat gebaut.
Das Bauhaus hat Stahlrohr gebogen.
Das Bauhaus hat gewebt.
Das Bauhaus hat gefeiert.
Das Bauhaus hatte viele Feinde und noch mehr Freunde.
Das Bauhaus war vieles – nur nicht langweilig.

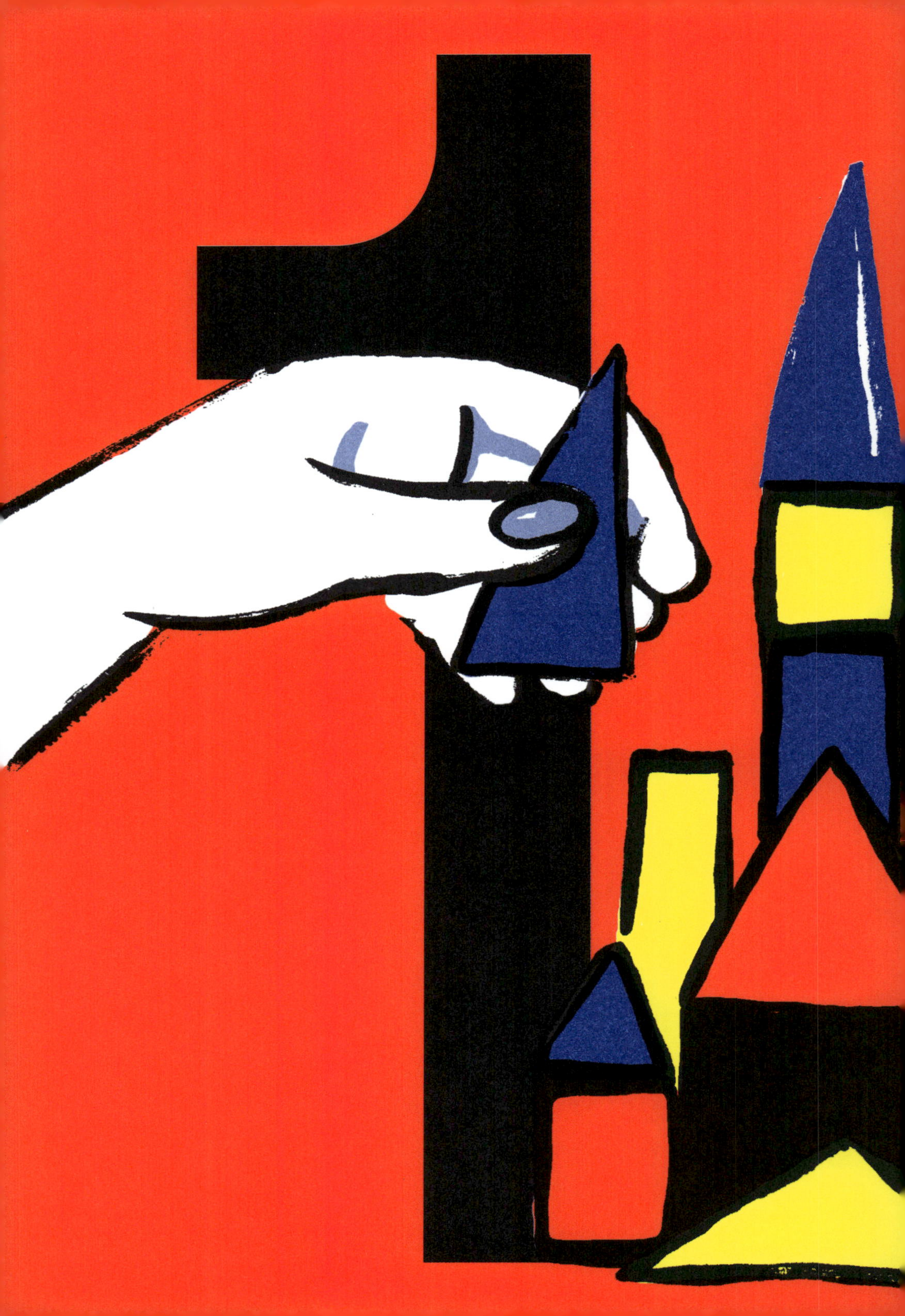

# Warum heißt das Bauhaus ›Bauhaus‹?

»Alle Wege führen nach Rom«, heißt es im Allgemeinen. Die Gründungsphrase des Bauhauses erinnert an dieses Sprichwort, hier wird der Architektur – metaphorisch ausgedrückt – enorme Gravitations- und Zentrifugalkraft zugesprochen: »Das Endziel aller bildnerischen Tätigkeit ist der Bau!«[1] Mit diesem Statement beginnt das Bauhaus-Manifest, die erste, auf einer Seite im Querformat gedruckte, öffentliche Selbstdarstellung, mit der Gropius 1919 das Staatliche Bauhaus in Weimar für eröffnet erklärte. Das Titelblatt schmückt ein Holzschnitt geschnitzt von Lyonel Feininger, einem der ersten Bauhausmeister. Das Bauhaus-Manifest proklamierte – reich an Beschwörungsformeln – das Programm der neuen Schule. Es rief den »neuen Bau der Zukunft«[2], »der aus Millionen Händen der Handwerker einst gen Himmel steigen wird als kristallenes Sinnbild eines neuen kommenden Glaubens«[3]

aus. Die Königsdisziplin der Bauhausausbildung war also die Architektur.

Alle anderen Handwerkskünste, die in den Werkstätten des Bauhauses erprobt wurden – Tischlerei, Weberei, Metall-, Keramikwerkstatt, Glas- und Wandmalerei, Bildhauerei –, sollten in der Baukunst verbunden werden, »bewußtes Mit- und Ineinanderwirken aller Werkleute untereinander«[4] nennt Gropius dieses interdisziplinäre Schaffen in seinem Manifest. Das Gesamtkunstwerk, auf das hingearbeitet wurde, war also weder ein Bild noch ein Stuhl oder ein Teppich, sondern ein Haus, eine »Kathedrale« – der »Bau der Zukunft« –, in dem alle diese Dinge ihren Platz und ihre Funktion hatten. »Architekten, Maler und Bildhauer müssen die vielgliedrige Gestalt des Baues in seiner Gesamtheit und in seinen Teilen wieder kennen und begreifen lernen, dann werden sich von selbst ihre Werke wieder mit architektonischem Geiste füllen«[5], heißt es im Bauhaus-Manifest weiter.

Die monumentalen Kathedralen entstanden im Mittelalter in den interdisziplinären Bauhütten – und genau auf diesen Werkstattverband beruft sich auch Gropius. Er ersetzte den zweiten Wortteil allerdings mit dem moderneren, demokratischeren »Haus« und damit war das Thema und Ziel der neuen Schule gleich im Namen festgelegt.

Interessanterweise gab es aber erst ab 1927 im Dessauer Bauhaus eine Bauabteilung, die eine reguläre Architekturausbildung ermöglichte. Diese wurde dafür aber auch an neuralgischer Stelle platziert: über dem Direktorenbüro, der Kommandozentrale auf der Brücke, die den Werkstattflügel mit der »Technischen Lehranstalt« verband. Auch Gropius' privates Baubüro befand sich auf der Brücke. Bis zur Einführung der Bauabteilung war das Gropius'sche Baubüro der Ort, an dem die Bauhausstudierenden Architektur lernen konnten. Und auch alle anderen Werkstätten wurden in die Projekte des Baubüros Gropius eingebunden, beispielsweise das Berliner Haus Sommerfeld (1920/21) oder das Weimarer Musterhaus Am Horn (1923). Für Letzteres gestaltete beispielsweise die Tischlerei Möbel, die Metallwerkstatt die Beleuchtung, die Weberei produzierte Teppiche und die Keramikwerkstatt Geschirr, entworfen wurde das Haus von Georg Muche und Adolf Meyer.

Die Leitlinie der Architektur zieht sich wie ein roter Faden durch die veränderungsreiche Geschichte des Bauhauses. Trotz aller Wandlungen unter den verschiedenen Bauhausdirektoren blieb sich das Bauhaus seiner Grundidee als Versuchslabor für den Bau der Zukunft treu. Dem zweiten Bauhausdirektor, Hannes Meyer, ging es weniger um den Bau als Gesamtkunstwerk – er wollte sozial und erschwinglich bauen, wie sich bei den Dessauer Laubenganghäusern zeigt. Und Ludwig Mies van der Rohe richtete das Bauhaus ganz klar auf die hohe Kunst der Architektur und ihre Ästhetik aus: Die sozialen und politischen Fragen rückten in den Hintergrund, der Vorkurs wurde abgeschafft, die Werkstattarbeit in Form und Bedeutung reduziert und auf die Zuarbeit zur zeitgemäßen Baukunst ausgerichtet. Der einzige Mies-Bau in der Bauhausbauten-Stadt Dessau war die Weiterentwicklung von Eduard Ludwigs Entwurf für die Trinkhalle: ein ca. zwei qm großer Kiosk von unbestreitbarer Eleganz, eingelassen in die gerundete Ecke am östlichsten Punkt der zwei Meter hohen Mauer, die das Meisterhaus-Areal umgibt.

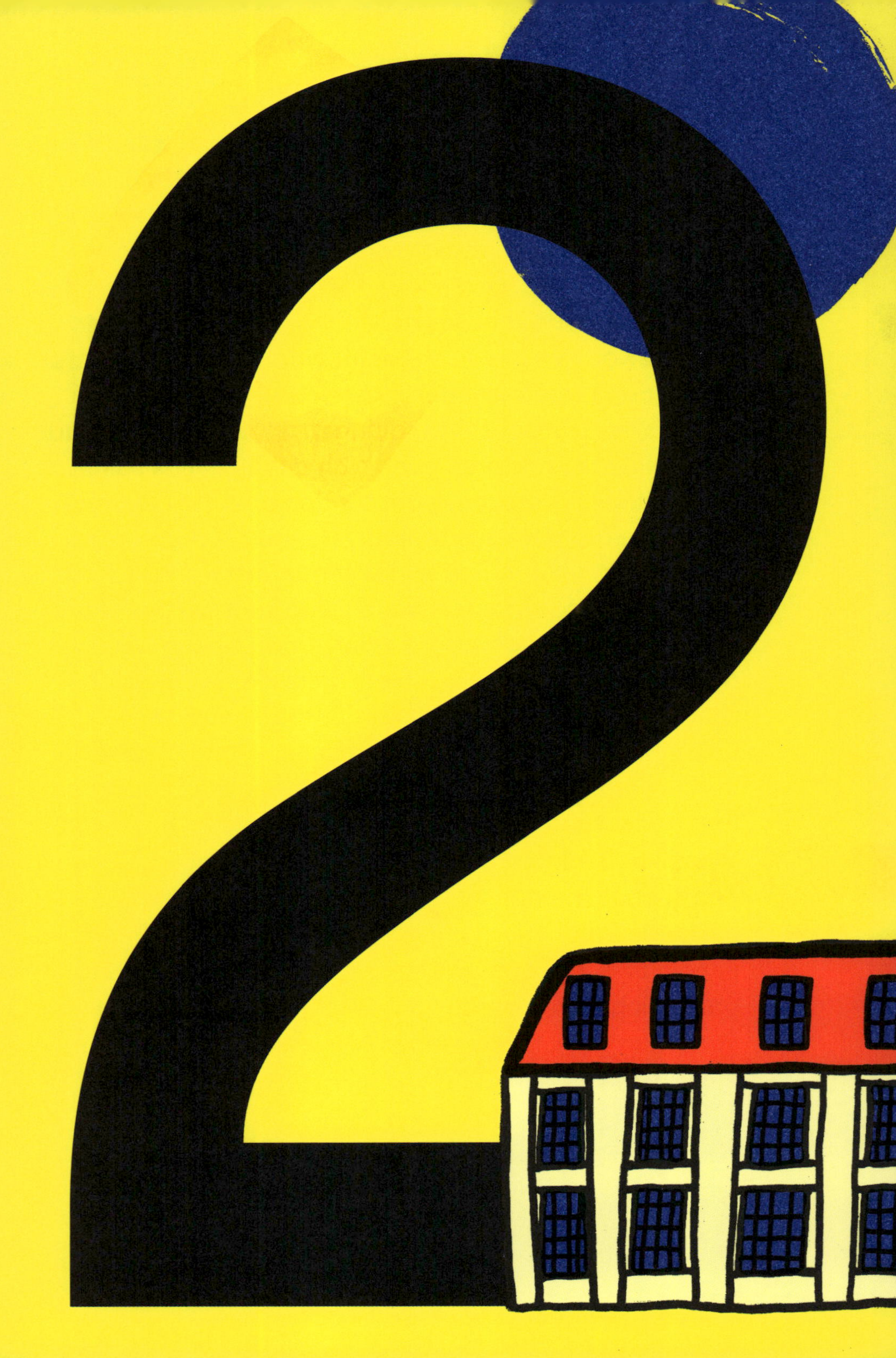
2

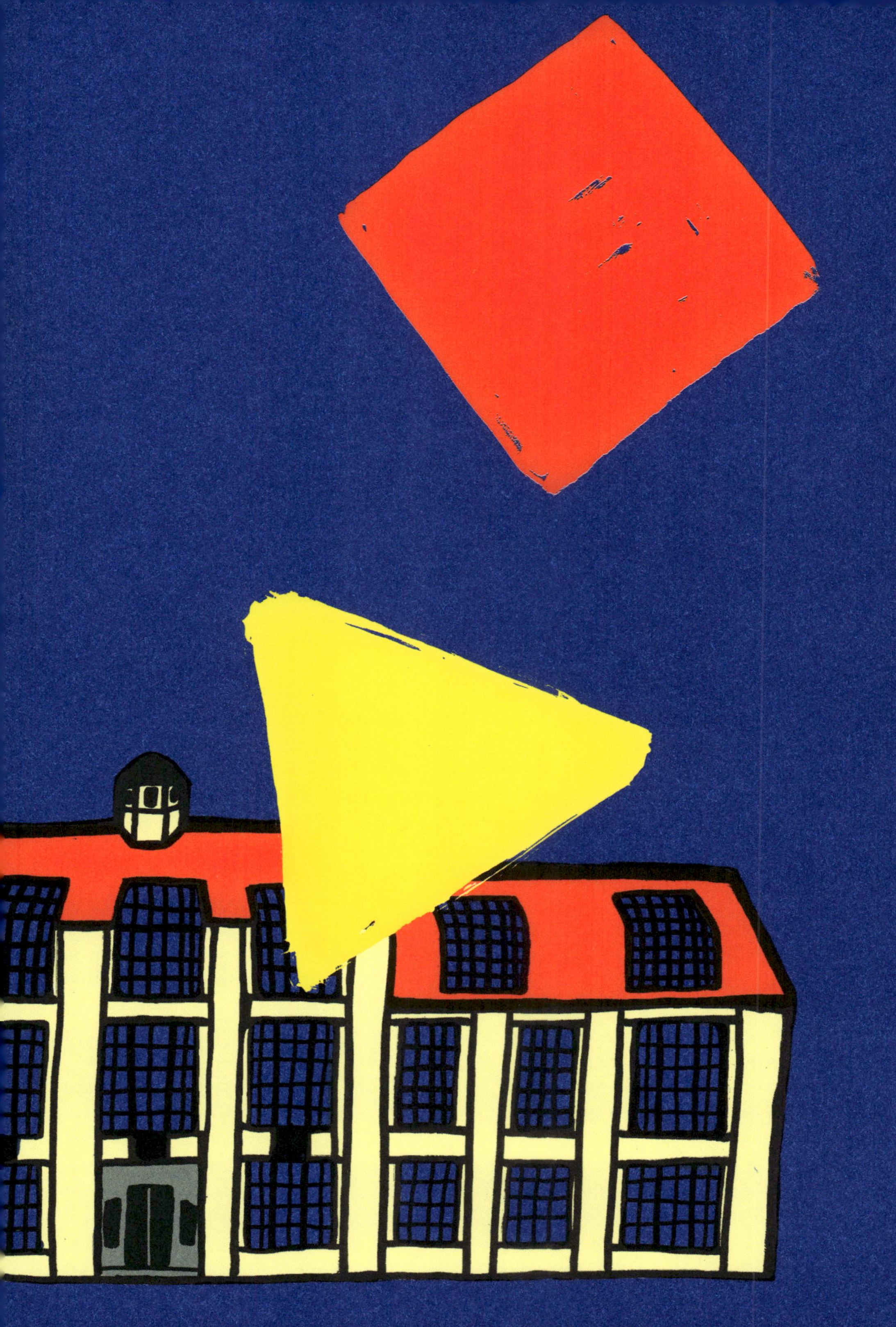

# Ist das Bauhaus vom Himmel gefallen?

Obwohl zumindest das Bauhausgebäude in Dessau immer auch ein bisschen an ein Raumschiff erinnert, das 1926 auf dem mitteldeutschen Acker gelandet ist, um der Welt bahnbrechende Gestaltungsinnovationen nahezubringen, ist es natürlich in einem Kontext entstanden.

Die Wiege des Bauhauses steht in Weimar. Und zwar bereits seit 1902. In diesem Jahr des für seine tendenziell dekadente Ornamentfreudigkeit bekannten »Fin de Siècle« gründete der belgische Künstler Henry van de Velde das Kunstgewerbliche Seminar in der Goethe-Schiller-Stadt – und wurde damit zum Grundsteinleger oder auch der Hebamme der wohl bekanntesten Kunsthochschule der Welt. 1907 wurde aus der »Beratungsstelle für Handwerk« die Weimarer Kunstgewerbeschule.

Hier ging es bereits darum, mit innovativen Lehrmethoden althergebrachte Gestaltungstraditionen zu überwinden und die angewandte Kunst zu nie dagewesener Strahlkraft zu bringen. Konkret bedeutete das: Dinge des täglichen Lebens als Kunst zu denken und zu gestalten – auch, um so ein neues Lebensgefühl zu schaffen.

Vor der Industrialisierung gab es natürlich von jeher Kunsthandwerk – nun war es aber technisch möglich geworden, einen Entwurf in Serie zu produzieren. Das wiederum legt den Fokus auf gerade diesen Entwurf, denn bei einem Objekt, das massenhaft verkauft werden soll, aber wenig taugt, besteht natürlich die Gefahr eines wirtschaftlichen Fehlschlags. Das Kunstgewerbe musste also gelungene Prototypen herstellen. Mit den neuen Möglichkeiten der Industrialisierung gab es nämlich auch einen gestalterischen Wildwuchs: unnötige, geschmacklose Dekorationen wie antik dekorierte Dampfmaschinen oder Lampen in Blütenform.

Ende des 19. Jahrhunderts entstand darum in Deutschland, inspiriert von englischem Vorbild – William Morris und seiner Arts-and-Crafts-Bewegung –, das Duo des Kunstgewerbes, das die Produktion von gut gestaltetem Design institutionalisieren und sichern sollte: Kunstgewerbeschule und Kunstgewerbemuseum, die Hand in Hand gingen. Während die Bildungsstätten für die entsprechende Ausbildung sorgen sollten, wurden im Museum die Vorbilder und Muster aus aller Welt und allen Epochen ausgestellt und vor allem gesammelt – um den Kunstgewerbeschülern als Lehrbeispiele zu dienen. Kunstgewerbeschulen waren also auch immer Geschmacksbildungsanstalten – aber streng nach Vorbild.

Die Frage, wie man es schafft, die Herstellung schön gestalteter Dinge, die sich gut verkaufen, in geregelte Bahnen zu lenken, trieb um die Jahrhundertwende sowohl Industrielle und Kaufleute als auch Architekten, Künstler und Kunsthandwerker um. 1907 taten sich jeweils zwölf Köpfe aus diesen Bereichen zu einem Verein zusammen: dem Deutschen Werkbund. Dieser hatte sich eine »Veredelung der gewerblichen Arbeit im Zusammenwirken von Kunst, Industrie und Handwerk, durch Erziehung, Propaganda und geschlossene Stellungnahme zu einschlägigen Fragen«[6] auf die Fahnen geschrieben. »Veredelung« meinte hier nicht nur die Qualitätssicherung der Objekte, sondern ebenso einen gelungenen Prozess der Herstellung. Im Gegensatz zum bis dato vorherrschenden, ornamentüberladenen, historisierenden Stil war die vom Werkbund geforderte Ästhetik von Sachlichkeit und Funktionalität geprägt. Das Siegel »Made in Germany«, das die Engländer als Käuferwarnung vor schlechtem Design für Produkte aus Deutschland eingeführt hatten, sollte so zum Qualitätssiegel für gute Gestaltung werden.

Dass die Frage nach der Rolle des Künstlers in diesem Prozess unterschiedlich zu beantworten war, zeigte der Werkbundstreit von 1914 zwischen dem Architekten Hermann Muthesius und Henry van de Velde. Muthesius verlangte eine Typisierung, um Möbel, Objekte, Häuser effizienter produzieren zu können. Van de Velde sah dadurch die Freiheit und Individualität des Künstlers gefährdet.

Diese wurde an van de Veldes Kunstgewerbeschule in Weimar dann auch großgeschrieben, als es darum ging, neue Wege zu gehen und zu versuchen, selbst zu gestalten, nach höchstmöglicher Ästhetik zu streben und für die industrielle Fertigung zu produzieren. Der Erste Weltkrieg und van de Veldes belgische Staatsangehörigkeit führten ab 1915 zur Schließung der Schule. Obwohl er selbst mit der Direktorenstelle liebäugelte, als es um das zu ernennende Oberhaupt der 1919 zum Staatlichen Bauhaus zusammengelegten Kunstgewerbeschule und Kunstschule ging, war es schließlich Henry van de Velde, der Walter Gropius – einen seiner Mitstreiter im Werkbundstreit 1914 mit Muthesius – als Kopf der neuen Einheitskunstschule Bauhaus empfahl: Hier sollten zum ersten Mal Kunst und Kunsthandwerk, bildende und angewandte Kunst, in einer Schule vereint werden. Diese beiden Wurzeln zeigten sich übrigens auch in der Architektur des Weimarer Bauhauses, das aus zwei Flügeln bestand: aus einem für Kunst und einem für Kunsthandwerk. In gewisser Weise vereinte das Bauhaus damit auch die beiden Positionen des Werkbundstreits: Es wollte unter größter künstlerischer Freiheit industrielle, gut zu fertigende Prototypen entwerfen.

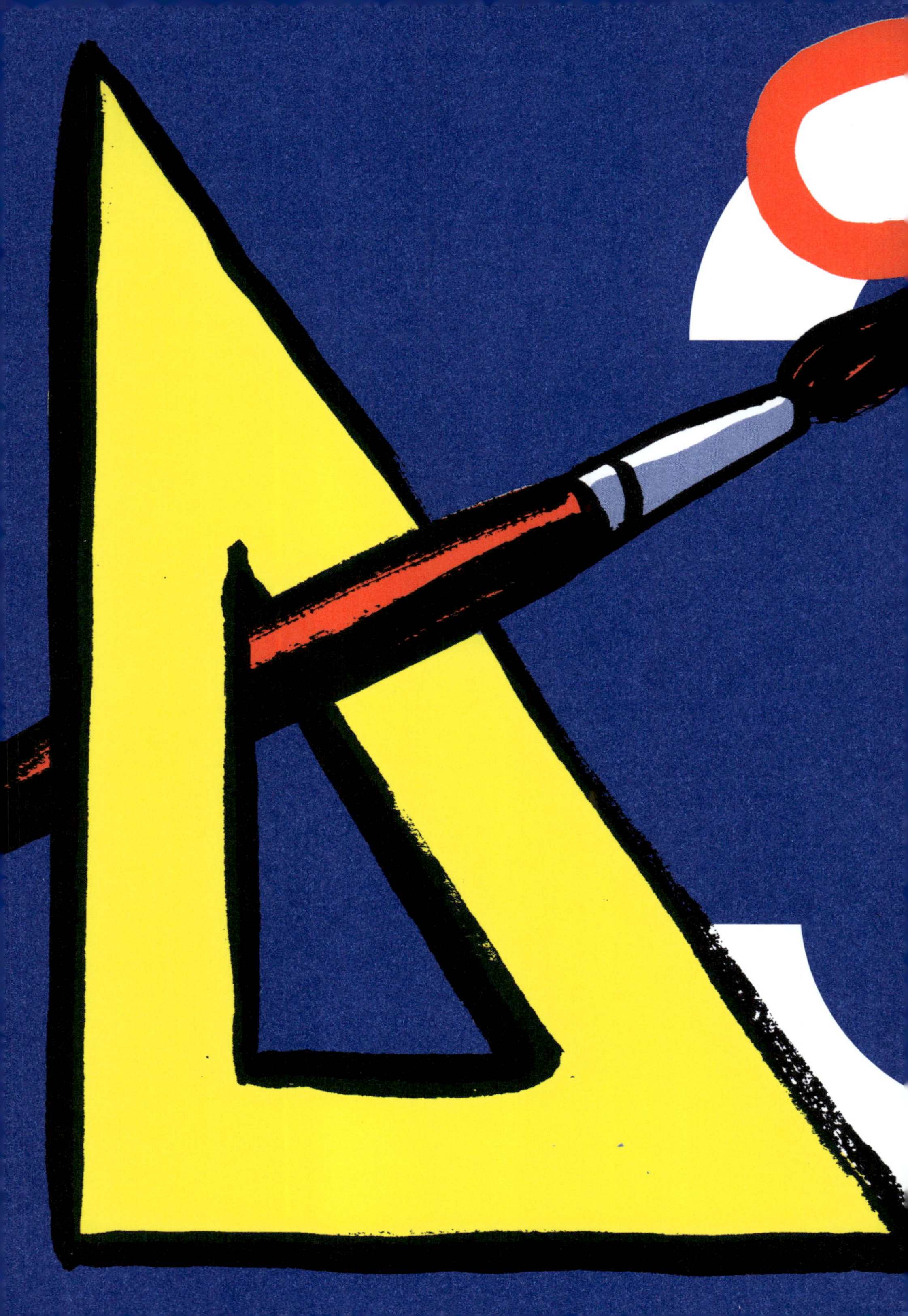

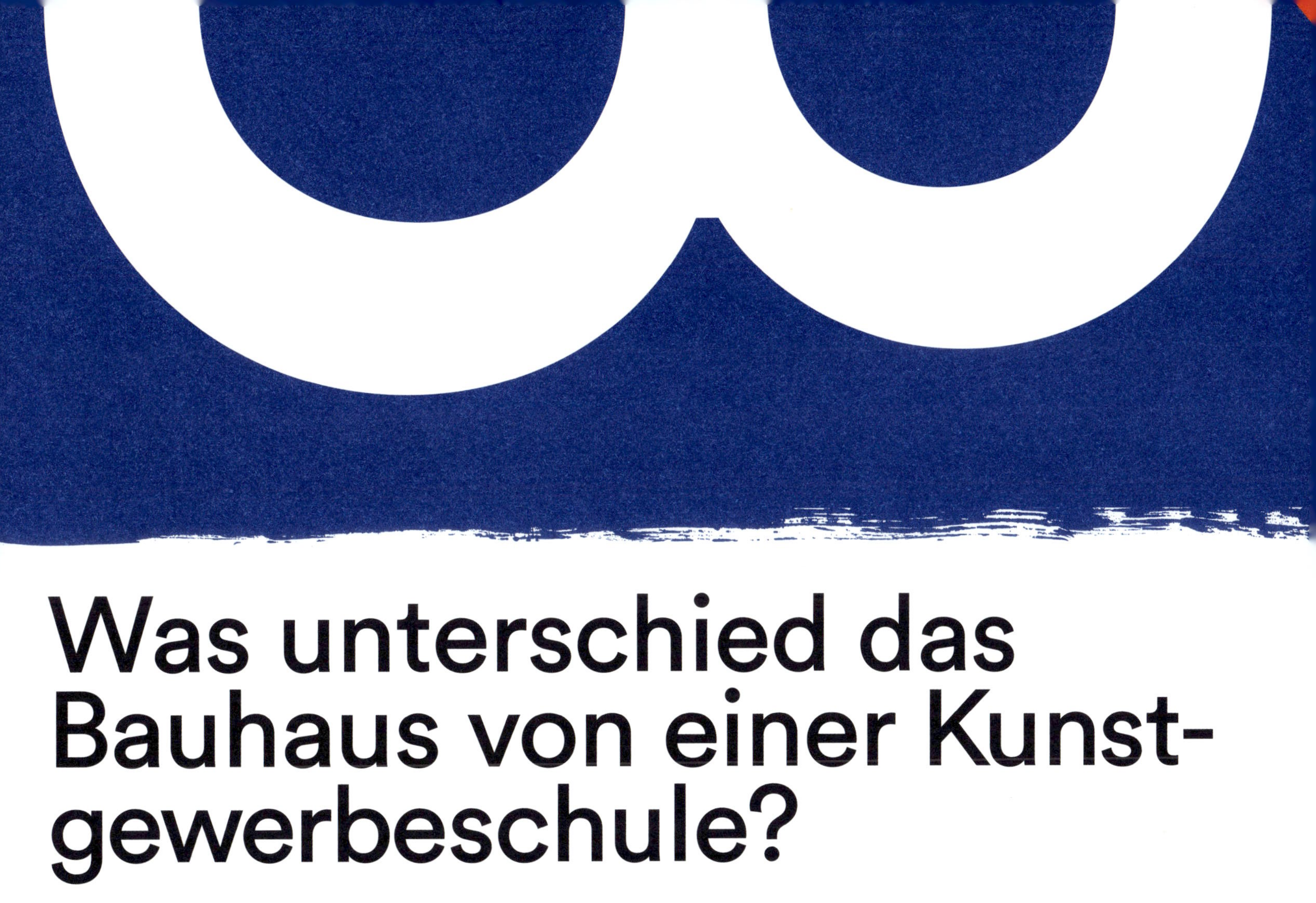

# Was unterschied das Bauhaus von einer Kunstgewerbeschule?

Auf diese Frage hätten ziemlich viele Bauhäusler wohl durchaus empfindlich reagiert – man war doch viel mehr als eine Kunstgewerbeschule, nämlich die erste Einheitskunstschule überhaupt. Hier wurden Kunst und Kunstgewerbe zu etwas Neuem vereint. Hier ging es nicht um schöne Dinge, sondern um den Bau der Zukunft. Man hatte ein Manifest, einen innovativen theoretischen Überbau und die aktuelle Künstleravantgarde als Lehrkörper. Im Vorkurs wurde auf experimentelle Weise das künstlerische und gestalterische Empfinden geübt und sich praktisch mit dem Material beschäftigt.

Kunstgewerbeschulen vermittelten natürlich auch Grundwissen über Werkstoffe, Konstruktionsprinzipen und praktische Handwerkstechniken. Ihre Absolventen konnten schöne und praktische Dinge herstellen – ohne großen künstlerischen Überbau. In den Kunstakademien hingegen lernte man die schönen Künste Bildhauerei und Malerei – die in der Praxis bis auf wenige Ausnahmen kaum Verwendung fanden. Zu Beginn des 20. Jahrhunderts beschwerte man sich über die Flut an arbeitslosen Akademieabsolventen. Um beide Ansätze voneinander profitieren zu lassen, erdachte man die Einheitskunstschule. Und so wollte das Bauhaus angewandte und bildende Kunst vereinen – mit der Architektur als Königsdisziplin. Das Bauhaus stellte – zumindest theoretisch – angewandte und bildende Kunst auf eine Stufe – und schuf so eine egalitäre neue Vision der Kunstausbildung. Denn eigentlich waren Künstler und Architekten als eigenständig Schaffende höher angesehen als Kunstgewerbler, die für die Reproduktion arbeiten – und gerade das war ja eigentlich immer Ziel des Bauhauses. Es legte Wert auf Handwerk UND künstlerisches Experiment – in dem Bewusstsein, dass der Maschine die Zukunft gehöre. Der am Bauhaus ausgebildete neue Typus des Handwerkerkünstlers (heute: Designer) sollte aufsehenerregende Prototypen für die industrielle Serienproduktion entwerfen. Im Gegensatz zum früheren Modell des Kunsthandwerkers, dessen Werk auf nicht reproduzierbare Unikate hinausläuft.

Nichtsdestotrotz waren auch am Bauhaus die Formmeister – in Form der großen Künstler Klee, Kandinsky, Feininger – mächtiger und angesehener als die Werkmeister. Der Bruder des großen Bauhausbühnenmeisters Oskar Schlemmer beispielsweise, Carl Schlemmer – genannt Casca –, war handwerklich sehr begabt. Casca Schlemmer war Werkmeister am Bauhaus Weimar und beteiligte sich u. a. an Entwurf und Realisierung der berühmten Figurinen des Triadischen Balletts seines bekannten Bruders – und ist heute weitestgehend vergessen.

Kunstgewerbeschulen hatten Museen und Depots mit Formenvorlagen, das Bauhaus hatte eine eigene Bücherreihe, Prospekte, Ausstellungen, eine Bühne und die frei zu schweben scheinende Glasvorhangfassade, die dem Dessauer Werkstattflügel die Anmutung eines Raumschiffes gab.

Und – in den ersten Jahren in Weimar – außerdem die doppelte Werkstattleitung von Werkmeister und Formmeister, die auch personell die angestrebte Vereinigung von Kunst und Handwerk deutlich machte. Ergebnis sollte aber natürlich nicht das verachtete Kunsthandwerk sein, sondern Dinge und Bauten, die in die Gesellschaft hineinwirkten.

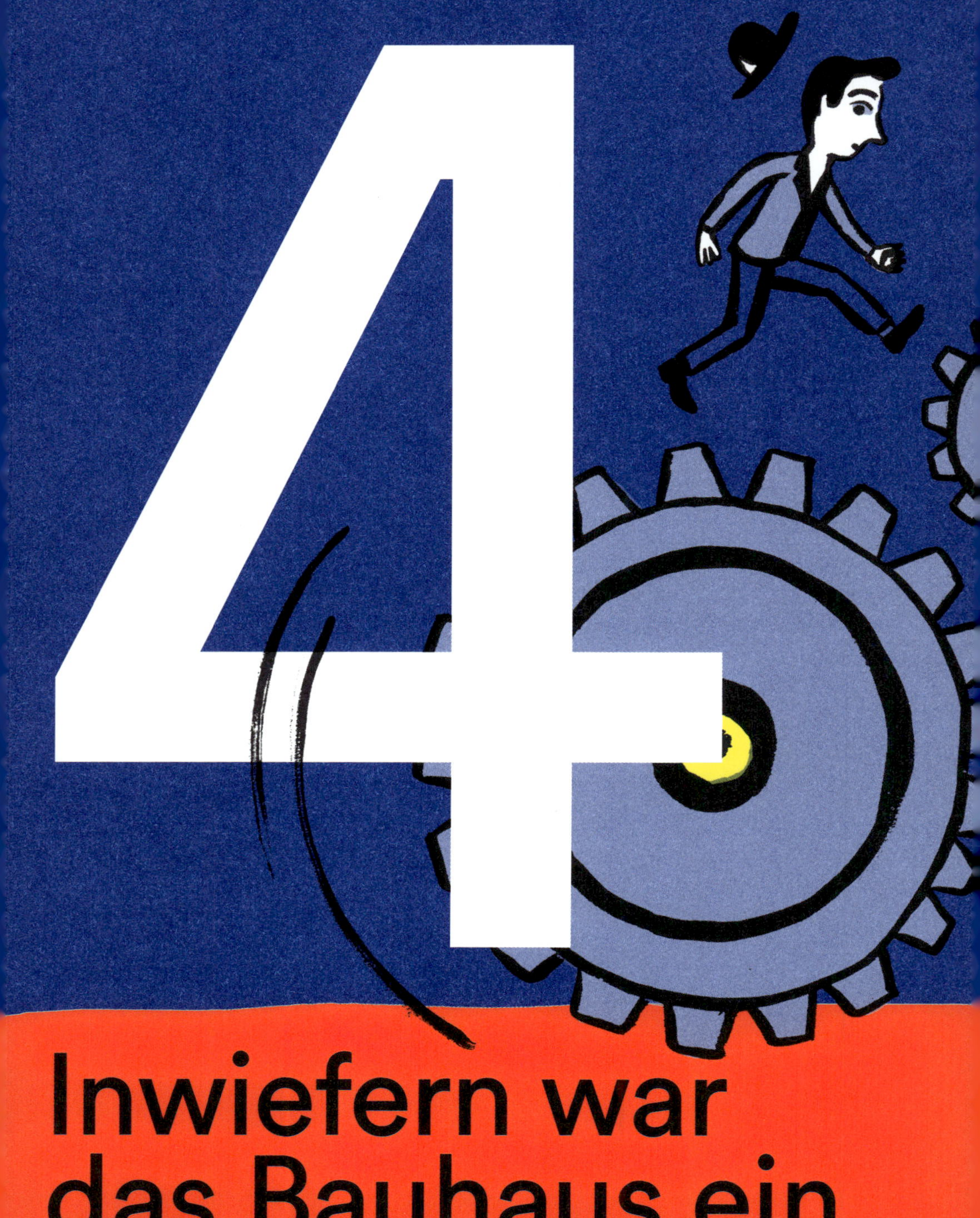

# 4

# Inwiefern war das Bauhaus ein Kind seiner Zeit?

Als das Bauhaus am 1. April 1919 gegründet wurde, lag die erste große Erschütterung des 20. Jahrhunderts gerade erst ein halbes Jahr zurück: Millionen junge Menschen hatten während des von Nationalismen und autoritärer Machtgier geschürten Ersten Weltkriegs in die Abgründe moderner Kriegsführung geblickt. Hatten die Macht der Maschine und die Ohnmacht des Menschen am eigenen Leib in den Schützengräben erfahren. Die seit Jahrtausenden geltende Ordnung der Monarchie war überwunden, Machtgefüge gerieten ins Wanken, Revolutionäre hatten den Kaiser vertrieben, das Deutsche Reich war zur demokratischen Weimarer Republik geworden: Die Zeichen standen auf Umbruch.

Die Welt war dabei, sich rasant zu verändern, die fortschreitende Industrialisierung hatte Elektrizität und Straßenbahnen, Automobile und Radiosender, Fließbandarbeit und Mietskasernen in die Städte gebracht. Naturwissenschaft und Technik machten enorme Fortschritte und bekamen neuere, prominentere Plätze in der allgemeinen Welterklärung, das Frauenwahlrecht wurde eingeführt, der Sozialismus verbreitete sich, die Psychoanalyse brachte ein neues Menschenbild, überall gab es Reformbewegungen und Tausende Ideen, was der Mensch ist und wie er leben sollte – dabei reichte die Spanne von »vorwärts hin« bis »zurück zu«: Hauptsache, anders und besser. Und genau das war dann auch das Spannungsfeld, in dem im Bauhaus als »Labor der Moderne« Visionen für das neue Zeitalter erdacht, verworfen und ausprobiert wurden –ausgehend von den Dingen und dem Bau.

Die Aufbruchs- und Umbruchsstimmung zeigte sich dann auch in der Rede, die Walter Gropius 1919 anlässlich der ersten Ausstellung von Schülerarbeiten im Bauhaus hielt: »Wir befinden uns in einer ungeheuren Katastrophe der Weltgeschichte, in einer Umwandlung des ganzen Lebens [...]. Vor dem Krieg haben wir das Pferd beim Schwanz aufgezäumt und wollten die Kunst durch Organisation rückwärts in die Allgemeinheit tragen. Wir bildeten Aschenbecher und Bierseidel künstlerisch aus und wollten uns so allmählich zum großen Bau emporsteigern [...]. Das war eine maßlose Überhebung und nun wird's umgekehrt werden.«[7]

Nicht ohne Grund nennt Bauhausgründer Walter Gropius hier den Ersten Weltkrieg und nicht ohne Grund als Zäsur – denn das war er auch. Beispielsweise hatte sich das Verhältnis Mensch–Maschine durchaus geändert: Bis 1914 wurden Maschinen allgemein als Antrieb für Fortschritt und Wohlstand geschätzt. Panzer, Flugzeuge, Granatwerfer, Maschinengewehre etc., dank derer der Erste Weltkrieg so ungnädig und massenhaft tötete, zeigten die andere, zerstörerische Kraft der Maschinen. Bei manchen wurde aus der wachsenden Angst vor der Maschine eine Art Ehrfurcht – sodass die Maschine in der Avantgardekunst gerne auch mal als Totem verehrt wurde.

Das Bauhaus scheint noch weitere Lehren aus der Katastrophe des Ersten Weltkriegs gezogen zu haben (wie generell die Weimarer Republik): So setzte es dem verbohrten Nationalismus als einem der Auslöser eine internationale Haltung entgegen, der wilhelminisch-militärischen Autorität eigenständiges Denken und eine demokratische Grundhaltung. Und der mit der Technisierung einhergehenden Entfremdung und Anonymität der Großstadt wurde am Bauhaus mit einem großen gemeinschaftlichen Wir-Gefühl begegnet.

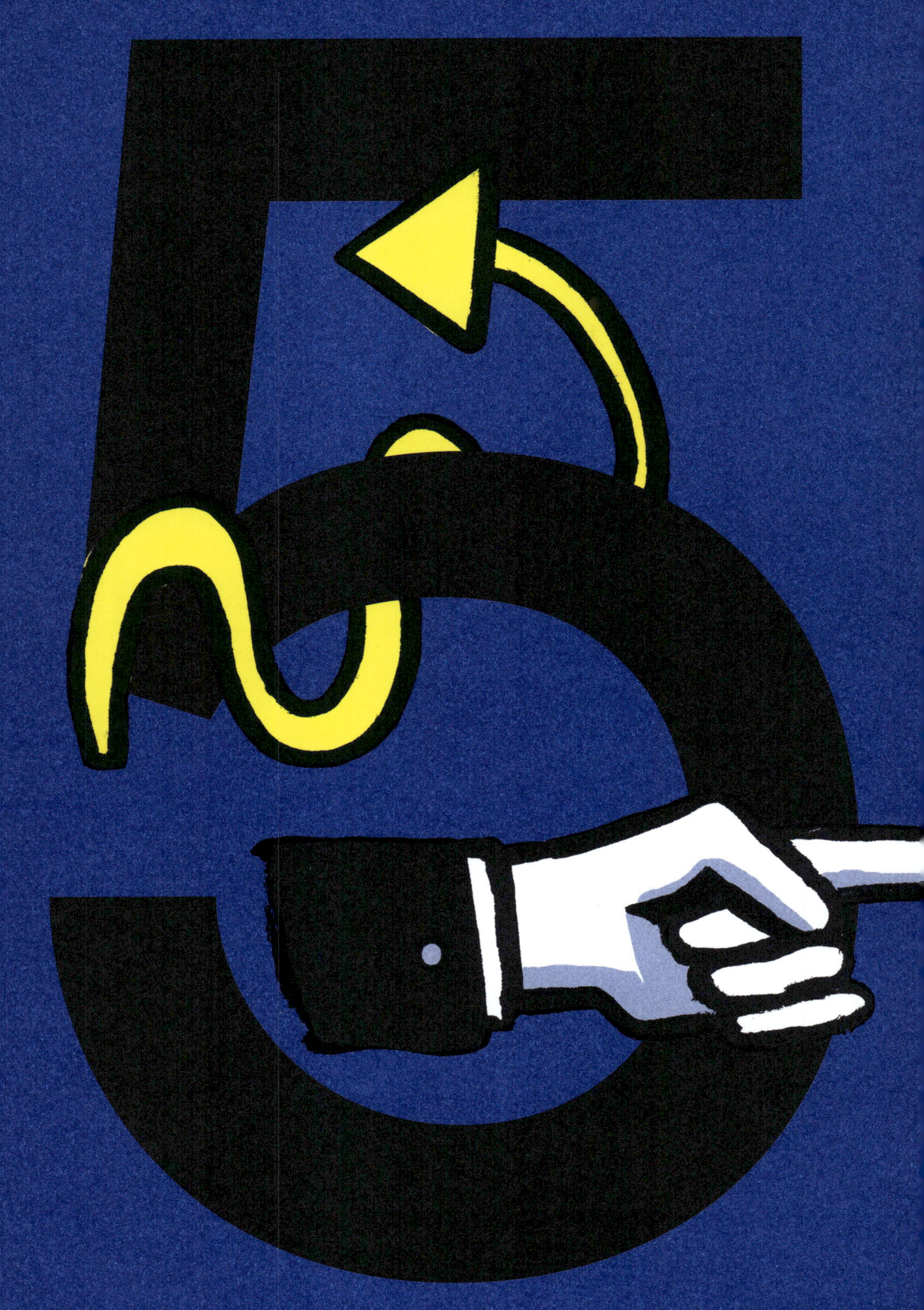

# Was wollte das Bauhaus eigentlich?

Viele verschiedene Dinge. Grob gesagt, ging es darum, dass alles neu sein sollte: Neues Wohnen, Neues Sehen, Neues Bauen, Neuer Mensch. Das Bauhaus wollte das Verhältnis vom Menschen zur Maschine ausloten, vom Künstler zum Handwerker, vom Handwerk zur Industrie. Die übergreifende Frage war, ob Gestaltung Gesellschaft verändern könne.

Der Ausgangspunkt der intendierten Revolution war nämlich das Ding, das auf das Wesentliche reduziert werden sollte. Bei dem gewählten Mittel war der Weg das Ziel: das Experiment.

Robert Musil hat in seinem »Mann ohne Eigenschaften« (1930) – dem wohl vielschichtigsten und umfassendsten Buch zur Moderne und ihrem Zeitgeist – ziemlich präzise anhand der Beschreibung eines Salontreffens junger Künstler auf der Suche nach Möglichkeiten und Verwirklichungen der großen Idee den damaligen Diskurs festgehalten, in dem auch die eine oder andere am Bauhaus propagierte, ausprobierte und eventuell wieder verworfene Haltung vorkommt:

»Dann hatte einer gesagt, der Mensch sei ein geheimnisvoller Innenraum, weswegen man ihm durch Kegel, Kugel, Zylinder und Kubus Beziehung zum Kosmos geben müsse. [Hier fallen einem Paul Klee und Wassily Kandinsky ein.] Aber auch das Gegenteil, die dieser Meinung zugrunde liegende individualistische Kunstauffassung gehe zu Ende, wurde behauptet; man müsse dem kommenden Menschen durch Volksbauten und Siedlungen neues Wohngefühl geben. [Das haben Walter Gropius, Hannes Meyer u. a. in Törten bzw. mit den Laubenganghäusern versucht.] Und während sich so eine individualistische und eine soziale Partei gebildet hatte, warf eine dritte ein, nur religiöse Künstler seien im wahren Sinn soziale. [Hier fällt einem der Vorkursleiter Johannes Itten mit seinem esoterischen Künstlerbegriff ein.] Darauf forderte eine Gruppe neuer Architekten die Führung für sich, denn das Ziel der Architektur sei eben Religion [man denke an das Bauhaus-Manifest, in dem der spirituell aufgeladene »Bau der Zukunft« zum Heilsbringer ausgerufen wird]; außerdem mit der Nebenwirkung der Vaterlandsliebe und Bodenständigkeit. Die religiöse Gruppe, verstärkt durch die kubische, wandte ein, die Kunst sei keine abhängige, sondern eine zentrale Angelegenheit, Erfüllung kosmischer Gesetze [kosmische Gesetzmäßigkeiten sah Wassily Kandinsky beispielsweise in den Farben]; im weiteren Verlauf wurde aber die religiöse Gruppe von der kubischen wieder verlassen, die sich nun mit den Architekten zu der Behauptung verband, Beziehung zum Kosmos gebe man eben doch am besten durch Raumformen, die das Individuelle gültig und typisch machen. Der Satz fiel, man müsse sich in die Seele des Menschen hineinschaun und sie dann dreidimensional bannen. Dann stellte jemand streitbar und wirkungsvoll die Frage, was man denn nun eigentlich glaube: ob zehntausend hungernde Menschen wichtiger seien oder ein Kunstwerk?! [...] Nun aber kam die ursprüngliche soziale Gruppe wieder in Führung und entfaltete neue Stimmen. Aus der Frage, ob ein Kunstwerk oder die Not zehntausender Menschen wichtiger sei, wurde die Frage, ob zehntausend Kunstwerke die Not eines einzigen Menschen aufwiegen? Ganz robuste Künstler verlangten, daß der Künstler sich nicht so wichtig nehmen dürfe; fort mit seiner Selbstverherrlichung, er werde hungrig und sozial, war ihre Forderung! Das Leben sei das größte und einzige Kunstwerk, sagte jemand. Eine Kraftstimme warf ein: Nicht Kunst macht einig, sondern Hunger! Eine Kompromißstimme erinnerte daran, daß das beste Mittel gegen die Selbstüberschätzung in der Kunst eine gesunde handwerkliche Basis sei. Und nach dieser Kompromißmeinung benützte jemand die aus Übermüdung oder gegenseitigem Ekel entstandene Pause und fragte wieder ruhig, ob man denn glaube, irgend etwas ausrichten zu können, solange nicht einmal der Kontakt zwischen Mensch und Raum hergestellt sei?! Dies war zum Signal geworden, daß sich nun auch wieder der Technismus, der Akzelerismus und so weiter zum Worte meldeten, und die Debatte ging noch lange hin und her.«[8]

Robert Musil hat das alles natürlich nicht nur aufs Bauhaus gemünzt, sondern hier eher die allgemeine Aufbruchsstimmung und den Willen, die Welt und die Kunst neu zu denken mit einem Augenzwinkern festgehalten. Deutlich wird aber etwas, das auf jeden Fall auf das Bauhaus übertragbar ist: Das Bauhaus passt in der Heterogenität seiner Ideen in kein Schema. Es gab den pragmatischen und auf ganzheitliche Gestaltung gerichteten Gropius, den marxistischen und von radikal sozialen Ideen geleiteten Hannes Meyer, den technikaffinen Konstruktivisten Moholy-Nagy, den esoterischen Itten, den großen Baukünstler Mies van der Rohe, den kubistisch angehauchten Lyonel Feininger und jemanden wie Paul Klee, der in seiner Einzigartigkeit ebenfalls in kein Schema passt.

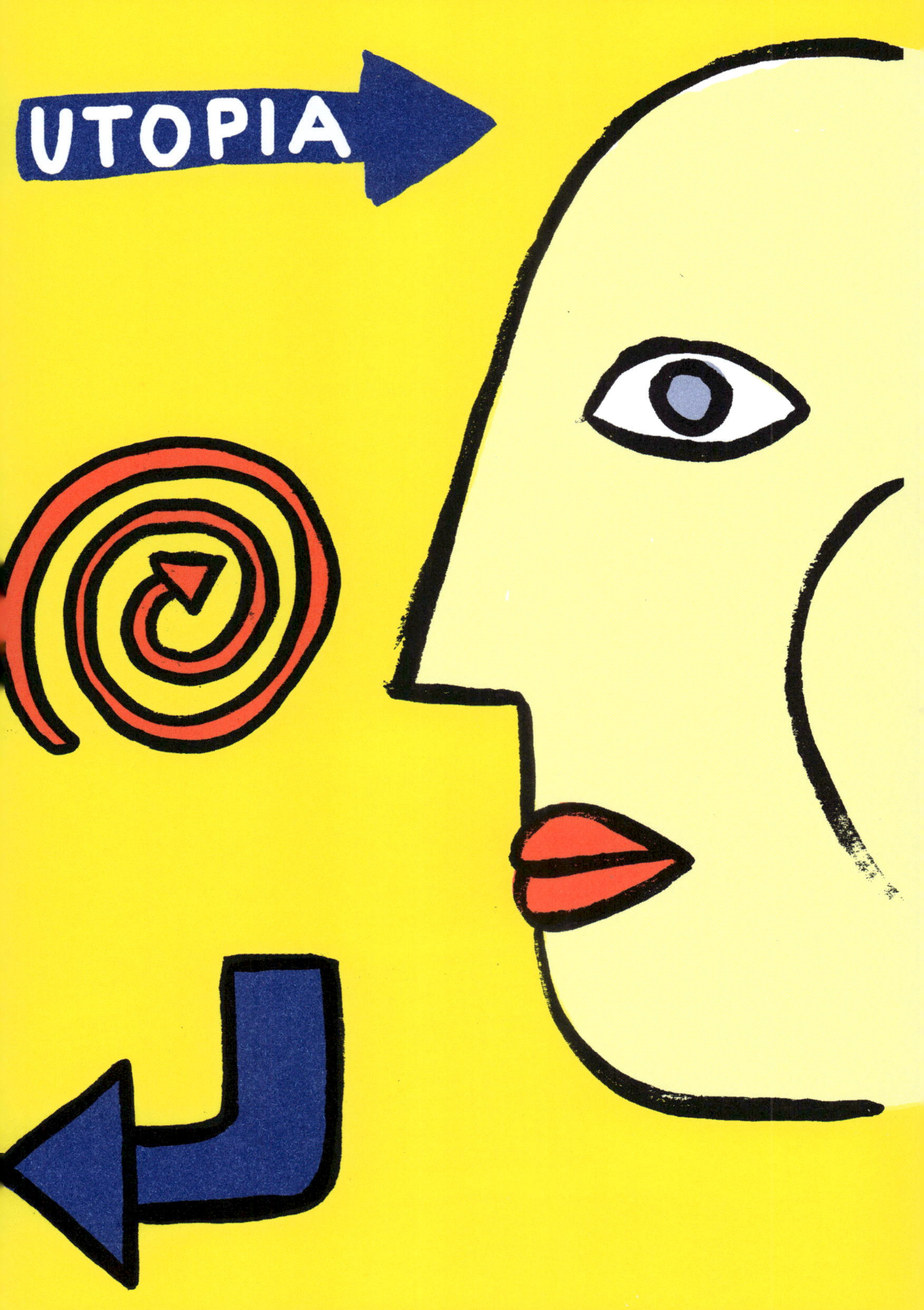
UTOPIA

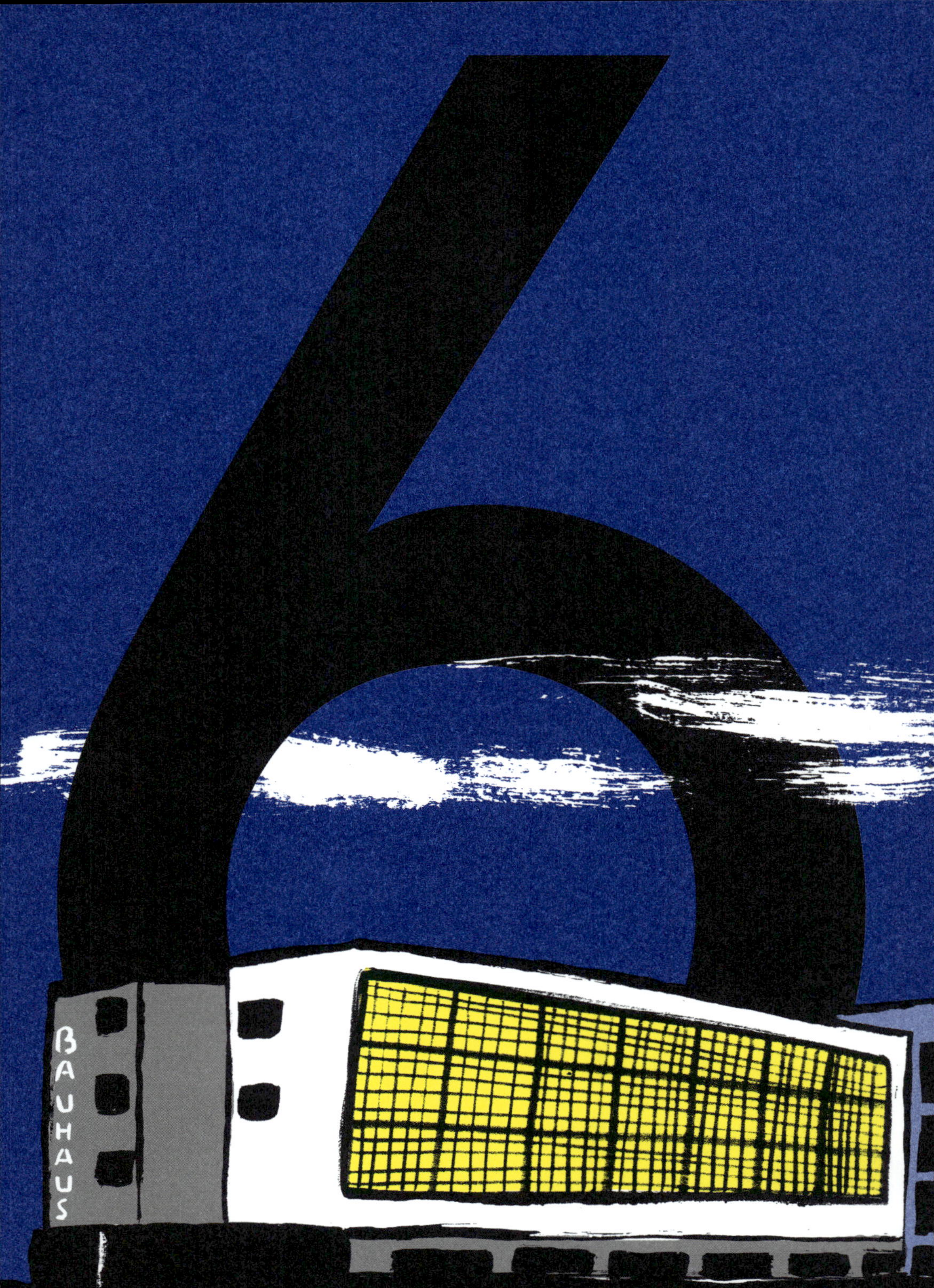
BAUHAUS

# Wurde das Gesamt-kunstwerk wirklich gebaut?

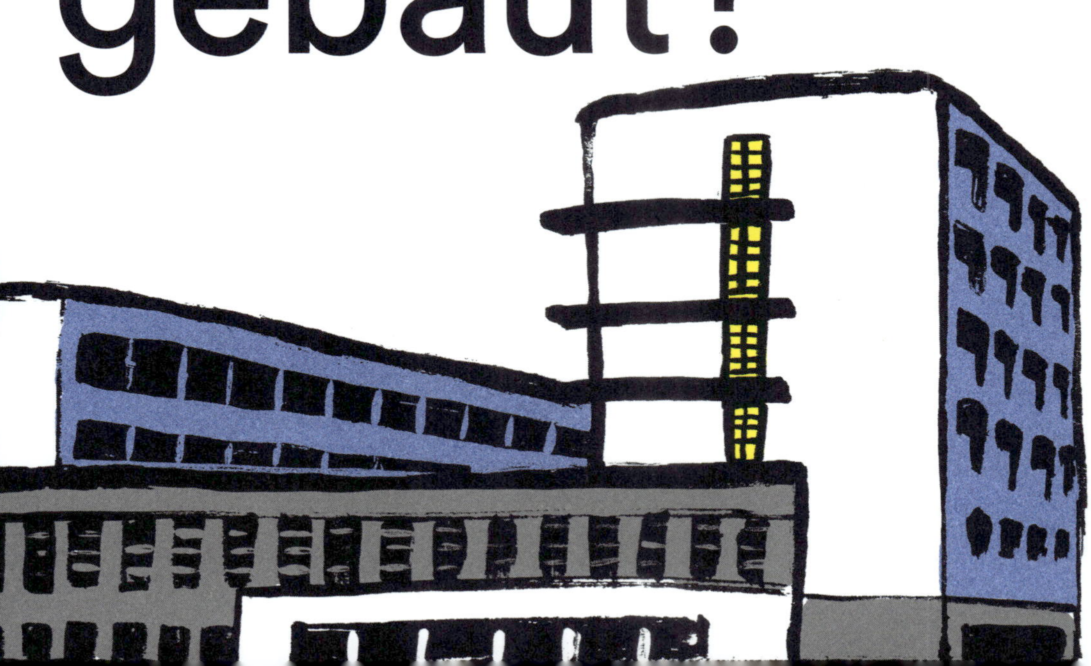

Auf der Titelseite des Bauhaus-Manifests von 1919 prangt Lyonel Feiningers expressionistischer Holzschnitt »Kathedrale«. Die zackigen Linien formen ebendiese Kathedrale mit drei Türmen, an deren Spitzen drei Sterne strahlen: die drei Künste Malerei, Skulptur und Architektur. Wirken sie zusammen, entsteht das Gesamtkunstwerk. So schreibt Gropius dann auch in seinem Manifest: »Das letzte, wenn auch ferne Ziel des Bauhauses ist das Einheitskunstwerk, der große Bau.«[9]

Das erste größere Gemeinschaftsprojekt, dass das Bauhaus 1920/21 in Berlin-Lichterfelde erschuf, erinnert darum auch an eine Kathedrale – allerdings auch an einen japanischen Tempel: das Haus Sommerfeld. Tat sächlich war es eine Fabrikantenvilla für den Holzindustriellen Adolf Sommerfeld. Der expressionistische Bau wurde aus dem Teakholz eines alten Kriegsschiffes konstruiert und sieht dementsprechend ganz anders aus als die weißen, flachdachigen Kuben, die man heute gemeinhin mit dem Bauhaus assoziiert: ein Blockhaus mit Walmdach auf einem Sockel aus Kalkstein. Walter Gropius ließ sich bei dem Entwurf von dem amerikanischen Architekten Frank Lloyd Wright und dessen Prairie Houses aus Holz und Stein inspirieren. Die gesamte Inneneinrichtung von Haus Sommerfeld wurde im Bauhaus entworfen: Josef Albers, damals noch Studierender, erdachte die großen Buntglasfenster über der Tür. Vom späteren Reklamewerkstattleiter Joost Schmidt stammen die aufwendigen Schnitzarbeiten in der Empfangshalle, im Treppenhaus und an den Abschlüssen der Holzbohlen an der Fassade. Die Möbel – damals nicht aus Stahl, sondern aus Holz – wurden von Marcel Breuer, Walter Gropius und Adolf Meyer entworfen. Natürlich nach den Prinzipien der Moderne.

Der »große Bau«, das Gesamtkunstwerk des Bauhauses, ist am ehesten die Schule selbst – genauer gesagt, seine architektonische Manifestation, das Bauhausgebäude in Dessau. Gropius hat hier auf noch nie dagewesene Weise nach dem Baukastensystem und in Huldigung der Industrie das Bauhaus-Curriculum gebaut: Im »Zentrum« liegt die Architekturabteilung auf der Brücke, die den Werkstattflügel und den Flügel mit den Klassenzimmern verbindet. Festebene und Atelierhochhaus schließen sich an. Das Herzstück, die Werkstätten, ist mit der prägnanten Glasvorhangfassade gekennzeichnet. Und natürlich arbeitete auch hier die gesamte Bauhausschule an ihrem »Gesamtkunstwerk« mit: Möbel und Lampen kamen aus der Metallwerkstatt; die Weberei spann das Eisengarn für die Aula-Bestuhlung; Marcel Breuer erdachte u. a. effiziente Mensamöbel (mit extra hohen Tischen, damit der Weg der Speisen vom Teller in den Mund und damit auch die Essenszeit kürzer würde); die Wandmalerei überlegte sich ein zur Orientierung beitragendes Farbsystem für das Innere; die Typografen ersannen den mittlerweile ikonischen Schriftzug »BAUHAUS« für die Fassade; das Direktorenzimmer wurde, wie schon in Weimar, repräsentativ mit gelbem Sessel und eigens angefertigtem Schreibtisch eingerichtet.

Denkt man heute an das Bauhaus, kommt man um den Dessauer Schulbau nicht herum – beide sind untrennbar verbunden. Wie beeindruckend »der große Bau« ist, zeigt sich daran, dass er das 20. Jahrhundert trotz Krieg und zwei totalitären Systemen überstanden hat. Denn obwohl selbst die Nationalsozialisten eigentlich immer gedroht hatten, das Schulgebäude abzureißen, nutzten sie es dann lieber selber als Schule für Haushälterinnen. Bei einem Bombenangriff im Zweiten Weltkrieg wurde das Gebäude zwar in Mitleidenschaft gezogen, aber statt es abzureißen, mauerte die anfangs eher Bauhaus-unfreundliche DDR die zerstörte Glasvorhangfassade lieber zu.

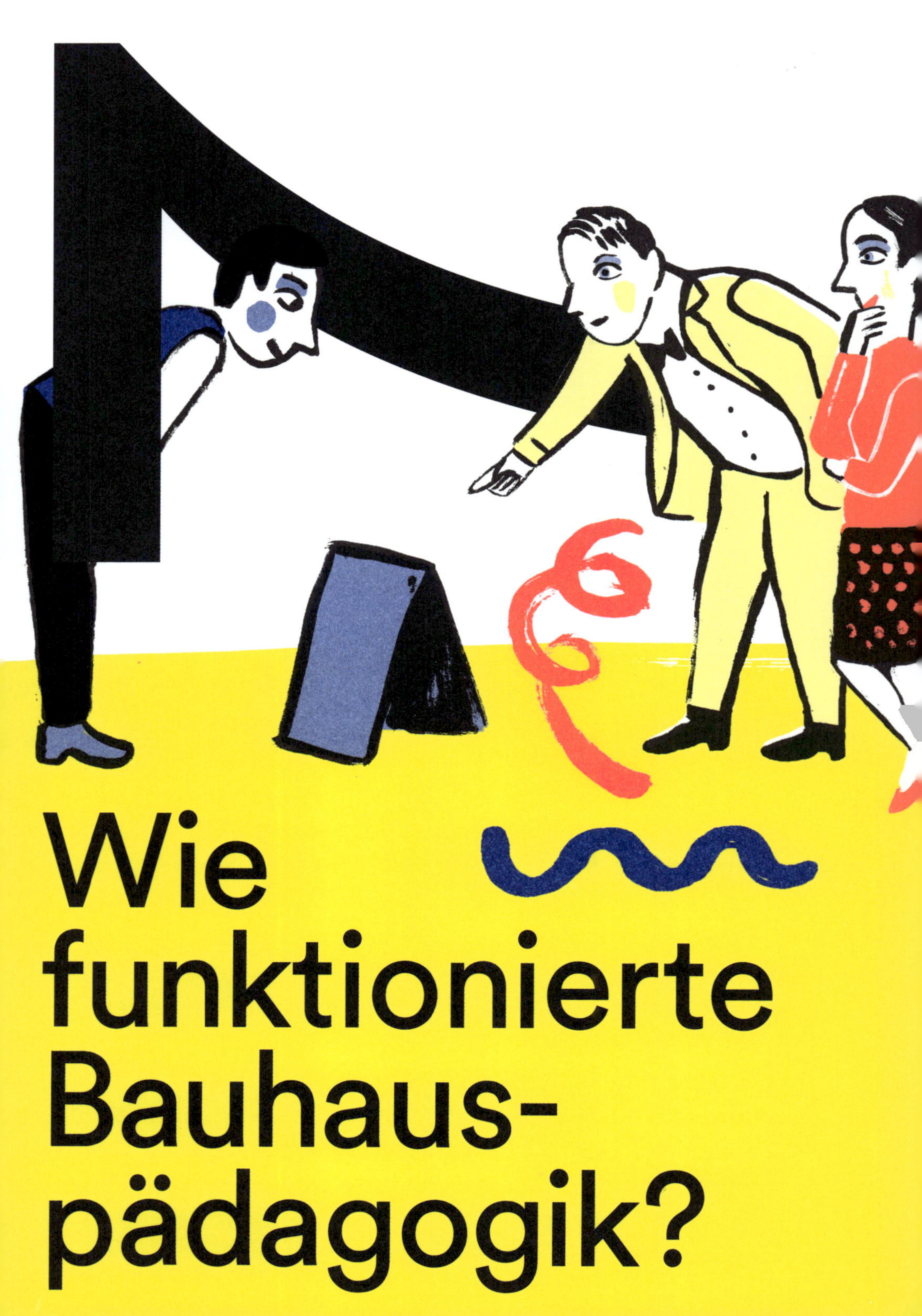
Wie
funktionierte
Bauhaus-
pädagogik?

»Learning by doing« würde man heutzutage sagen. Darum waren die Werkstätten das Herzstück der Bauhausausbildung. Walter Gropius schrieb in seinem Manifest: »Die Art der Lehre entspringt dem Wesen der Werkstatt.«[10] Hier sollten sich die Bauhausschüler zu selbstständigen, eigenständig denkenden Gestaltern entwickeln – unter folgenden Prämissen: »Vermeidung alles Starren; Bevorzugung des Schöpferischen; Freiheit der Individualität, aber strenges Studium.«[11] Da man ja das »Wesen des Dings« erkunden wollte, um diesem die passende Form zu geben, stand das Material im Mittelpunkt, wie das mandalaartige Schema zur Bauhauslehre von 1922 verdeutlicht: ein mit dicker schwarzer Linie gezeichneter Kreis, in dessen konzentrischer Struktur mit schwarzen Großbuchstaben das Bauhaus-Curriculum festgeschrieben ist. Im zentralen, inneren Kreis steht natürlich die Königsdisziplin »Bau«. Aber um dahin zu gelangen, mussten sich die künftigen Architekten erst den in den anderen Ringen des Lehrplans festgeschriebenen Lehrinhalten widmen. Obligatorisch für alle war der für ein halbes Jahr vorgesehene Vorkurs. Danach beschäftigten sich die Bauhausstudierenden für drei Jahre mit Materialien und Werkstattarbeit. Den tragenden Ring des Bauhaus-Mandalas bilden die Materialien Stein, Holz, Metall, Gewebe, Farbe, Glas und Ton, denen man sich in der entsprechenden Werkstatt annahm. Gleichzeitig sah der Lehrplan noch einen theoretischen Teil vor: Material- und Werkzeuglehre, Naturstudium, Lehre von den Stoffen, Raumlehre/Farbenlehre/Kompositionslehre und Lehre der Konstruktionen und der Darstellung.

Für jedes Material gab es dann die entsprechende Werkstatt – und zwei Werkstattleiter, die für die Verknüpfung von Handwerk und Kunst sorgen sollten: den Werkmeister und den Formmeister. Letztere waren natürlich die Künstler: Lyonel Feininger war Formmeister der Druckerei, Wassily Kandinsky Formmeister der Wandmalerei und Paul Klee war ebenfalls Formmeister, erst in der Buchbinderei, dann in der Metallwerkstatt und schließlich in der Glasmalerei. Als die Werkstätten 1925 in Dessau eher zu Laboren wurden, es statt Handwerk die Technik mit der Kunst zu vereinen galt und es mit den Jungmeistern die ersten Eigengewächse gab, wurde das Prinzip der doppelten Leitung übrigens abgeschafft.

Ein weitere Pädagogik-Innovation war der Vorkurs: Bevor es in die Werkstätten ging, musste sich jeder neue Studierende ein halbes Jahr mit elementarer Formlehre und Materialstudien in der Vorwerkstatt beschäftigen. Gleichzeitig war der Vorkurs ein Eignungstest, am Ende des Semesters entschied der Meisterrat, ob der Studierende bleiben durfte und in welcher Werkstatt er weiterstudieren sollte. Handelte es sich um eine Frau, war das meist die Weberei.

Je nachdem, wer der Vorkursleiter war, entsprechend gestaltete sich dieses erste Bauhaussemester: Bei Johannes Itten wurde schonmal Schrott für Materialstudien gesammelt und das subjektive Erkennen der Dinge erprobt. Sein Nachfolger, László Moholy-Nagy, ließ eher technische Fragen als künstlerische erörtern. Bei Paul Klee und Wassily Kandinsky ging es um Theorien zu Farben und Formen. Besonders prägend war der Vorkurs von Josef Albers, der über ein enormes didaktisches Talent verfügte: Er systematisierte die Itten'schen Materialstudien neu und lehrte eigenständiges, konstruktives Denken. Josef Albers' pädagogisches Motto lautete: »Bildung bedeutet nicht, Antworten zu geben, sondern Fragen zu stellen.«[12] Wenn ein Student mit einer Frage zu Albers käme, würde er sehr sorgfältig überlegen, ob er antworten solle oder nicht, so Albers weiter. Denn wenn er dem Studenten mit der Antwort eine Anleitung gäbe, würde er ihm damit gleichzeitig die Möglichkeit nehmen, die Lösung selbst zu erfinden oder zu entdecken. Albers forderte seine Schüler beispielsweise dazu auf, das dreidimensionale Potenzial von Papier durch Falten auszuloten – und gleichzeitig sowohl die Kanten zu betonen und die Haltbarkeit unter Spannung oder Druck zu testen. So produzierte der Vorkurs eine Reihe individueller, architektonisch anmutender Papierskulpturen. Die Bauhauspädagogik war auch deshalb sehr praxisorientiert, weil Gropius wollte, dass die Bauhäusler ein starkes Gemeinschaftsdenken entwickelten, das Ziel des Hineinwirkens in die Gesellschaft im Blick behielten und Verantwortung übernahmen. So sollten Studierende an den Arbeiten der Meister mitarbeiten oder selbst externe Aufträge übernehmen. Wichtig war der Kontakt mit Handwerk und Industrie, und auch der Eigenpräsentation kam eine wichtige Rolle zu: Gropius nannte dies »Fühlung mit dem öffentlichen Leben, mit dem Volke durch Ausstellungen und andere Veranstaltungen«[13]. Und natürlich sollte sich das Bauhaus gemeinsam mit der Planung »umfangreicher utopischer Bauentwürfe« beschäftigen.

Um in puncto Ideen am Puls der Zeit zu bleiben, lud sich das Bauhaus immer wieder Premiumdenker der Gegenwart ein, Gastvorträge zu halten: vom Isotypie-Erfinder Otto Neurath zum Psychologen und Zen-Lehrer Karlfried Graf von Dürckheim; vom Reformpädagogen und Kunsthistoriker Alois Schardt zum Dadaisten Kurt Schwitters; vom Farbtheoretiker Wilhelm Ostwald zum Psychiater und Kunsthistoriker Hans Prinzhorn.

Der zweite Bauhausdirektor, Hannes Meyer, hat dann ab 1928 den Unterricht systematisch neu strukturiert und so nachhaltig geprägt. Manche halten ihn für den besten Bauhauspädagogen. Meyer expandierte die Grundausbildung im Vorkurs und richtete die Werkstattarbeit zwischen den Polen Wissenschaft und Kunst aus. Statt nach dem Wesen der Dinge fragte man nun vor allem nach dem Bedarf des Menschen und setzte die Erkenntnisse in Gestaltung um.

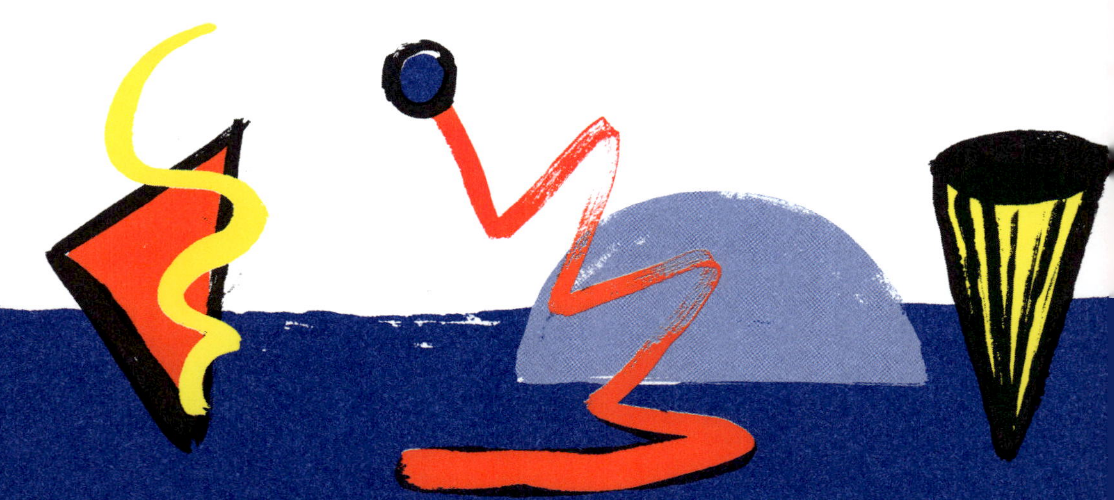

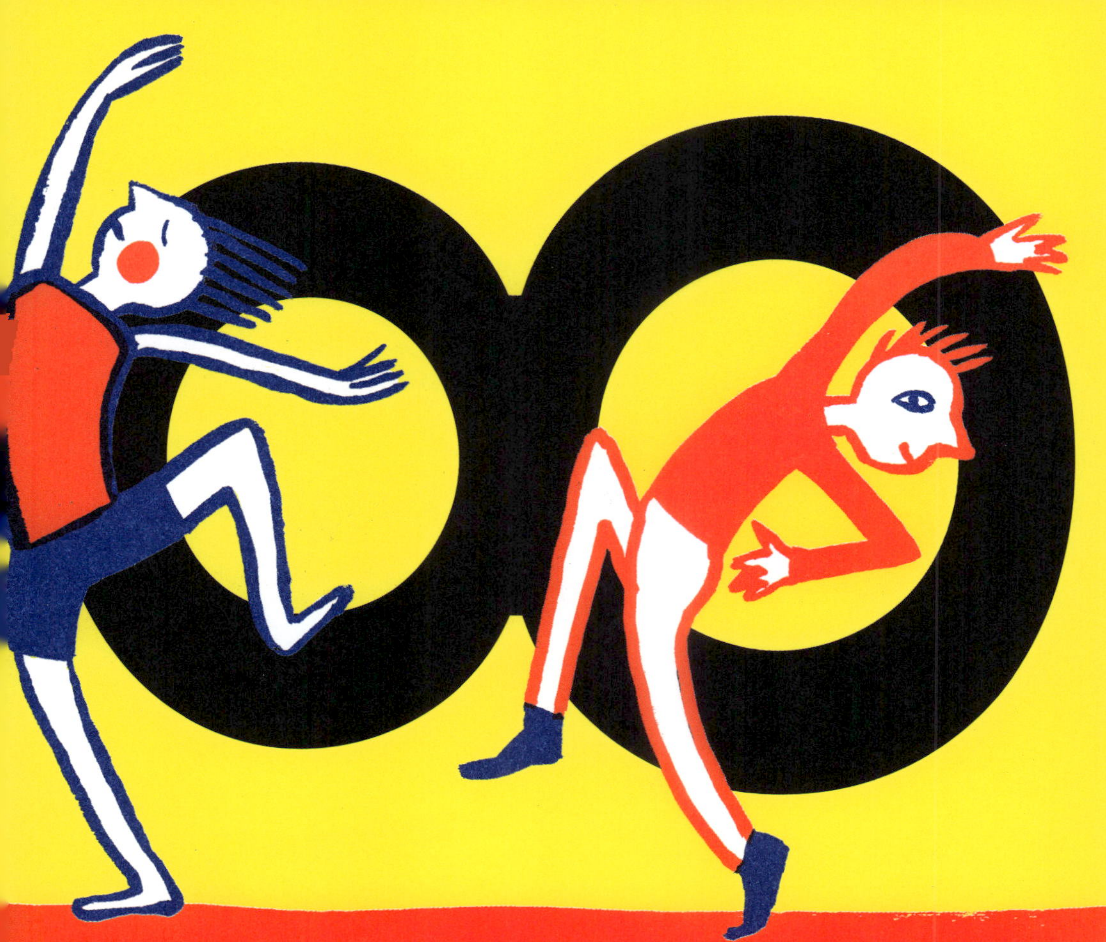

# War das Bauhaus in Weimar wirklich eine expressionistische Bauhütte?

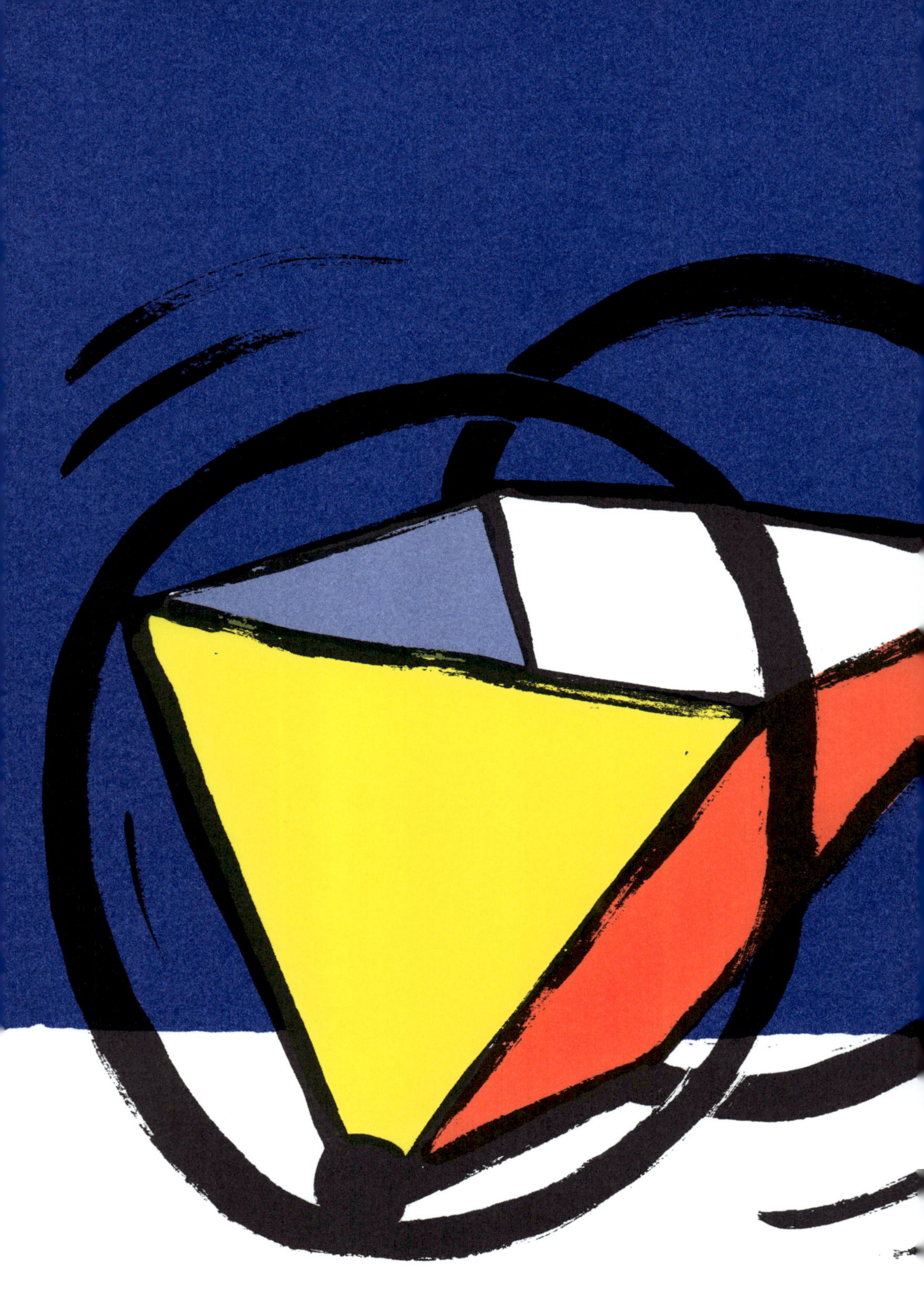

Es heißt ja immer, die Wiege des Bauhauses stehe in Weimar. Bleibt man in diesem Bild, handelte es sich dabei natürlich nicht um ein gemütliches Weidenbett mit weichen Kissen, sondern um die wild hin- und herschaukelnde, programmatisch aufgeladene Bauhauswiege von Peter Keler.

Die frühen Jahre des Bauhauses glichen einer Selbstfindungsphase. Man hatte die Weimarer Schulgebäude übernommen, die Köpfe voller visionärer Ideen und Utopien und experimentierte auf viele Arten an deren Verwirklichung. Allerdings unter erschwerten Umständen: Die Ausstattung der Weimarer Werkstätten hatte unter dem Krieg gelitten, andauernde finanzielle Schwierigkeiten zwangen Gropius zum Improvisieren und zur Auslagerung des Unterrichts in benachbarte Betriebe, der Architekturausbildung wurden verwaltungstechnische Steine in den Weg gelegt.

Das Weimarer Bauhaus befand sich in einem interessanten Spannungsfeld zwischen Heute und Gestern: Man wollte die »Kathedrale der Zukunft« bauen, bezog sich aber namentlich auf die mittelalterlichen Bauhütten, pries das Handwerk und nannte die Lehrenden »Meister«!, die Schüler »Gesellen«. Der Lehrkörper liest sich wie ein internationales »Who's who« der damaligen Künstleravantgarde: Paul Klee, Gerhard Marcks, Oskar Schlemmer, Wassily Kandinsky, Lyonel Feininger, Lothar Schreyer, Georg Muche und Johannes Itten.

Letztgenannter war heimlicher Herrscher der frühen Jahre: Bis 1922 war Itten Formmeister fast aller Werkstätten und in seinem esoterisch-spirituell angehauchten Vorkurs ging es vornehmlich um »subjektive Erlebnisfähigkeit und objektives Erkennen«[14], um die Entfaltung von individuellem Talent und Kreativität, um das Schaffen von Materialgefühl, anhand gern auch mal auf dem Schrottplatz gefundener Dinge, um das Finden von

Rhythmen und um harmonische Gestaltung. Itten trug eine mönchsartige, selbst genäht Bauhaustracht und leitete seinen Unterricht mit speziellen Atemübungen ein.

Ihm zur Seite stand von 1920 bis 1924 die Musikpädagogin und Sängerin Gertrud Grunow, die mit Konzentrations- und Bewegungsübungen zu Klavierklängen den Bauhäuslern ihre »Harmonisierungslehre« nahebrachte – denn nur der »harmonische Mensch« könne schöpferisch sein.

Außerdem spielten Theorien wie die von Wassily Kandinsky entwickelte Farbenlehre eine große Rolle. Der Künstler schrieb jeder Farbe eine eigene Wirkung zu. Beispielsweise konstatierte er, dass Gelb eine irdische Farbe sei, die an eine scharf geblasene Trompete erinnere; Lila hingegen sei krankhaft und traurig. Kandinsky ließ überdies in einer Umfrage die Bauhausschüler die Grundfarben den Grundformen zuordnen und so kam das Bauhaus zu dem mittlerweile ikonisch gewordenem Dreiklang von blauem Kreis, rotem Quadrat und gelbem Dreieck.

Mit dieser Konzentration auf das innere Erlebnis des Künstlers, das es auszudrücken galt, war das Weimarer Bauhaus also auf jeden Fall auch expressionistisch. In einigen Werken wie dem »Afrikanischen Stuhl« von Marcel Breuer und Gunta Stölzl, wie in Haus Sommerfeld oder diversen Erzeugnissen aus Gerhard Marcks' Töpferei kommt diese Strömung zum Ausdruck. Eine Bauhütte war man im Geiste, die praktische Umsetzung in Form von richtigen, originalen Bauhausbauten sollte erst später geschehen.

Selbstfindungsphase mit mittelalterlichen Attitüden und esoterischen bzw. expressionistischen Skurrilitäten hin oder her: Das Bauhaus in Weimar ist spätestens ab 1923 eine Erfolgsgeschichte. Schließlich machte es sich mit aufsehenerregenden Gestaltungsvorschlägen und erfolgreichen pädagogischen Konzepten bereits in seinen ersten Jahren unsterblich und stellte die Weichen.

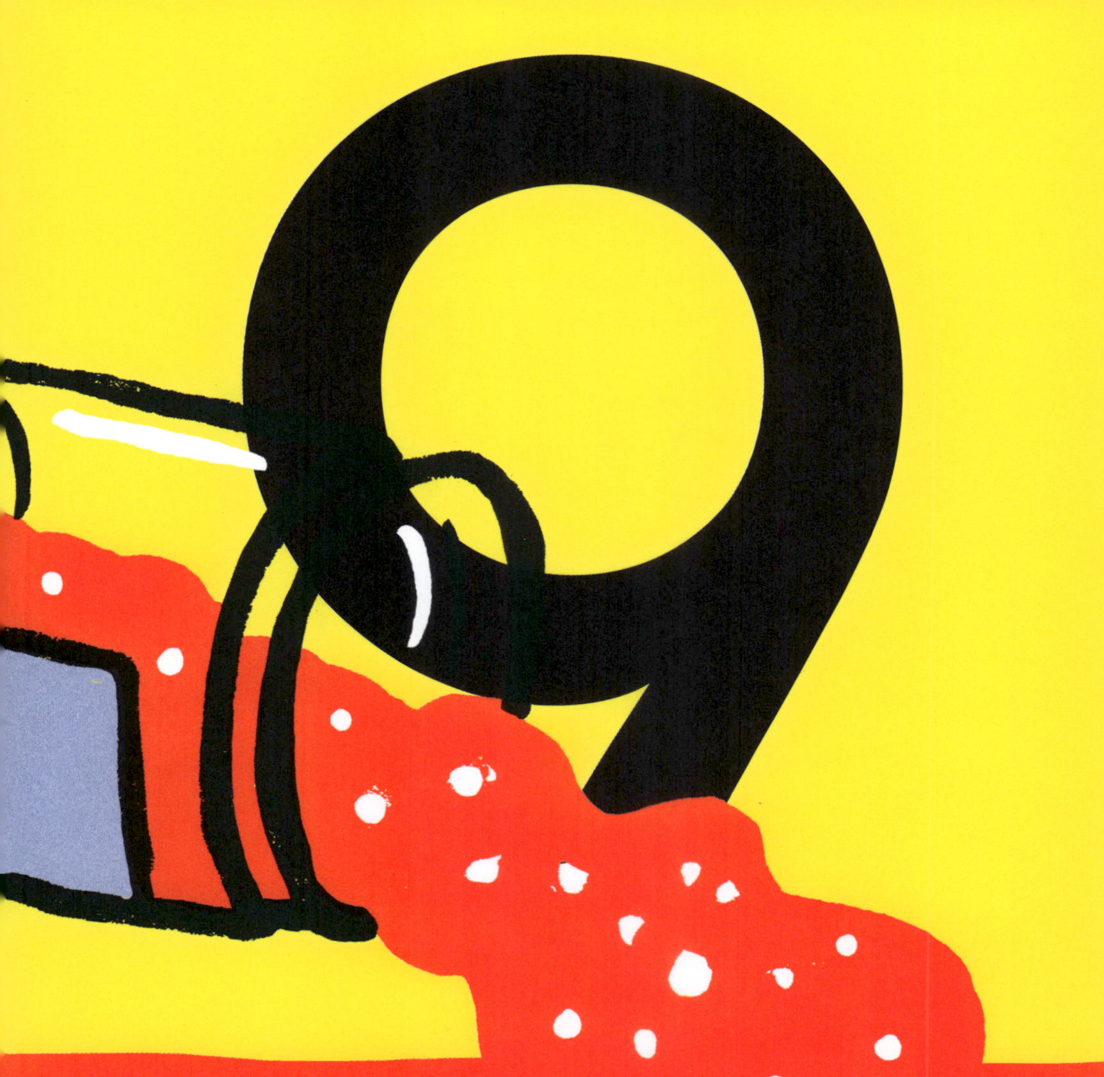

# Wieso war 1923 Schluss mit ›expressionistischer Marmelade‹?

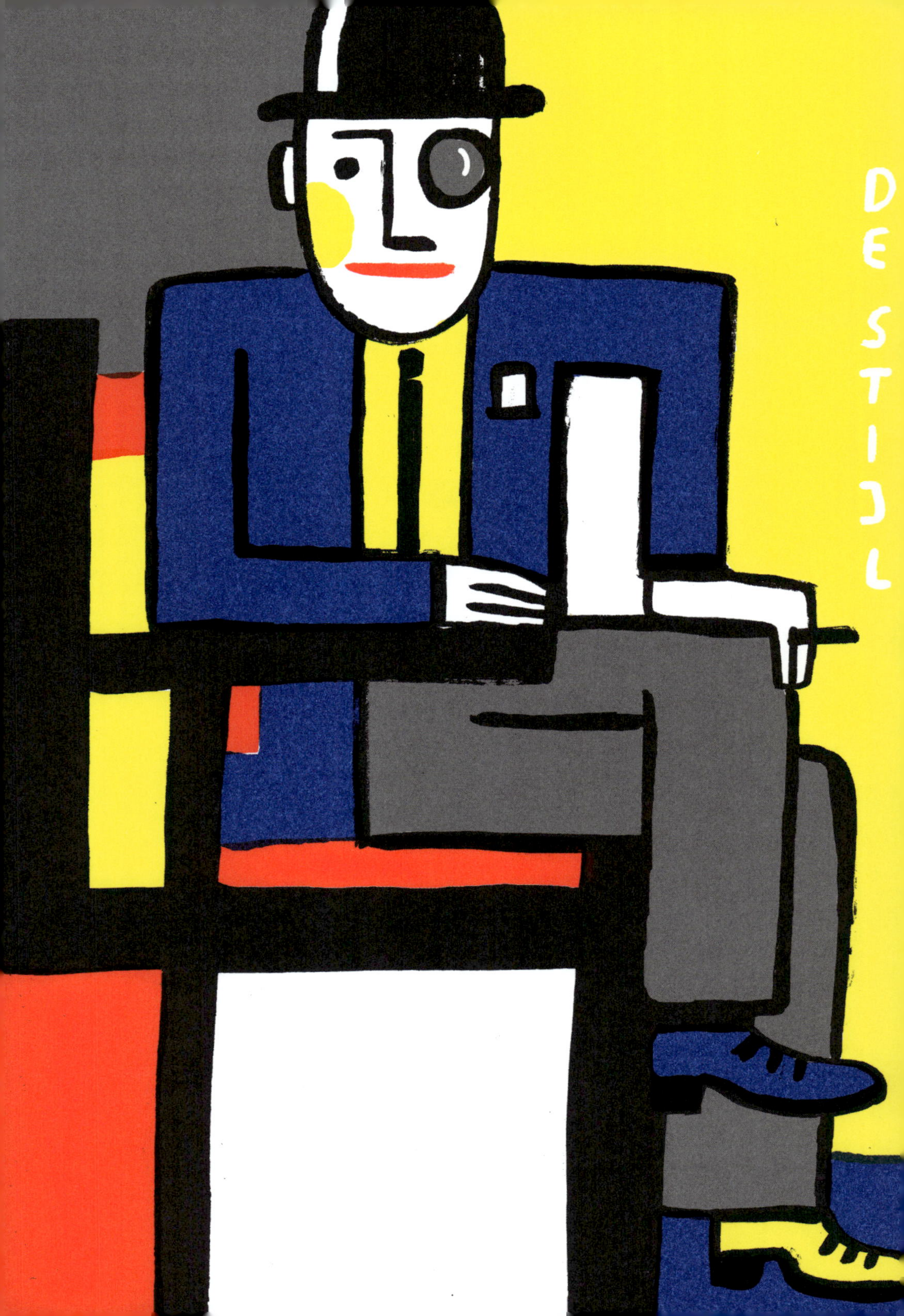
DE STIJL

Zwei Personen ließen Walter Gropius um 1922 die frühe Ausrichtung des Bauhauses überdenken: Erster war der esoterische Vorkursleiter Johannes Itten, dessen sektenähnlicher Mazdaznan-Kult die Bauhäuslergemeinschaft spaltete. Itten verließ das Bauhaus im März 1923, nachdem er mit Gropius in einen Konflikt geraten war, der an den Werkbundstreit 1914 erinnerte: Auch hier ging es um die Ausrichtung »Individuelle Einzelarbeit vs. Typisierung«. Der Bauhausdirektor war ständig damit beschäftigt, Geld zu organisieren, um die Schule am Leben zu erhalten. Auch darum wollte er, dass am Bauhaus auch Auftragsarbeiten, sehr gern in Serie, produziert werden. Johannes Itten, dem es um die Erweckung und Erziehung des Menschen ging, lehnte dies ab und verließ die Schule, um schließlich seine eigene »moderne Kunstschule« in Berlin zu gründen.

Der zweite Katalysator des frühen Bauhauses war der niederländische Avantgardist Theo van Doesburg, eine Art »Anti-Itten«. Das Gründungsmitglied der De-Stijl-Gruppe war 1922 in der Hoffnung nach Weimar gekommen, als Bauhausmeister angestellt zu werden. Daraus wurde nichts. Van Doesburgs Ideen der puristischen, asketischen Gestaltung, die vom rechten Winkel, den drei Grundfarben plus Schwarz, Weiß und Grau beherrscht waren, schienen Gropius wohl zu dogmatisch. Van Doesburg fuhr daraufhin nicht zurück nach Holland, sondern mietete in Weimar ein Atelier, wo er Kunstkurse in Opposition zum Bauhaus gab. Dessen Output und Ideenwelt befand er als »expressionistische Marmelade«[15], zu individuell und bürgerlich. Er wollte das Bauhaus radikaler und kollektiver einem seiner Ansicht nach fehlenden Generalprinzip unterordnen. Van Doesburgs Einfluss zeigt sich u. a. in Marcel Breuers Möbeln bis 1925, beispielsweise in dem sehr kantigen »Lattenstuhl«.

So kam es, dass Gropius 1923 den Umschwung einläutete. Die erste große Bauhausausstellung, die der Welt am Beispiel des Musterhauses Am Horn einen Einblick in die gestalterischen Umschwünge geben sollte, die am Weimarer Bauhaus begonnen hatten, stand unter dem Motto »Kunst und Technik – eine neue Einheit«. 1919 war es noch das Handwerk gewesen, das sich mit der Kunst neu vereinen sollte. Oskar Schlemmer schrieb in seinem Tagebuch unter der Überschrift »Abkehr von der Utopie«: »Statt Kathedralen die Wohnmaschine. [...] Statt Ornamentationen, in die ein unsachliches oder ästhetisches, von mittelalterlichen Begriffen geleitetes Handwerk notwendig verläuft, sachliche Objekte, die Zwecken dienen.«[16]

Als Ittens Nachfolger stellte Gropius den konstruktivistisch geprägten Ungarn László Moholy-Nagy als neuen Vorkursleiter ein. Dieser forderte die bewusste Auseinandersetzung mit der Maschine in den Werkstätten und experimentierte selbst künstlerisch mit den neuen Medien Film- und Fotografie oder modernen Drucktechniken und Typografie. Statt Zeichnungen wurden in seinem Vorkurs 3D-Gleichgewichtsstudien angestellt. Außerdem gab es nun die Werklehre als ergänzenden Baustein des Vorkurses, die auf die Arbeit in der Werkstatt vorbereiten sollte: durch Fabrikbesuche, Besichtigungen von Handwerksbetrieben und Beschäftigung mit Material und Werkzeugen. Der Bauhausstudent Josef Albers wurde zum Leiter für Werklehre befördert.

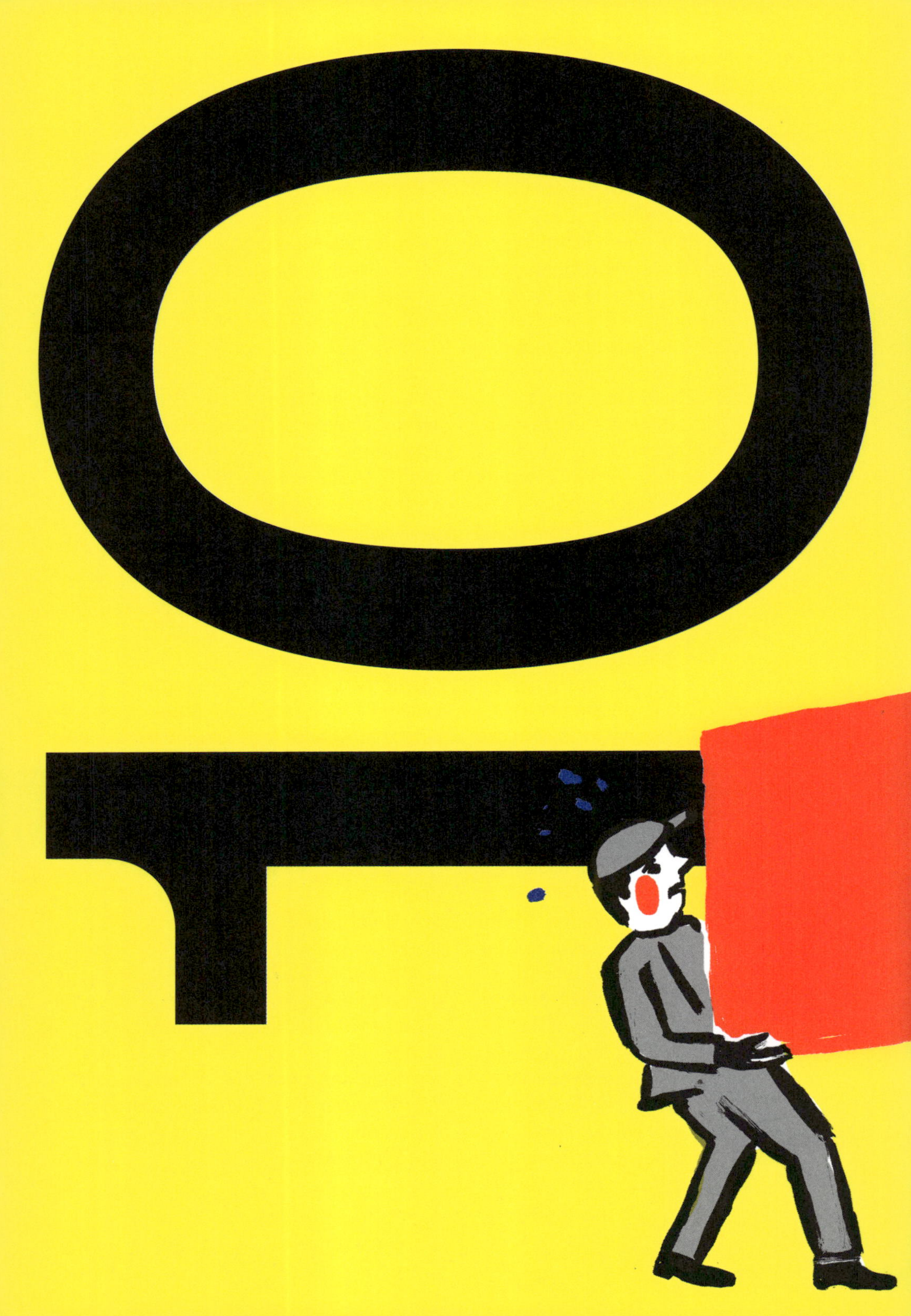
10

# Wer hat das Bauhaus aus Weimar vertrieben?

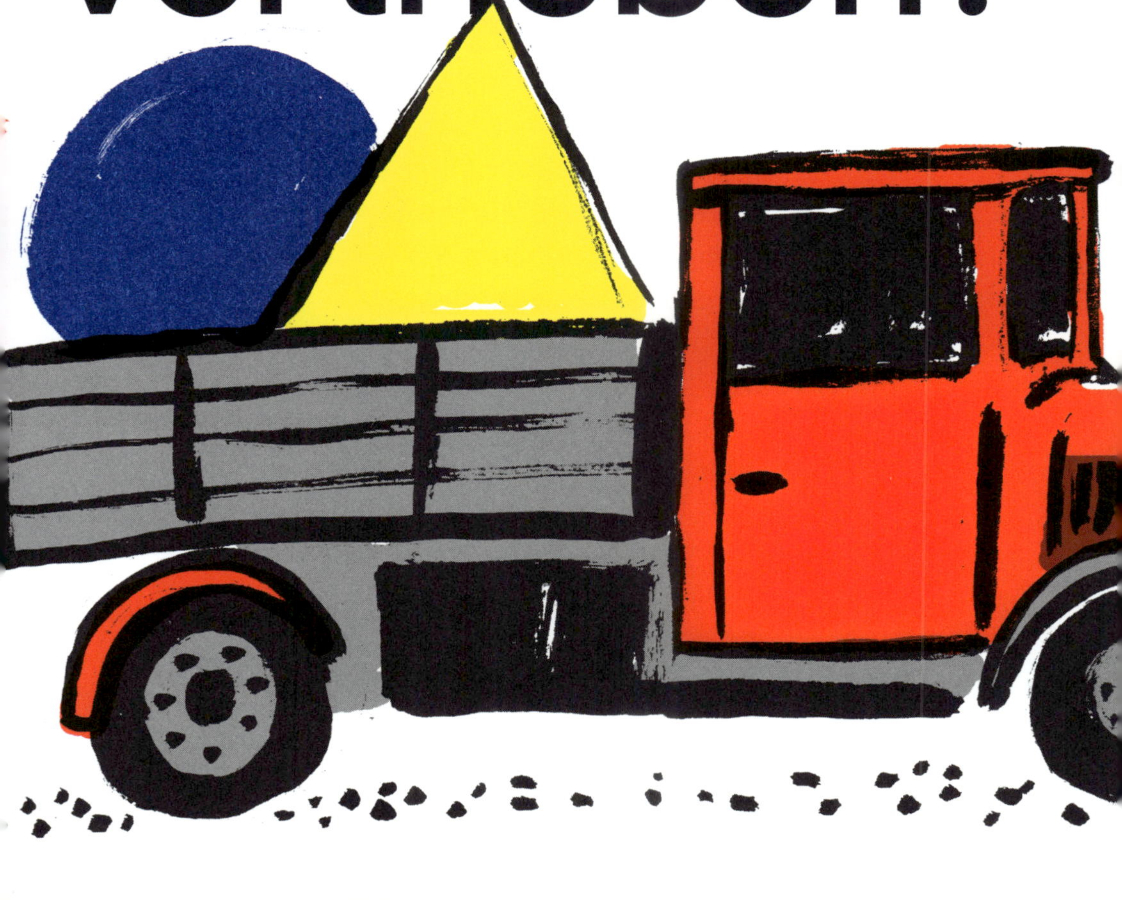

Im weitesten Sinne seine Gegner. Und das kam so: Eines der größten Probleme, mit denen der umtriebige Bauhausdirektor Gropius zu kämpfen hatte, war das Geld. Das war natürlich knapp – zum einen, weil das Bauhaus seine Produktivität noch nicht in wirtschaftliche Bahnen gelenkt hatte, sprich, seine Entwürfe aus diversen Gründen noch nicht gewinnbringend vermarkten konnte. Die Bauhausprodukte waren zwar schön, aber in aufwendiger und damit teurer Handarbeit herzustellen. Auch die Vertriebswege verliefen nicht in geregelten Bahnen. So war das Bauhaus als staatliche Einrichtung finanziell von der Förderungszusage durch die Politik abhängig.

Wegen seiner Modernität, seiner utopisch-progressiven Ausrichtung, seiner Internationalität und Weltoffenheit war das Bauhaus in konservativen und rechtsnationalen Kreisen alles andere als wohlgelitten: Es sei eine bolschewistische Brutstätte des Unsittlichen. Das betraf sowohl Politiker als auch Künstler, Handwerker und Weimarer Bürger. Als die Rechtskonservativen dann 1924 die Wahlen gewannen und eine Mehrheit im Thüringischen Landtag innehatten, flatterte auch bald die Ankündigung der Mittelkürzung und vor allem der Kündigung auf den Schreibtisch des Bauhausdirektors.

Der Bauhausgemeinschaft war klar, dass dies einem Abwürgen der Schule gleichkam. Sofort setzte man alle Hebel in Bewegung und Walter Gropius bewies erneut sein Geschick für Politik und PR: In einer Presseerklärung im Dezember 1924 drohen alle namhaften Bauhausmeister mit Kündigung. Gropius bietet an, eine Bauhaus GmbH zu gründen, die aus der Hochschule ein wirtschaftlich ertragreiches Unternehmen formen sollte. Überdies stößt er die Gründung des »Kreises der Freunde des Bauhauses« an, damit namhafte Persönlichkeiten aus Kunst, Kultur und Wissenschaft wie Albert Einstein, Marc Chagall, Arnold Schönberg oder Peter Behrens der Hochschule eine politische Lobby geben. Sogar Franz Werfel ist mit dabei. Und dass, obwohl der Wiener Schriftsteller der Grund ist für die Scheidung von Walter Gropius und Alma Mahler, einer Art Femme fatale und Wiener Salon-Löwin der frühen Moderne. Während sie noch mit dem Komponisten Gustav Mahler verheiratet ist, beginnt sie 1909 Zauberberg-like bei einem Kuraufenthalt in der Steiermark eine Affäre mit dem jungen Architekten Walter Gropius. Nach einer Kontaktunterbrechung aufgrund von Almas eifersüchtigem Ehemann und einer Affäre mit dem Maler Oskar Kokoschka, die wiederum den jungen Gropius eifersüchtig werden lässt, treffen sich beide 1915 wieder in Berlin, kurz darauf wird geheiratet. 1916 kommt die Tochter Manon zur Welt – in Abwesenheit des Vaters: Während die Mutter in den Wehen liegt, liegt Gropius in den Schützengräben des Ersten Weltkriegs. 1917 trifft Alma Mahler-Gropius den Schriftsteller Franz Werfel in ihrem Wiener Salon und beginnt eine Affäre mit ihm – 1920 wird die Gropius-Ehe geschieden. Die gemeinsame Tochter Manon stirbt fünfzehn Jahre später an Kinderlähmung.

Wie dem auch sei, der Weggang des Bauhauses aus Weimar konnte nicht aufgehalten werden, das Bauhaus hingegen war gerettet und bekam die Chance, in Dessau mit eigenem Schulgebäude zu neuer Blüte zu kommen.

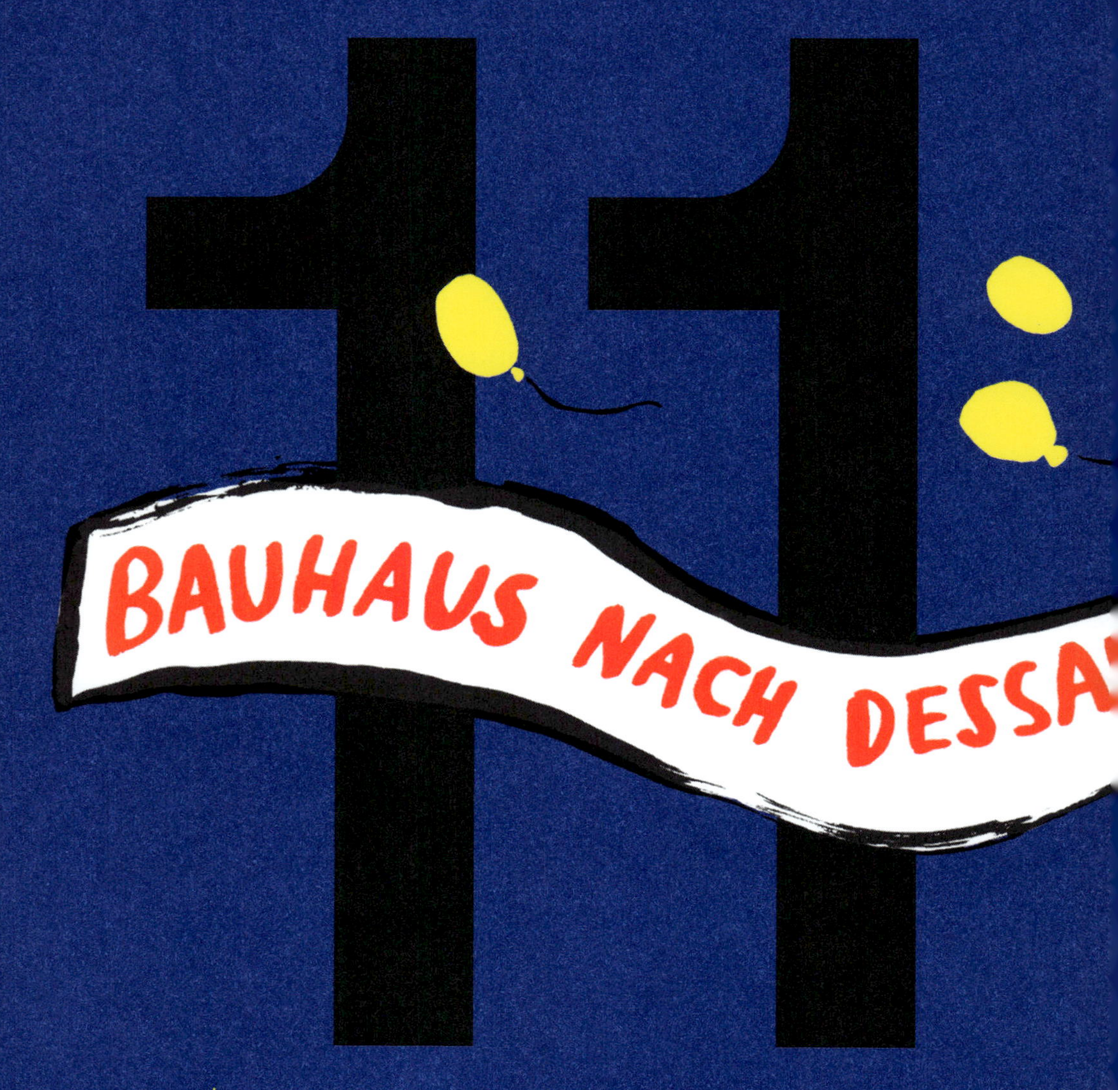


# Wieso Dessau?

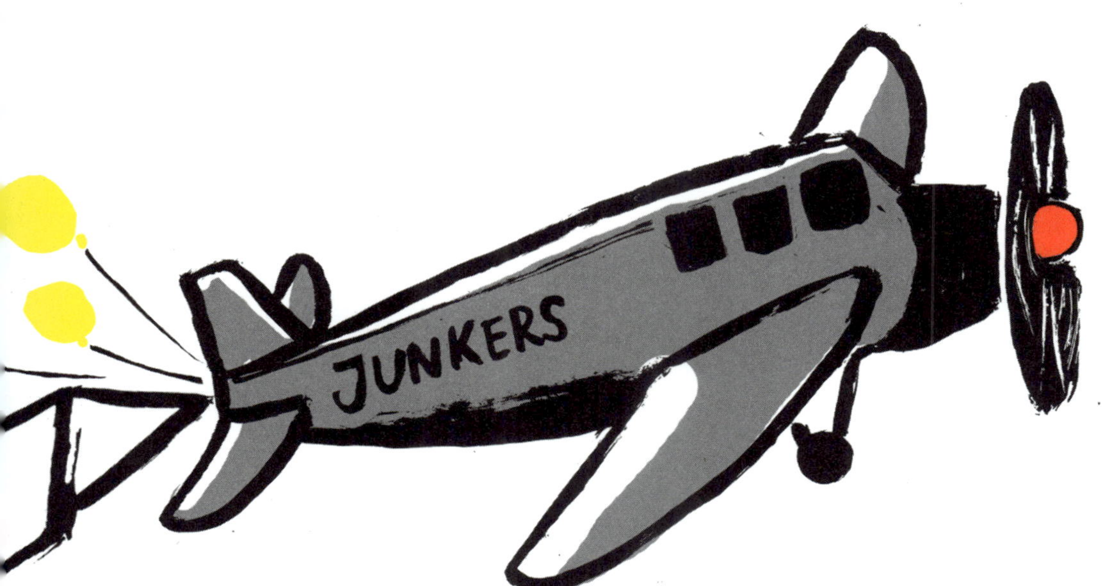


Mit der konservativen Goethe-und-Schiller-Stadt Weimar war man fertig. Wohin sich also wenden? Dass sich das Bauhaus bereits 1924 einen enormen Ruf erarbeitet hatte, zeigte sich unter anderem, als es darum ging, wie es nach den Querelen in Weimar weitergehen sollte. Man konnte und wollte nicht bleiben und es gab eine Menge interessanter Angebote aus ganz Deutschland. Mannheim und München, Frankfurt und Hamburg, Darmstadt und Dessau wollten die neuen Bauhausstädte werden. »Das Bauhaus ist eine Art lustige Witwe, und es mehren sich die Freier. Der Schönste bekommt's«[17], kommentierte Oskar Schlemmer 1925.

»Der Schönste« war dann das mitteldeutsche Dessau – eine Stadt mit Potenzial. Die mit 70 000 Einwohnern eher kleine, dafür aber ehrgeizige und aufstrebende Industriestadt (Junkerswerke, IG Farben) schien der ideale Ort für das gewünschte »Labor der Moderne« zu sein – ein »Silicon Valley« der Zwanzigerjahre. Überdies war die Stadt sozialdemokratisch regiert und Bürgermeister Fritz Hesse setzte alles daran, das Bauhaus nach Dessau zu holen. Ausschlaggebend war wohl auch die Möglichkeit, die Mittel und den Auftrag für die Gestaltung und den Bau eines eigenen Schulgebäudes und der Wohngebäude für Studierende und Meister von der Stadt zu bekommen – eine Aufgabe, der sich das gesamte Bauhaus ab 1925 hingab. Am 4. Dezember 1926 wurde dann mit einem rauschenden, zwei Tage dauernden Fest das Bauhausgebäude in Dessau in Beschlag genommen.

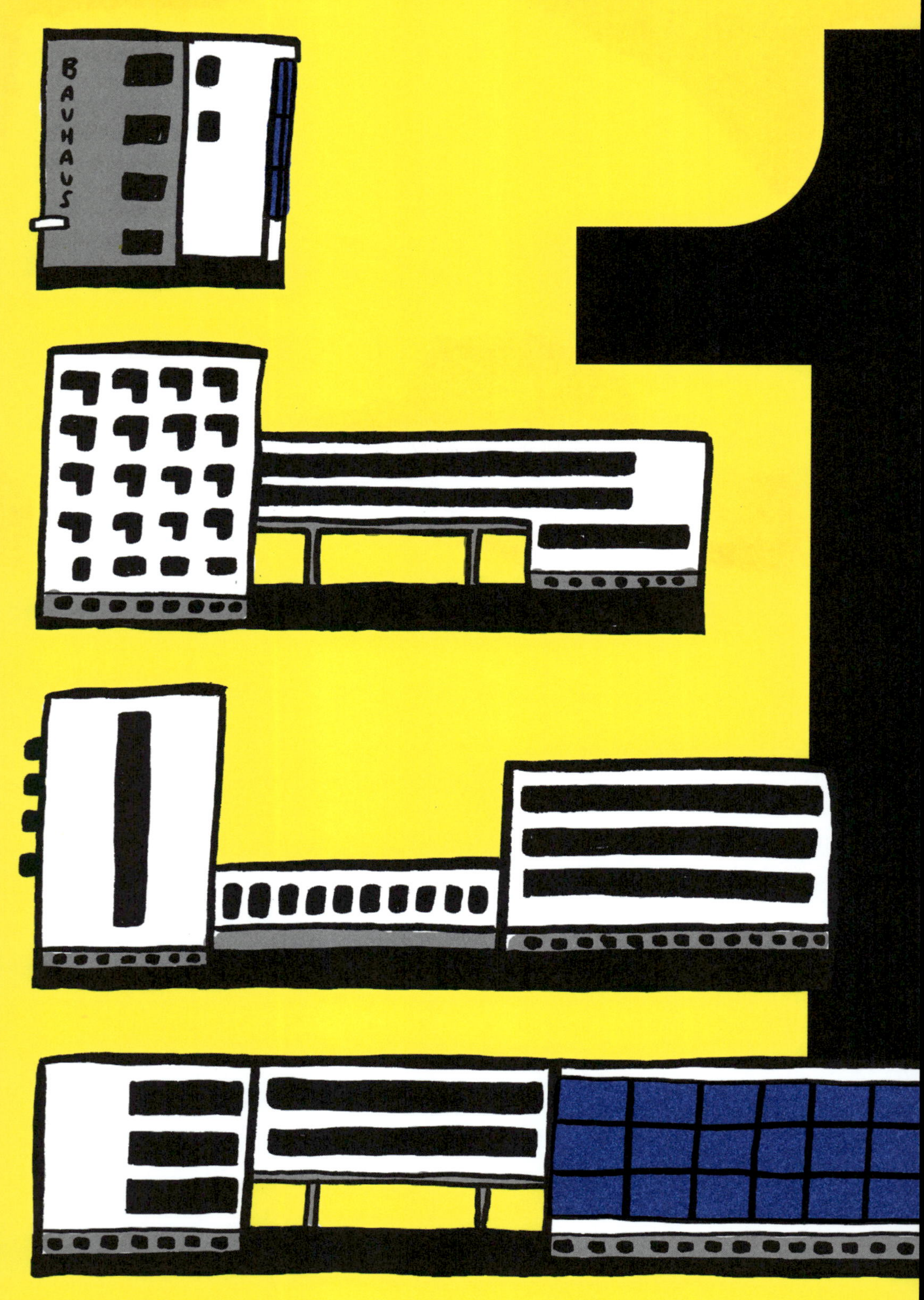
BAUHAUS

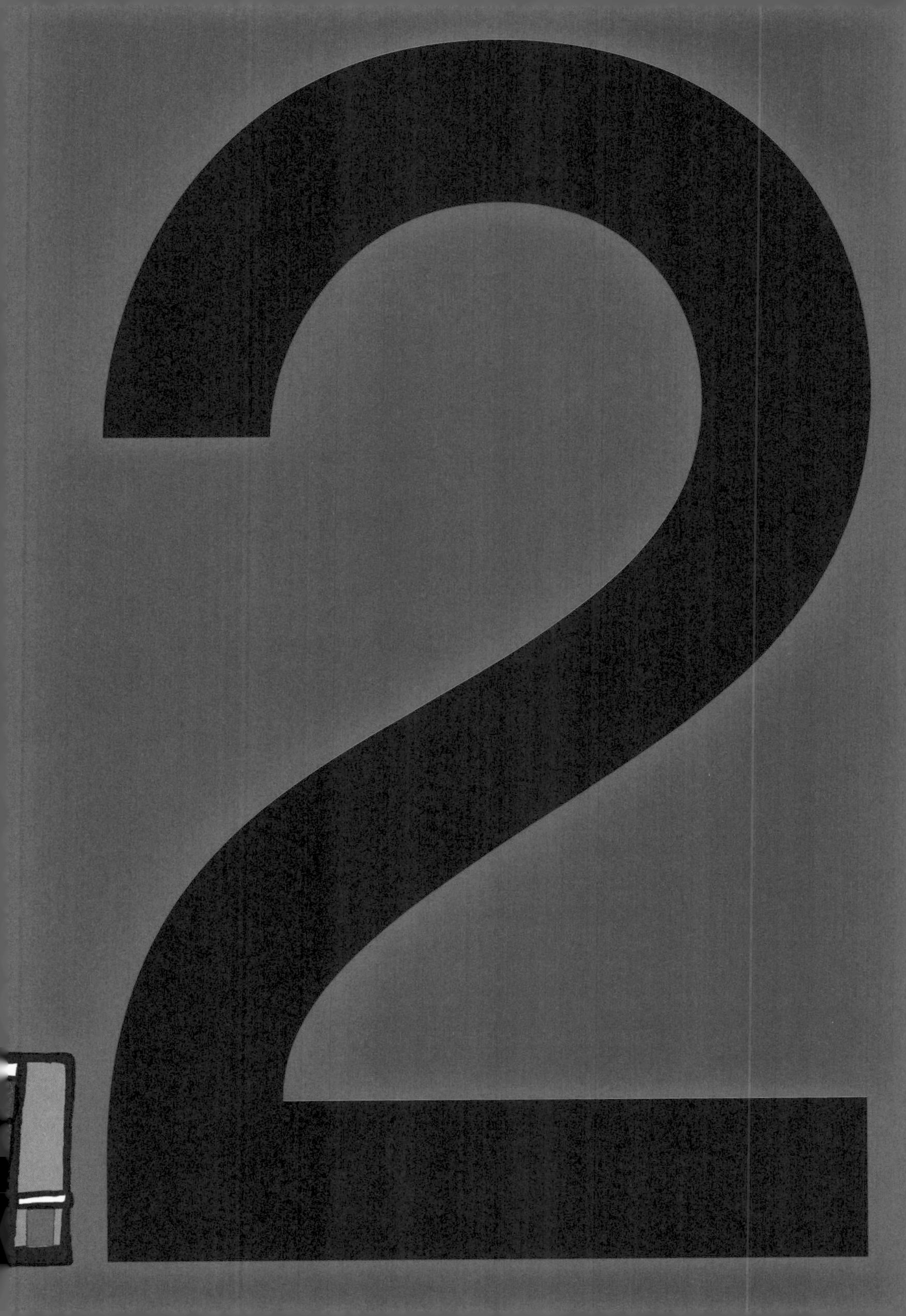

# Was ist so besonders am Bauhausgebäude Dessau?

Das Bauhausgebäude ist DIE Ikone der Moderne – Walter Gropius' großer Wurf, der auch heute, fast 100 Jahre nach der Entstehung, noch zeitlos aktuell wirkt. An dem Schulgebäude von 1926 zeigen sich architektonisch die Leitideen des Bauhauses: Gemeinschaft, Klarheit, Transparenz, Uneinheitlichkeit, Dynamik, Präsentationswille, Innovationswille, Multiperspektivität und Schönheit.

Der Plan beim Entwurf war, allen für die innovative Hochschule notwendigen Funktionen einen eigenen Baukörper zu geben und sie gleichzeitig auch zu verbinden: Werkstätten, Unterrichtsräume, Präsentationsräume, Direktorenzimmer, soziale Treffpunkte, Unterkünfte für die Studierenden wie auch eine Mensa, eine Bühne und sogar einen Gymnastikraum. Um diese zu vereinen, entwarf Gropius das Bauhausgebäude nach dem »Baukastenprinzip«: die Bereiche Arbeiten, Lernen, Wohnen und Feiern wurden in verschieden geformten Kuben – Werkstattflügel, Schulflügel, Wohnflügel – untergebracht, die ineinander verschachtelt und durch Festebene bzw. Verwaltungsbrücke miteinander verbunden waren. Die asymmetrische Form des 32 000 m³ großen Gebäudes folgt also einem Nutzungsplan – und dieser resultiert aus den verschiedenen Funktionen, die der Bau erfüllen soll.

Mit Flachdach, von Fabrikgebäuden entliehenen Fensteröffnungsmechanismen, Glasfassade, Stahlfenstern, auf Augenhöhe angebrachten Heizkörpern und durch Funktionalität und Schnörkellosigkeit sang das Bauhausgebäude ein Hohelied auf die industrielle Ästhetik. Schließlich wollte man ja Kunst und Technik vereinen und Prototypen, die industriell in Serie gefertigt werden, produzieren. Kein Wunder, dass das Bauhausgebäude an eine Fabrik mit aufsehenerregender Architektur erinnert – die wiederum aufsehenerregende Architekten hervorbringen sollte.

Auch die Heterogenität des Bauhauses spiegelt sich im Dessauer Schulgebäude wider: Es ist für den Betrachter unmöglich, die Schule von einem Standpunkt aus ganz zu erfassen. Er muss sie umkreisen und dabei sieht der Bau immer anders aus – natürlich auch abhängig von den Lichtverhältnissen. Die Beleuchtung ist dementsprechend ausgeklügelt: Marianne Brandts Kugelleuchten durchziehen den Bau, Vestibül und Bühne werden üppig von Max Krajewskis stabförmigen Soffittenlampen, die in parallelen Reihen an einem schmalen Metallgestänge aufgereiht sind, beleuchtet. Darum ist das Bauhausgebäude auch bei Nacht spektakulär: Wenn es durch die zahlreichen Fenster weithin sichtbar in der Dunkelheit leuchtet, macht es deutlich, dass der Fortschritt nicht schläft und die Moderne Licht ins Dunkel bringt.

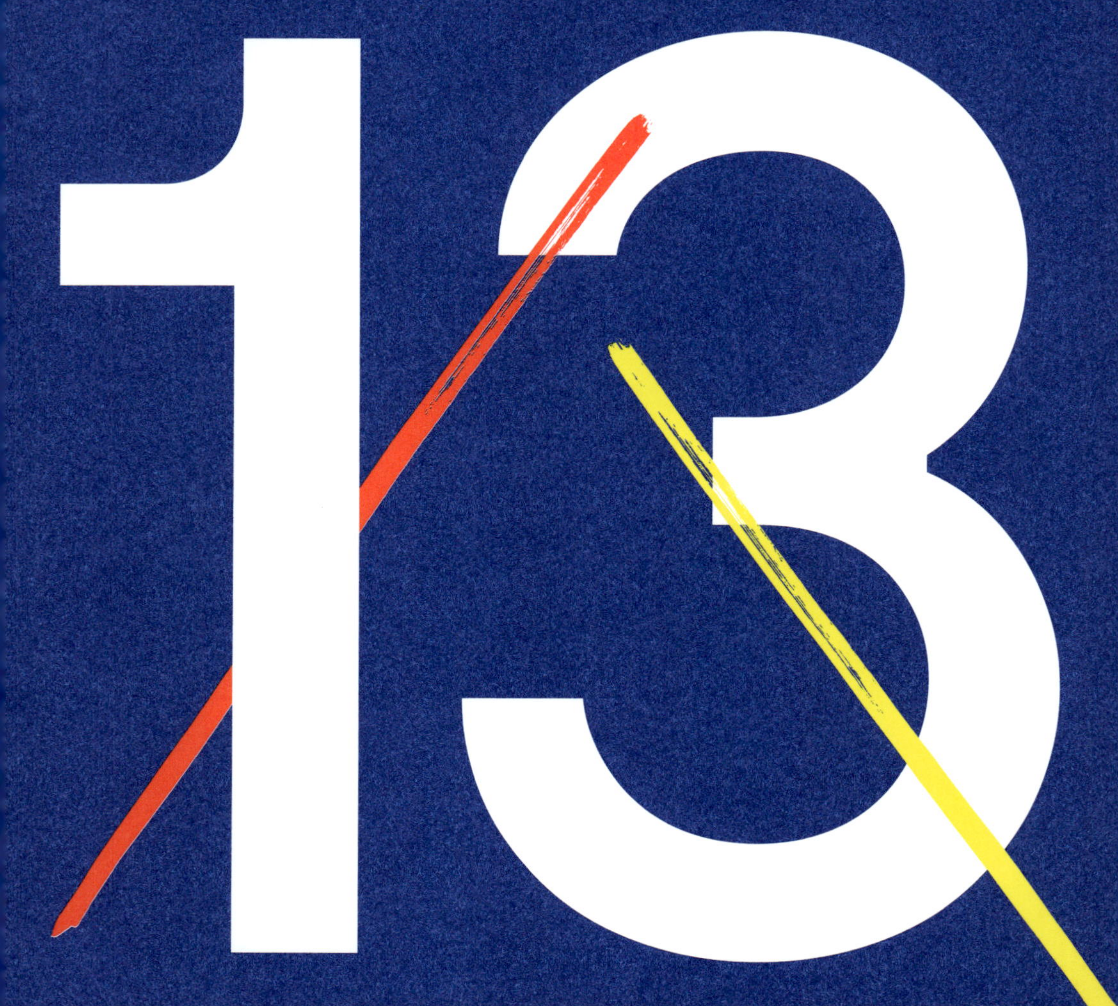


# Konnte das Bauhaus die Schwerkraft überwinden?

Das könnte man meinen, betrachtet man das Bauhausgebäude. Weil es auf einem etwas zurückgesetzten Sockel steht, der auch noch durch seine dunkelgraue Farbe kaschiert ist, scheint es zu schweben. Auch der mittlerweile ikonisch gewordene Schriftzug BAUHAUS – entworfen von Herbert Bayer und natürlich geprägt von Quadraten und Kreisen – unterstützt mit seiner vertikalen und leicht vorgesetzten Anbringung den Eindruck der Schwerelosigkeit.

De facto besteht das Bauhausgebäude aus einem Stahlbetongerippe mit Ziegelmauerwerk und weiß angestrichenem Kalkputz an der Außenhaut – sowie natürlich jeder Menge Glas, vor allem an der berühmten schwebenden Glasvorhangfassade des Werkstattflügels. Diese schwebt natürlich nur visuell, weil sie am oberen Ende in das tragende Stahlskelett des Gebäudes eingehängt ist und darum keinerlei Stützen oder Befestigungen ersichtlich sind.

Walter Gropius ging es mit dieser so leicht wirkenden Glasfassade aber nicht nur um den Effekt des Schwebens: »Der Bauleib sollte nackt und strahlend geschaffen werden«, »aus innerem Gesetz heraus ohne Lügen und Verspieltheiten«, schrieb er.[18] »Transparenz« und »Ehrlichkeit« waren die Stichworte. Es gab nichts zu verbergen, sondern im Gegenteil, viel zu präsentieren. Das bezog sich einerseits auf die Architektur, die darauf angelegt war, ihre Konstruktionsweise offenzulegen, beispielsweise durch ausgekragte Balken. Andererseits sorgte das reichlich verwendete, durchsichtige Material Glas für einen »nackten« Bau (je nach Sonneneinfall und Putzdisziplin auch für einen strahlenden).

Natürlich befindet sich der Glasvorhang darum auch am Werkstattflügel (ebenso der Bauhaus-Schriftzug) – so konnte jeder, der vorbeikam, sehen: Hier wird gearbeitet und zwar am Voranbringen der Moderne; im Bau der

Zukunft entsteht der Bau der Zukunft. Und auch intern hatte die Transparenz Effekte: Das Private war öffentlich, die Gemeinschaft stand an erster Stelle, niemand konnte und niemand musste sich verstecken. Man sah, was die anderen machten, wurde gesehen, inspirierte und wurde inspiriert. Es ging um Synthese, aber sicher auch um Kontrolle. Der Punkt übrigens, von dem man die meisten und besten Einblicke ins Bauhausgebäude bekommt, ist das Direktorenbüro auf der Brücke. Kam beispielsweise jemand zu spät zum Unterricht aus der Stadt geeilt, blieb das dem Direktor nicht verborgen. Bleibt man bei dem gern bemühten Bild vom Bauhausgebäude als Raumschiff, so ist die Brücke mit dem Direktorenzimmer eben auch die Kommandobrücke, von der aus geschaltet und gewaltet wurde – und beobachtet, ob in dem Apparat auch alles nach Plan und Wunsch läuft.

Diese Begeisterung für Transparenz und architektonische Nacktheit wurde wohl nur vom modernsten Architekten Österreichs, dem Autor von »Ornament und Verbrechen«, also von Adolf Loos, getoppt: 1928 entwarf er für Josephine Baker, den Nackttanzstar der Roaring Twenties, ein Wohnhaus, mit einem Maximum an Transparenz im Inneren: Dessen Herzstück war ein Schwimmbad mit Schaufernstern. Hier ging es aber wohl weniger um Gemeinschaft als um Voyeurismus.

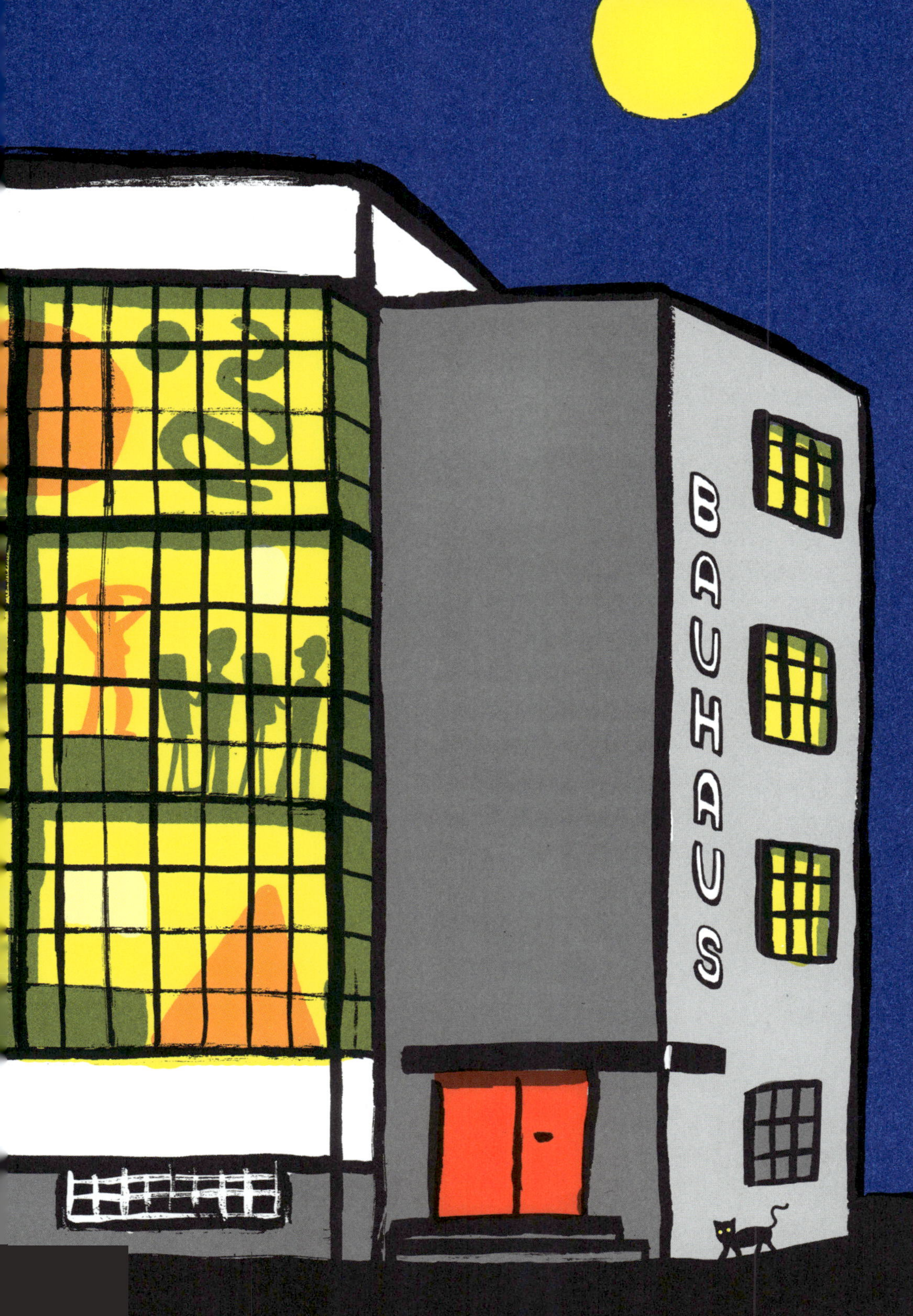
BAUHAUS

# Warum brauchte eine Gestaltungshoch- schule eine Bühne?

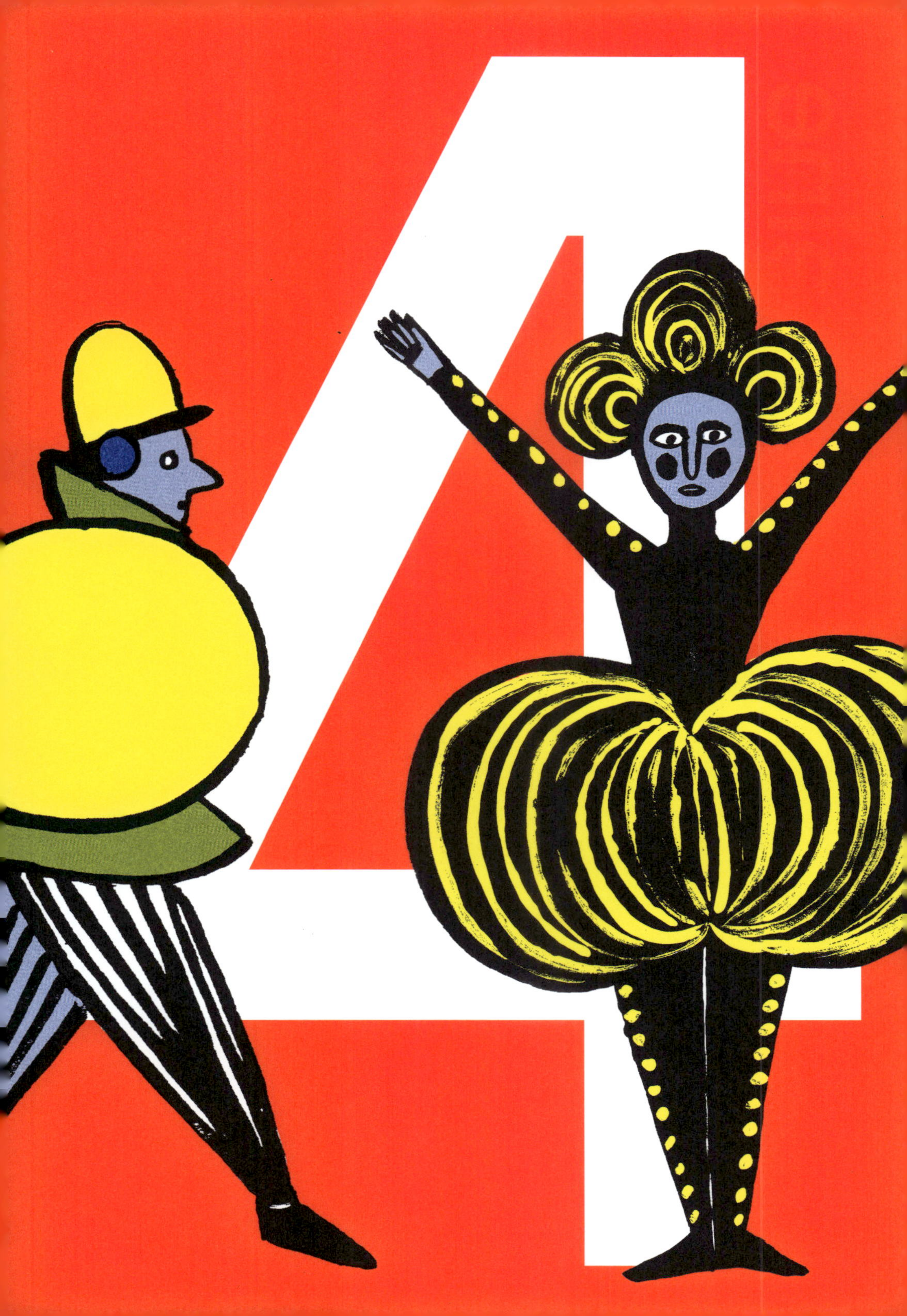

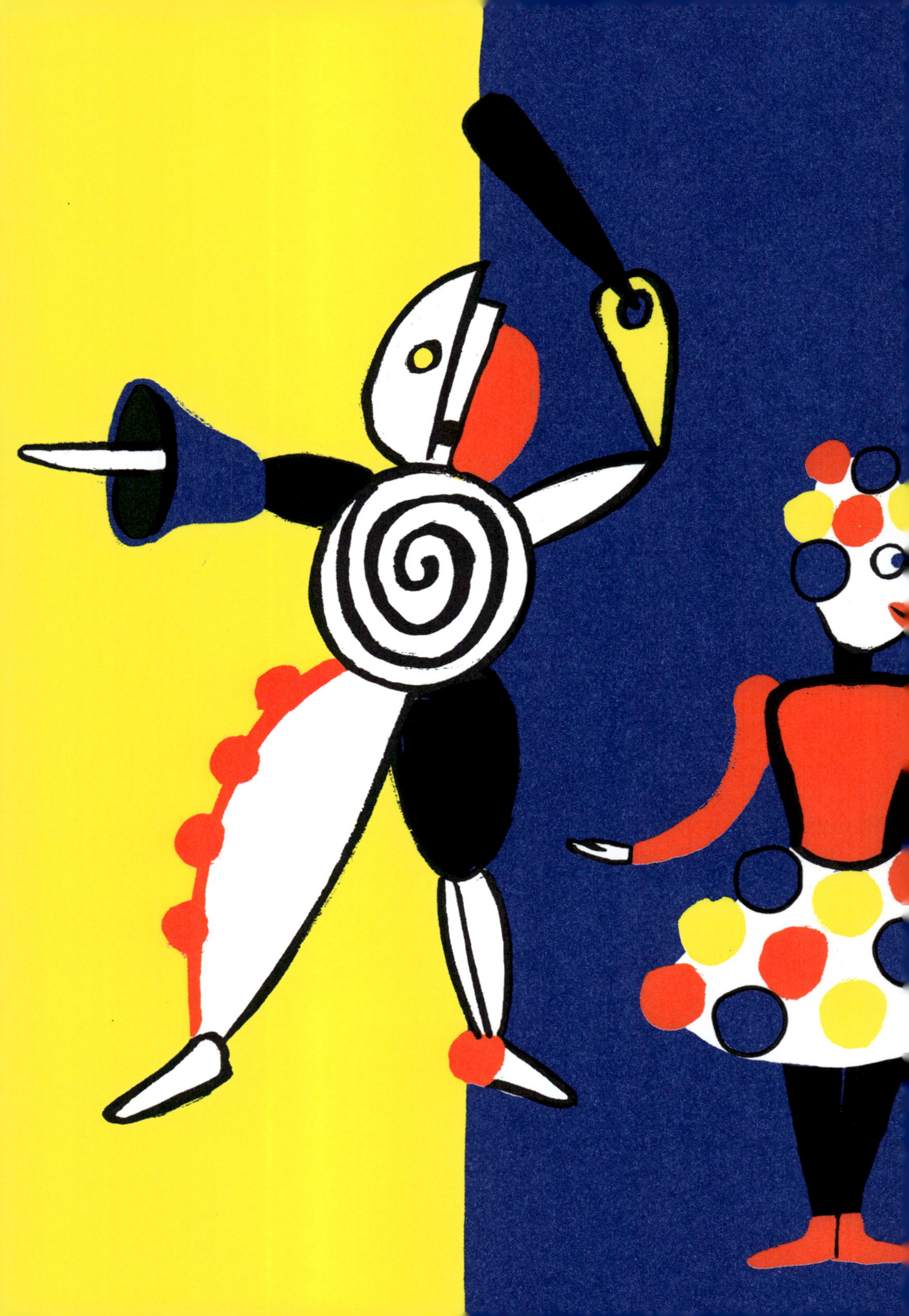

Ein weiteres Novum des Bauhauses war die Bühne. Zugegebenermaßen stand diese angesichts der finanziellen Knappheit immer etwas auf der Kippe, weil Gropius sie für am entbehrlichsten hielt. Trotzdem gab es von 1923 bis 1929 eine Bühnenwerkstatt. Und im Bauhausgebäude Dessau, das ja nach den Bedürfnissen der Schule entworfen war, kam ihr ein zentraler Ort zu: Sie verband den Werkstattflügel mit der Kantine des Atelierflügels. Betrat man das Bauhaus über das subtil repräsentative Vestibül, wurde man unweigerlich nach links zur Bauhausbühne geleitet: der wohl wichtigsten Herzkammer der Bauhausfeste, offizieller Sammlungspunkt, Ort für mehr oder weniger prominente Gastredner und andere auswärtige Besucher. Öffnete man zusätzlich die Flügeltüren der angrenzenden Mensa, so wurde der Saal noch größer und in seiner Mitte prangte die Bühne. Das lässt schon erahnen, dass es in der Bühnenwerkstatt nicht um klassisches Sprechtheater ging.

Natürlich waren alle Bauhauswerkstätten Experimentierorte, aber die Bühne war am experimentellsten. Am prägendsten war das künstlerische Multitalent Oskar Schlemmer, der ab 1923 auf den ersten Bühnenleiter, Lothar Schreyer, folgte. Schlemmer war Maler, Bildhauer, Tänzer, hatte das berühmte Bauhaus-Signet entworfen, und diese Interdisziplinarität zeigte sich in seiner Bühnenarbeit. Wenn bei seinem Triadischen Ballett sich die grotesk-unproportionalen Figurinen mit den übergroßen Köpfen oder wattierten Armen mechanisch durch den Raum bewegten, schien es, als würde eines seiner Bilder in 3D animiert – »Verräumlichung bildkompositorischer Strategien im Grenzbereich zwischen darstellender und bildender Kunst«[19] nennt das die Forschung.

Die Fragen nach dem Verhältnis von Mensch und Maschine im Raum waren es, die auch an der Bauhausbühne ausgelotet wurden und zwar körperlich. Beispielsweise beim »Stäbetanz« aus der Reihe der Bauhaustänze: Das obligatorische Kostüm bestand hier aus einem schwarzen Anzug, an dem die namensgebenden langen weißen Stäbe an Armen, Beinen und am Rücken befestigt waren. Im abgedunkelten Raum schienen sich nur diese zu bewegen und dabei an ein abstraktes Kunstwerk zu erinnern – der Tänzer an sich war fast unsichtbar, es tanzte kein menschlicher Körper, es tanzte die Menschmaschine. Ähnlich war es bei den anderen Bauhaustänzen Schlemmers, dem »Raum-«, »Gesten-«, »Reifen-«, »Metall-«, »Formen-« und »Kulissentanz«. Und trotzdem ging es ihm dabei nicht um die naive Huldigung der Maschine, sondern um den Menschen im Zeitalter der Maschinen.

Als Schlemmer 1929 ging, ließ Bauhausdirektor Hannes Meyer die Bühne übrigens aus Kostengründen schließen.

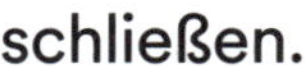

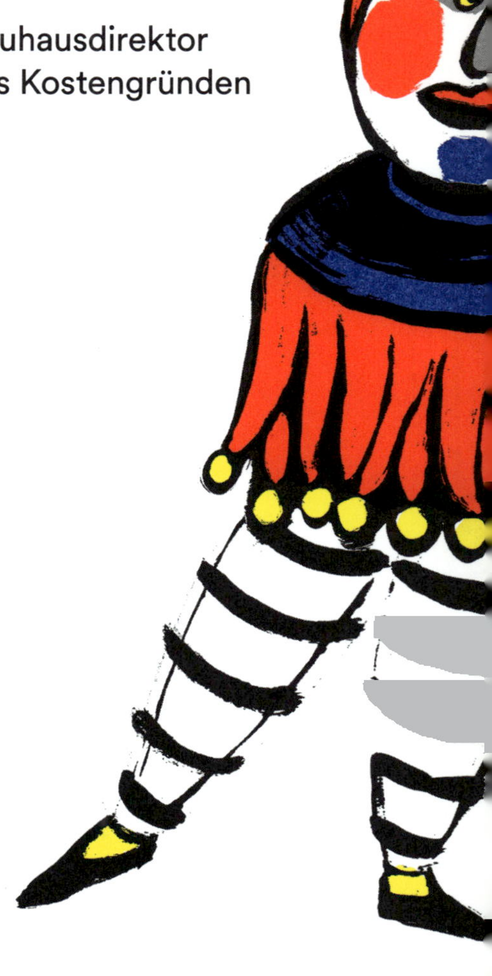

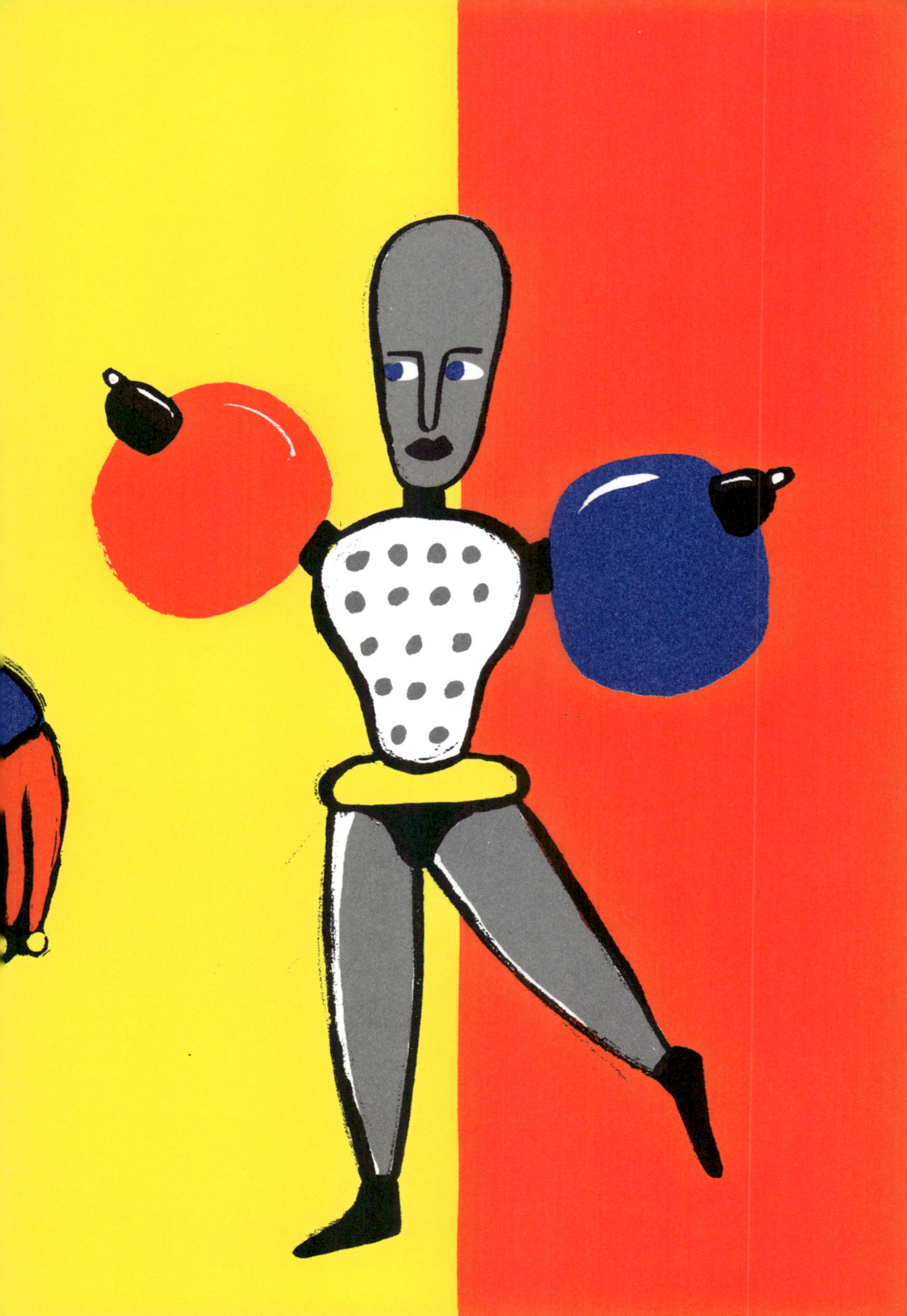

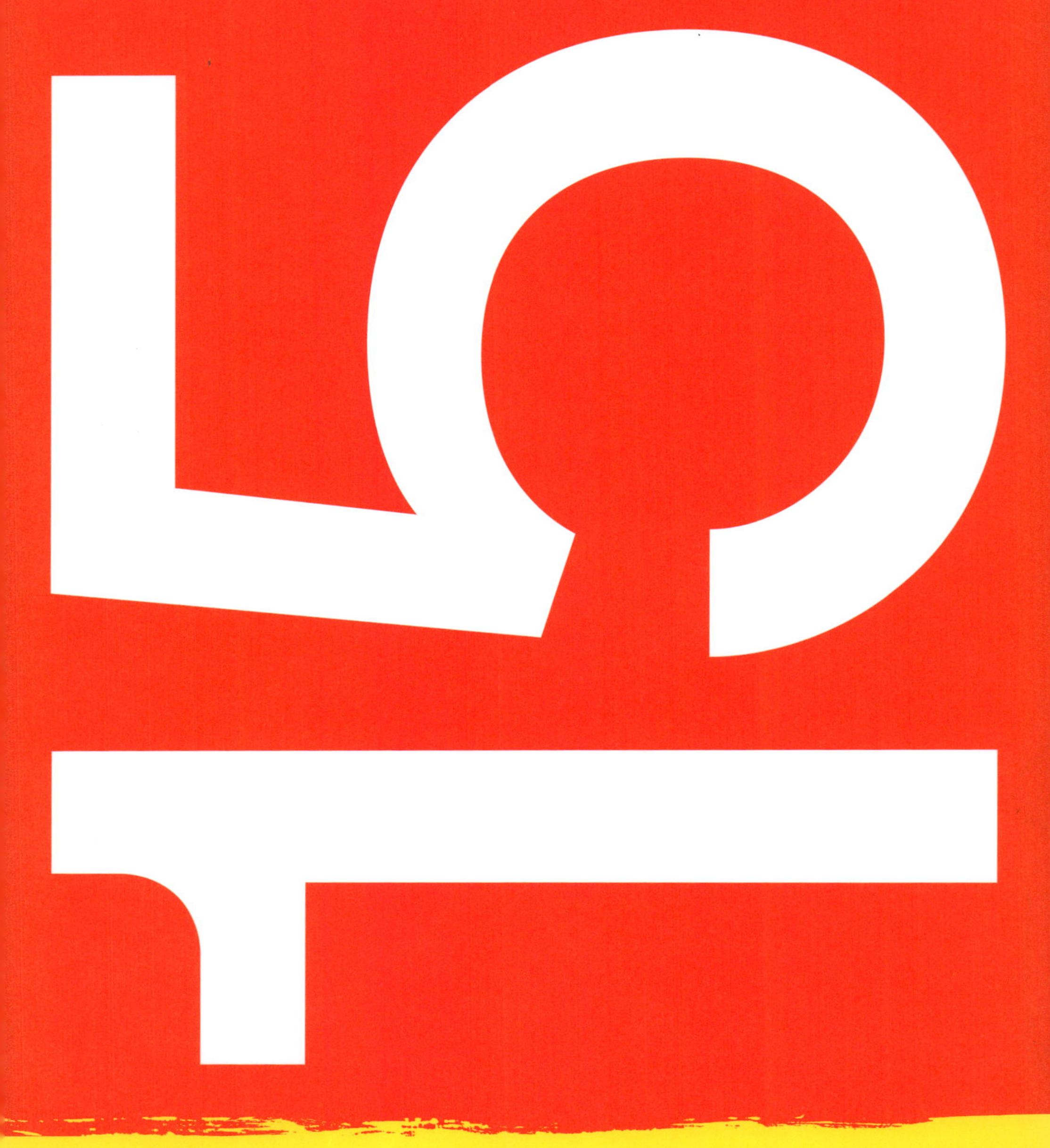

# Was sind Meisterhäuser?

Nicht nur, wie man meinen könnte, meisterlich gebaute Häuser, sondern die von Walter Gropius entworfenen Wohn- und Ateliergebäude für die Dessauer Bauhausprofessoren. Denn während die Bauhausschüler und später die Jungmeister im Schulgebäude wohnten, bekamen die Meister ihre eigene kleine Doppelhaussiedlung: die Dessauer Meisterhäuser, erbaut 1926, rund 700 m vom Bauhausgebäude entfernt in einem Kiefernwäldchen gelegen. Und da die Bauhausmeister ja die Künstleravantgarde der Moderne waren, wurde aus den drei Doppelhaushälften und dem Direktorenhaus eine der berühmtesten Künstlerkolonien des 20. Jahrhunderts. Hier lebten Lyonel Feininger, Paul Klee, Oskar Schlemmer und Wassily Kandinsky, Georg Muche, László Moholy-Nagy und später Josef und Anni Albers sowie Gertrud und Alfred Arndt Tür an Tür.

Auch die Meisterhäuser waren nach dem Baukasten-Prinzip entworfen, kubisch, verschachtelt, weiß getüncht, hatten begehbare Flachdächer, eine große Fensterfront und einen zentralen Raum zum Arbeiten – keine Werkstatt, sondern ein Atelier, schließlich wohnten hier ja Künstler. Das entspricht der generellen Wirkung der Meisterhäuser, die trotz typisierter Bauweise wie exklusive Villen anmuten. Erinnert das Schulgebäude an ein Raumschiff, so haben die Meisterhäuser – vielleicht auch wegen ihrer relinghaften Geländer – etwas von Kreuzfahrtschiffen. Kein Wunder also, dass heutzutage eine Menge der neu gebauten Einfamilienhäuser für die gehobene Mittelschicht wie neue, allerdings meist nicht ganz so elegante Meisterhäuser aussieht.

Walter Gropius wollte mit den Meisterhäusern aber nicht nur den passenden Lebensraum für seine Bauhausmeister schaffen, sondern »Schaufenster des Neuen Wohnens«. Insbesondere das Direktorenhaus sollte architektonisch und vor allem innenausstattungsmäßig Antwort auf die Frage geben: Wie wohnen wir gesund und wirtschaftlich? Diesen Titel trug auch eine vierteilige historische Filmreihe aus den Jahren 1926 bis 1928, die die damalige Wohnungssituation (zu beengt, zu dunkel) kritisch betrachtet und das Neue Bauen als Lösung aufzeigt. Der vierte Teil, »Neues Wohnen«, präsentiert das Gropius-Haus in all seinen technischen Finessen: So gibt es arbeitssparende Küchengeräte, wie einen Wassersprüher fürs Geschirr, dem automatisch Seife beigemischt wurde, einen Waschmaschinenvorläufer und sogar einen Trockner. Nicht ohne Stolz werden der verstellbare Tellerwärmer und andere elektrische Gerätschaften vorgeführt; außerdem wird die Lüftungsinstallation erklärt, die direkt mit dem zentralen Heizungssystem verbunden war. Den Zweifeln, ob diese Luxusausstattung sich denn mit der Frage nach der Wirtschaftlichkeit vereinbaren lasse, begegnete Gropius mit der Überzeugung, dass das, was heute als Luxus gelte, später zur Norm werden würde.

Die Meister mussten sich übrigens zum Teil auch erst mit dem Neuen Wohnen anfreunden. Klee und Kandinsky richteten sich nicht mit modernen Stahlrohrmöbeln ein, sondern brachten – auch um Geld zu sparen – ihre alten Möbel mit. Mit dem selbst gewählten Farbanstrich – Gold und Zartrosa bei Kandinsky – schufen sie so ihre eigenen Innenwelten. Bei Moholy-Nagy dominierten Weiß, Orange und Schwarz; Feininger brachte es auf sage und schreibe 40 verschiedene Farbtöne in seiner Meisterhaushälfte. Georg Muche hingegen hatte Pech: Marcel Breuer hatte sich überlegt, dass Schwarz die optimale Farbe für dessen Schlafzimmer wäre: »Schwarz sei die Farbe des Schlafes, welches die Erinnerung an die Wirklichkeit am schnellsten vergessen lasse. Ich machte den Einwand, dass, streng genommen, Schwarz die Farbe des Todes sei und wünschte mir ein wenig Blau oder wenigstens Blaugrau an die Zimmerdecke«[20], notierte Muche. Diesen Wunsch nach Blau hielt Breuer für »Hirtenjungenromantik«, das sowieso schon eher enge Zimmer wurde schwarz gestrichen und nach einer Nacht von Muche nie wieder betreten.

Innen hatten die Künstlerkolonisten ansonsten Entscheidungsfreiheit, das Außen sollte aber nicht verändert werden: Der Garten durfte nicht bepflanzt werden, einzig Kakteen waren von Gropius geduldet, aber auch eher auf den Fensterbänken. Was hätten die zahlreichen Besucher, die bereits damals zu den Dessauer Bauhausbauten pilgerten – zwischen 1927 und 1930 rund 20 000 –, denn auch beim Anblick eines modernen Meisterhauses mit Geranien und Rosen im Vorgarten gedacht? Auch hier waren es wieder Klee und Kandinsky, die sich mit Rosengarten (Nina Kandinsky) und Blumenkästen auf der Brüstung (Klee) den Gropius'schen Wünschen widersetzten.

Zumindest Lyonel Feininger ging diese Art der Selbstausstellung der gesamten Lebensvorgänge zu weit: In einem Brief von 1927 beschwerte er sich über »diese Menschen, die unablässig von früh bis spät vorüberschlendern und vor unseren Häusern glotzend stehenbleiben! (von denen ganz zu schweigen, die in den Garten kommen und in die Parterre-Fenster gucken), und aus jedem Auto, jeder Pferde-Droschke, die vorüberfährt – oder zuckelt, stecken sie die Köpfe heraus und verrenken sich Hals und Augen nach uns«[21]. Und auch Wassily Kandinsky war sein Meisterhaus zu transparent: Um sich vor Blicken zu schützen, machte er die große Fensterfront an der Treppe – auf die damals übliche Weise – mit einem Buttermilchanstrich undurchsichtig.

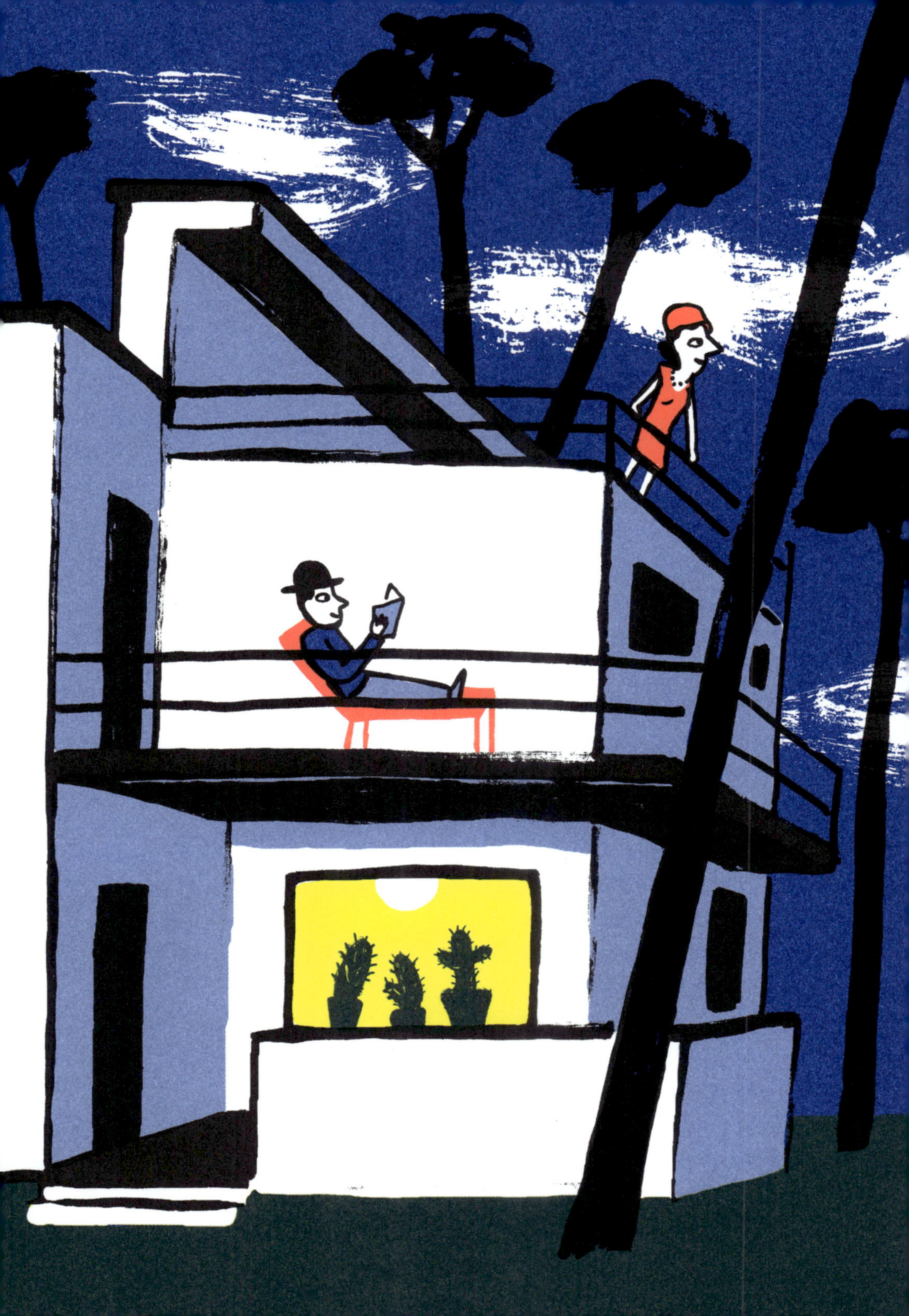

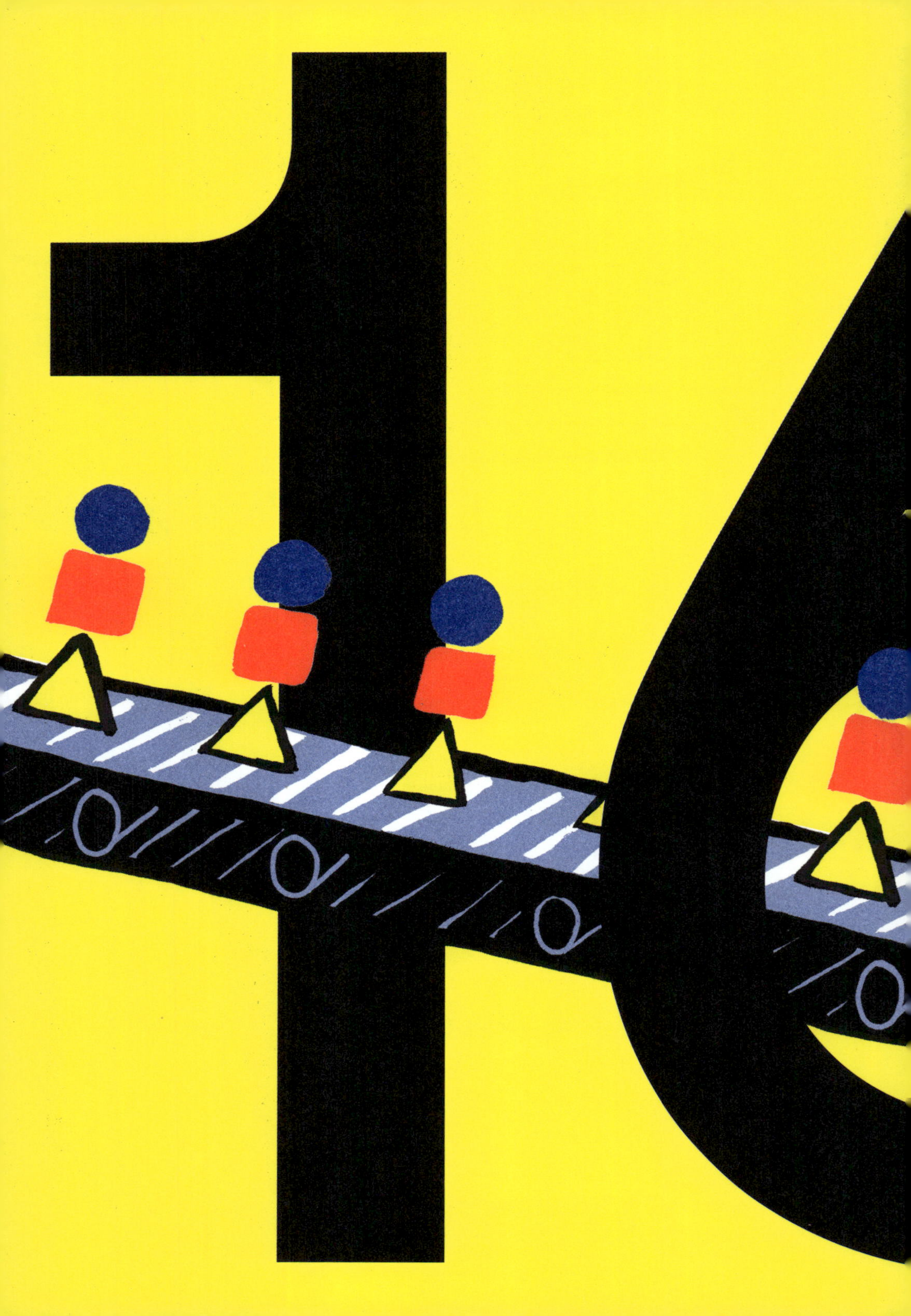

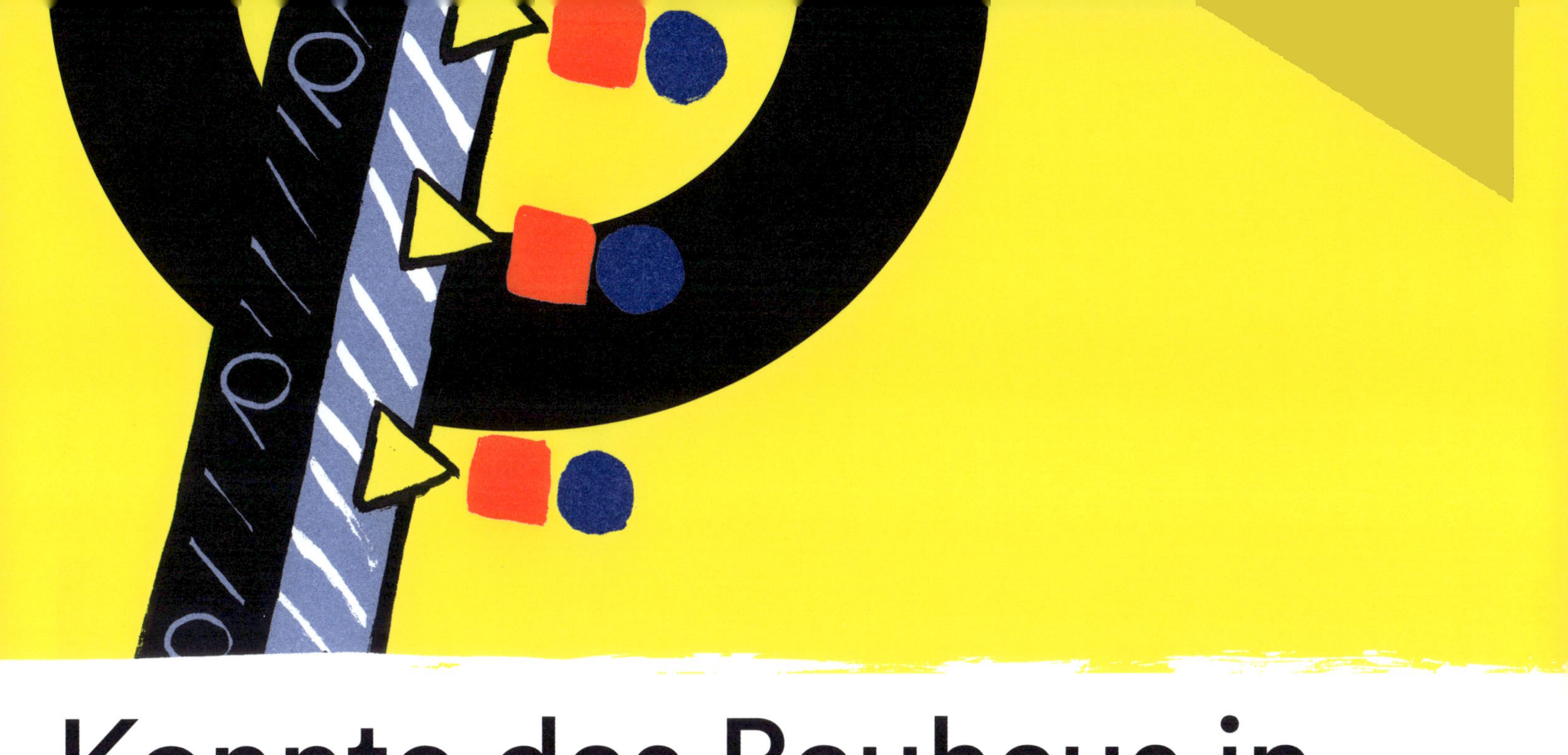

# Konnte das Bauhaus in Dessau endlich Kunst und Technik vereinen?

Man arbeitete auf jeden Fall intensiv daran, den neuen Leitspruch »Kunst und Technik – eine neue Einheit« beim Neustart in Dessau zu verwirklichen. Denn wenn Weimar die Wiege des Bauhauses war, war Dessau das Labor. Drehte es sich in Weimar um Handwerk und Gemeinschaft, waren in Dessau Typ, Funktion, Technik und Standards die Leitthemen.

Eine Reihe von Umbenennungen zeigte den neuen, technikaffineren Geist: Meister wurden zu Professoren, der Gesellenbrief wurde zum Diplom, die Weberei zur Textilwerkstatt, die Schule selbst zu »Bauhaus – Hochschule für Gestaltung«, statt »Staatliches Bauhaus«. Überdies wurde seit 1925 alles radikal kleingeschrieben und am Ende des Bauhaus-Briefbogens prangte die Erklärung: »wir schreiben alles klein, denn wir sparen damit zeit«[22].

Zudem wurde die Struktur der Schule gestrafft: Es gab mit Tischlerei, Textil, Buch- und Kunstdruck, Metall, Wandmalerei und plastische Werkstatt nur noch sechs Werkstätten, die sich auf den dreigeschossigen Werkstattflügel des Bauhausgebäudes verteilten. Es wurde nicht mehr getöpfert, dafür aber die Reklamewerkstatt ins Leben gerufen. Der theoretische Unterricht wurde auf eine breitere Basis gestellt und andere Fächer wie z.B. Ingenieurwissenschaften, Psychologie oder Betriebswirtschaftslehre wurden in das Lehrprogramm eingebunden. Leitlinie des Dessauer Bauhauses war »systematische Versuchsarbeit in Theorie und Praxis – auf formalem, technischem und wirtschaftlichem Gebiete«.[23]

Um nicht wieder durch eine finanzielle Notlage bedroht zu sein, gründete Walter Gropius in Dessau die bereits in Weimar angedachte Bauhaus GmbH, um die Arbeit der Werkstätten fit für die freie Wirtschaft zu machen. Die Rechte aller an der Schule entworfenen Objekte gingen an die GmbH über, und dem Gestalter war untersagt, weitere Objekte dieser Art zu fertigen. Dafür bekam er 30 % der Einnahmen. Als Geschäftsführer der GmbH wurde Walter Haas eingestellt, der als Verbindungsmann zur Industrie die Bauhausprodukte vermarkten und in Serienproduktion bringen sollte.

Außerdem begann das Bauhaus, seine Früchte zu ernten: Mit Herbert Bayer, Hinnerk Scheper, Joost Schmidt und Marcel Breuer wurden vier ehemalige Schüler, die im Bauhausgeist ausgebildet worden waren, zu Jungmeistern erklärt. Das Prinzip der Formmeister hingegen war passé, die Rolle der Kunst mittlerweile eher untergeordnet. Um den Künstlergrößen gerecht zu werden – und vielleicht auch, um die aufregende Avantgarde-Atmosphäre des Bauhauses beizubehalten – bekamen Paul Klee und Wassily Kandinsky je eine Malklasse. Die Frage, was der bildende Künstler im industriellen Gestaltungsprozess beizusteuern hätte, wurde aber immer öfter mit Ratlosigkeit beantwortet.

Nicht nur die Künstler, auch die Frauen schienen es am Dessauer Bauhaus schwerer zu haben: Obwohl es 1927 mit Gunta Stölzl die erste Jungmeisterin gab (natürlich in der Textilwerkstatt), sank der Anteil der weiblichen Studierenden übrigens kontinuierlich.

1927 schreibt Gropius die beiden Säulen der Schule neu fest: Natürlich richtete sich der Fokus auf Architektur (der Tischlerei, Textil-, Metall- und plastische Werkstatt untergeordnet waren) und neuerdings auch auf Reklame. Eine Reklamewerkstatt wurde eingerichtet, diverse Eigenpublikationen wie die Bauhausbücher oder die Zeitschrift »bauhaus« rief man ins Leben und brachte sie in die Welt. Die nötigen Bilder lieferte ab 1929 die Fotowerkstatt. Man hatte begriffen, dass für den zum Überleben essenziellen wirtschaftlichen Erfolg Vermarktung gehörte, zur Vermarktung Markenbildung – sowohl bezüglich der Produkte als auch der eigenen Schule. Das Bauhaus war revolutionär darin, sich selbst das revolutionäre, einzigartige Image zu geben. Schon damals war man sich bewusst, dass man auch immer am eigenen Mythos arbeitete. Die Bauhausbücher beispielsweise sind eine Art frühes Corporate Publishing: Modern und aufsehenerregend gestaltet, erzählen sie von den Ideen und der Arbeit des Bauhauses (z.B. Band 12: »Bauhausbauten Dessau«, 1930), außerdem kamen internationale Künstler, Theoretiker zu aktuellen Fragestellungen aus Kunst, Wissenschaft und Technik zu Wort. Die großen Namen der Beteiligten setzte man natürlich auf das Cover: So gibt es Paul Klees »Pädagogisches Skizzenbuch« (Band 2, 1925) oder »Die gegenstandslose Welt« von Kasimir Malewitsch (Band 11) oder Piet Mondrians »Neue Gestaltung. Neoplastizismus. Nieuwe Beelding« (Band 6, 1925). Zwischen 1925 und 1930 erschienen 14 Bauhausbücher, insgesamt hatte man aber Pläne für 54 Bände in der Schublade.

In Dessau wurde das große Ziel der Schule – den »Bau der Zukunft« zu bauen – auch endlich umgesetzt. Es gab ab 1927 eine eigene Architekturabteilung, die tat, was sie sollte und konnte, nämlich bauen: die experimentelle Arbeitersiedlung in Dessau-Törten, das Stahlhaus, das Kornhaus, das Dessauer Arbeitsamt, die Laubenganghäuser und die Trinkhalle von Mies. Darum gibt es weltweit keinen anderen Ort mit einer größeren Dichte an Bauhausbauten als Dessau. Allerdings stammen die berühmtesten (Meisterhausensemble, Schulgebäude, Törtensiedlung) und auch das Dessauer Arbeitsamt vom Gropius'schen Baubüro.

Ob er genug hatte von den ständigen internen Diskussionen, den Kämpfen um Geld und Wirtschaftlichkeit, den äußeren Angriffen aus der rechten Ecke oder ob er selber einfach nur bauen wollte: Anfang 1928 trat Walter Gropius von seinem Direktorenposten zurück und machte den Weg frei für Hannes Meyer und dessen neue Sicht auf die Dinge. Das Drehen an entsprechenden Stellschrauben trieb die Wirtschaftlichkeit des Bauhauses zu neuer Blüte und die Schule selbst zu einer weiteren Neuerfindung ihrer selbst.

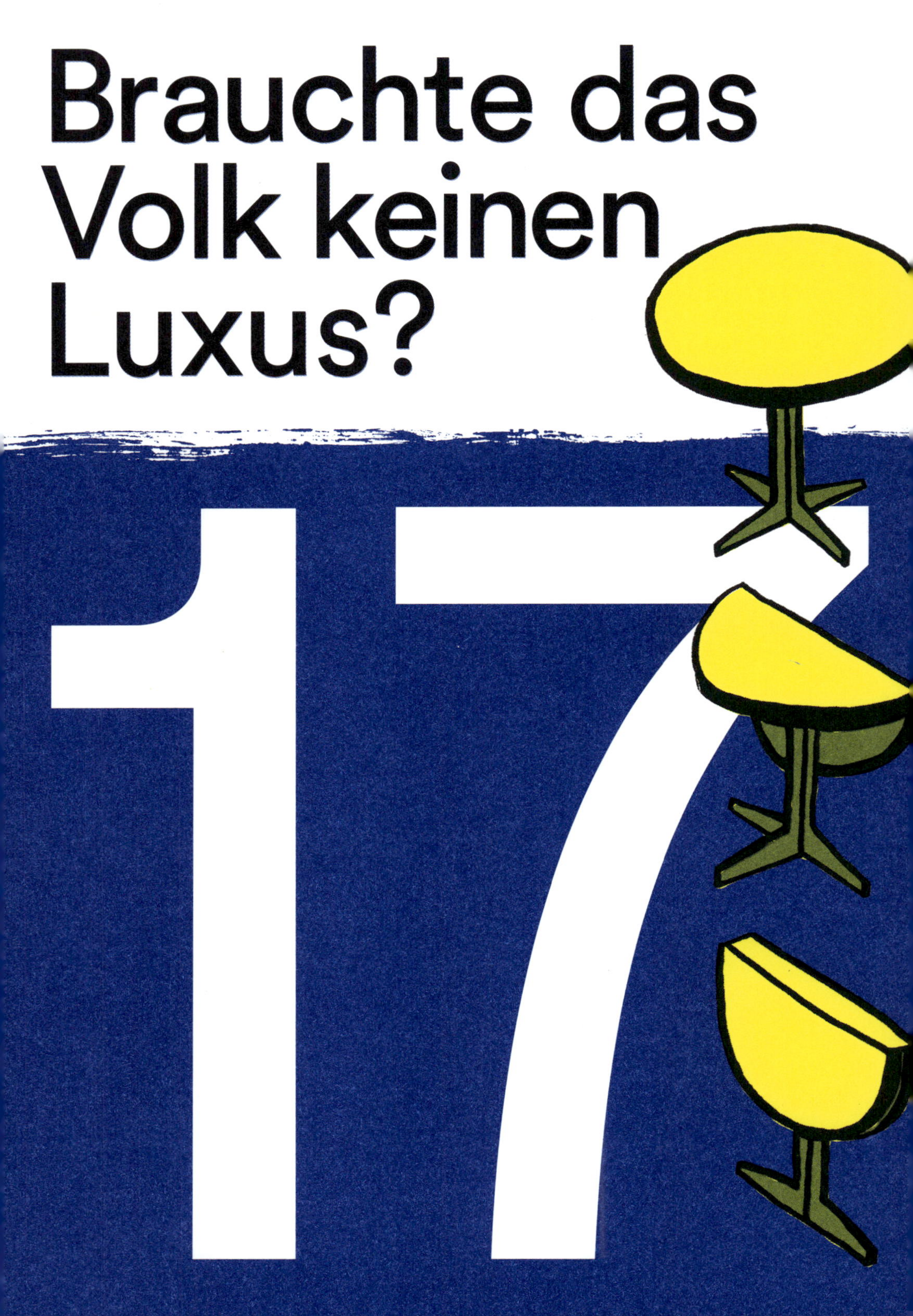
Brauchte das
Volk keinen
Luxus?
17

Laut dem zweiten Bauhausdirektor, Hannes Meyer, wohl eher nicht. Der Schweizer Architekt liebäugelte mit marxistischem Gedankengut und brachte dieses auch in seine Neuausrichtung des Bauhauses ein. Meyer vertrat den Standpunkt, dass das Bauhaus von seiner Idee abgekommen sei, »für das Volk« zu gestalten: Die meisten Bauhausprodukte waren bereits damals teuer und damit einer exklusiven Käuferschicht vorbehalten. Marianne Brandts berühmte Tee-Extraktkännchen beispielsweise war ein aufwendig in Handarbeit hergestelltes Luxusprodukt aus Silber mit Ebenholzgriff. Überdies war die alte Frage nach der Serienproduktion noch nicht befriedigend gelöst worden. Meyers neue, sozial ausgerichtete Parole lautete deshalb: »Volksbedarf statt Luxusbedarf!«

Ziel waren attraktiv gestaltete Prototypen, die sich gut in Serie produzieren ließen und so zu erschwinglichen Produkten würden; der Weg dorthin sollte über Standardisierung führen. Dazu reformierte Meyer konsequent und grundlegend die Struktur der Lehre am Bauhaus. Er trennte die Wissenschaft als Hirn von der Kunst als Herz, weitete die Grundausbildung im Vorkurs aus, führte zusätzlich neue technische, natur- und geisteswissenschaftliche Fächer wie Biologie, Soziologie oder Ingenieurwissenschaften ein, unterteilte die Architektur in Baulehre und Ausbauabteilung und gab ihr oberste Priorität; außerdem orientierte er die Arbeit in den Werkstätten an Industrievorgaben, indem er beispielsweise Metall-, Wandmalerei- und Tischlereiwerkstatt zur Ausbauwerkstatt zusammenlegte. Meyers für 1930 geplante Entlassung der Maler kam allerdings seine eigene zuvor.

Hannes Meyer kommentierte seinen Hinauswurf in einem Aufsatz folgendermaßen: »Als Bauhausleiter bekämpfte ich den Bauhausstil.«[24] Das Dreiecksproblem, sowohl formschöne als auch erschwingliche und leicht herzustellende Dinge zu produzieren, löste er dementsprechend durch Abstriche bei der Spektakularität der Ästhetik. Der Ausgangspunkt der Meyer'schen Gestaltung war der Mensch. Statt wie Gropius zu fragen »Was ist das Wesen des Dinges?«, ging es bei Meyer um die Frage »Was braucht der Mensch?«.

Ergebnis: die aus einfach konstruierten Möbeln – Tisch, Bett und Stuhl – bestehende Volkswohnung. Diese Möbel waren in ihrem sparsamen Minimalismus nicht unelegant, konnten aber mit den spektakulären Stahlrohrentwürfen, für die das Bauhaus bekannt ist, nicht mithalten und sind deswegen weitestgehend vergessen. Die Mobilität der Tische und Stühle (sie waren zusammenklappbar) und die Verwendung von günstigem Sperrholz lassen auch Vergleiche mit IKEA aufkommen.

Ähnlich wie das schwedische Möbelhaus hatte das Bauhaus unter seinem zweiten Direktor erstmals wirtschaftlichen Erfolg: Die Firma Kandem produzierte die von Marianne Brandt entworfenen Schreibtisch- und Nachttischlampen und die Tapetenfabrik Rasch die Bauhaustapete, das ab 1929 am besten verkaufte Bauhausprodukt.

Mit all diesen Neuausrichtungen war Hannes Meyer seinem Ziel, gegen das »schwindelhaft-reklamehaft-theatralische des bisherigen bauhauses front [zu] machen«[25] näher gekommen. Und trotzdem war mit das Erste, was er anwies, der berühmte Flyer mit der lockenden Hand: »junge menschen kommt ans bauhaus!«[26]. Und die unter seiner Regie ins Leben gerufene, überaus erfolgreiche Wanderausstellung »10 Jahre Bauhaus« war vor allem eine Leistungsschau des Meyer-Bauhauses.

Wie sehr Hannes Meyer bei seinen Entwürfen von den »natürlichen« Gegebenheiten und deren wissenschaftlicher Untersuchung ausging, zeigt sich auch daran, welchen Stellenwert er der Landschaft einräumte. 1929 schrieb er in seinem inoffiziellen Manifest »Bauhaus und Gesellschaft«, dass »die neue baulehre« eine »erkenntnislehre vom dasein« sei.[27] Und dass »zuguterletzt alle gestaltung schicksalsbedingt durch die landschaft« sei: »Als Gestalter erfüllen wir das Geschick der Landschaft.«[28] Die Form von Möbeln hatte sich also an die Bedürfnisse des Menschen (günstig und praktisch) anzupassen, die von Architektur außerdem an die der Landschaft. Und so schmiegt sich also Hannes Meyers gemeinsam mit Hans Wittwer entworfene Bundesschule des Allgemeinen Deutschen Gewerkschaftsbundes ADGB (1930) harmonisch in die sanften Hügel von Bernau. 1927 war ihr Entwurf für eine neue Schule vor den Toren Berlins als Sieger des entsprechenden Wettbewerbs hervorgegangen. In dem neuen Bau sollten in vierwöchigen Schulungen 120 Arbeiterinnen und Arbeiter jeden Alters in »fragen der sozialpolitik, des arbeitsrechts, der betriebshygiene«[29] ausgebildet werden. Ähnlich wie beim Bauhausgebäude ergab sich die Form des Gebäudes aus der Organisation des Schul- und Gemeinschaftslebens – aber auch der Landschaft. »das prinzip der auflösung der großen gemeinschaft (120) in kleine kreise (12×10) ist die grundlage dieses entwurfs«[30], erläutere Meyer seinen Plan. In einem Kopfbau am oberen Ende des Hügels sind Gemeinschaftsräume wie die Aula oder der Speisesaal mit der Glasveranda untergebracht. Treppenartig ziehen sich fünf Wohnflügel den Hang hinab und verbinden sich im Tal mit Bibliothek, Sportsaal und Unterrichtsräumen. Verbunden wird alles über einen langen Glaskorridor. Überhaupt sorgen die vielen Fenster und die Auffächerung für wunderbare Blicke auf die umliegende Natur – die Schule scheint Teil der Landschaft zu sein. Die Bauabteilung des Bauhauses übernahm die Umsetzung und auch die Innenausstattung stammte aus den Bauhauswerkstätten. Insofern wäre die Bernauer Bundesschule das »Gesamtkunstwerk« des Meyer-Bauhauses zu nennen – was ihm aber nicht gefallen hätte.

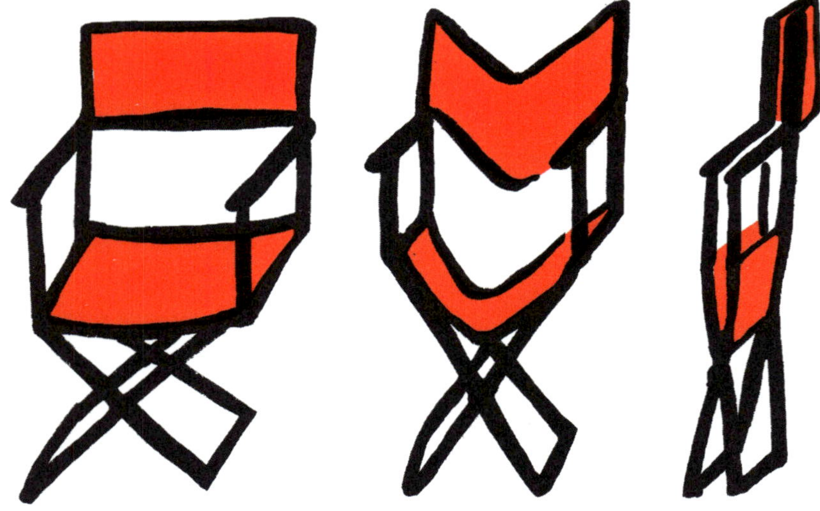

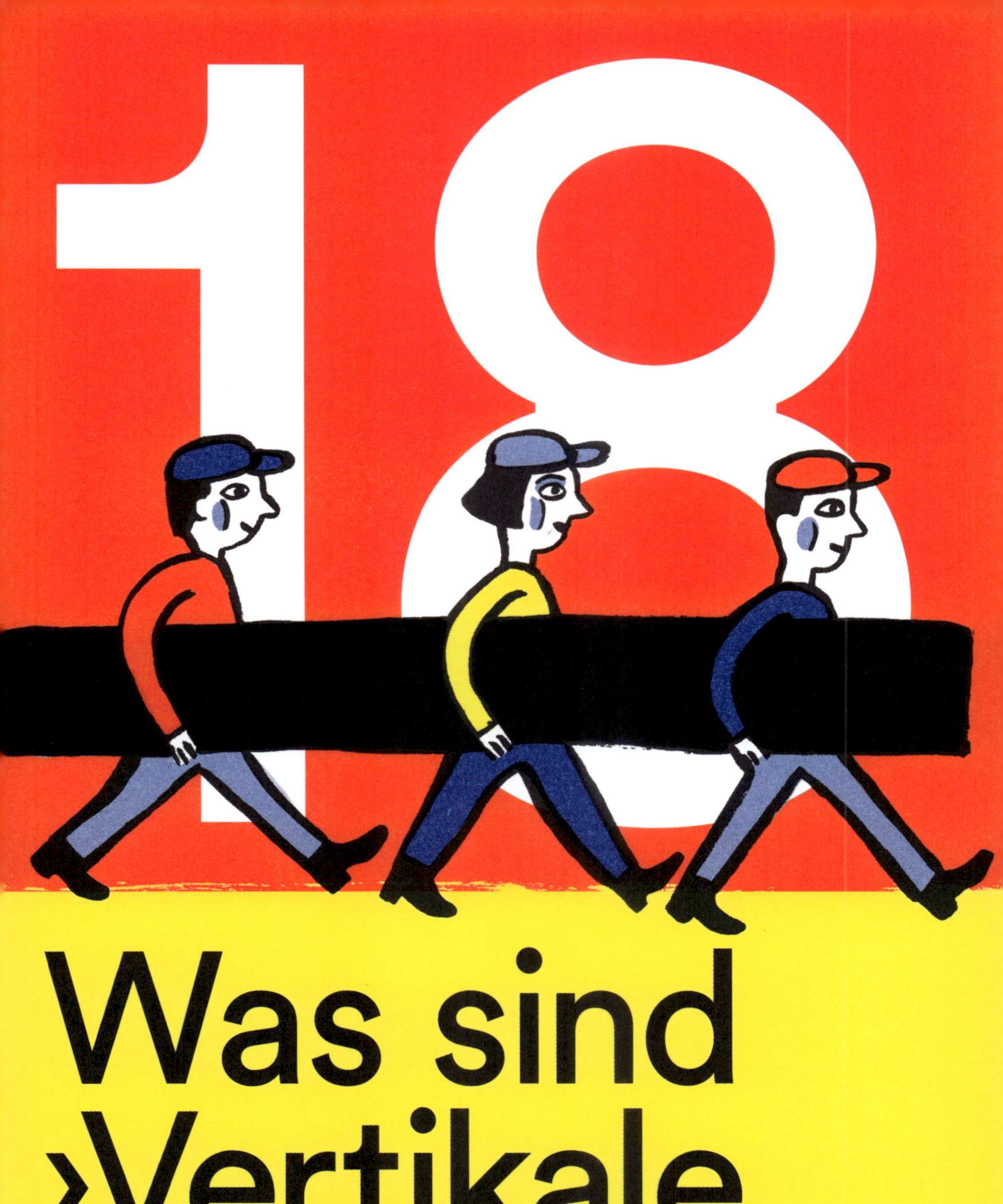


# Was sind ›Vertikale Brigaden‹?

Architektur war der rote Faden des Bauhauses. Aber während man sich anfangs noch um den eher mystisch angehauchten »Bau der Zukunft« Gedanken machte, ging es unter dem zweiten Bauhausdirektor um das Bauen selbst als elementaren Prozess – und zwar nach dem »Prinzip Coop«. Alle sollten ihre individuellen Fähigkeiten und Stärken ins Kollektiv einbringen, sodass aus diesem Zusammenspiel mehr als die Summe seiner Teile wird. In seiner Antrittsrede definiert Hannes Meyer sogar das gesamte Bauhaus als »Kollektiv für das Volk«.

Bei der Königsdisziplin, dem Bauen, setzte Hannes Meyer diese Idee mit den »Vertikalen Brigaden« um. Statt innerhalb des Bauhauses ein eigenes, hierarchisches Architekturbüro zu eröffnen, bearbeitete das Bauhaus die nun eingehenden Architekturaufträge mit den Studierenden der Baulehre und der Bauabteilung. So brachten die »Vertikalen Brigaden« die Bauhäusler von den Werkstätten auf die Baustellen – nicht zur Freude aller, da unerfahrene und erfahrene Jahrgänge zusammenarbeiteten und sich einige vor allem am Anfang alleingelassen fühlten.

Nichtsdestotrotz entstanden mit der Bundesschule für den Allgemeinen Deutschen Gewerkschaftsbund (ADGB) in Bernau (1930) und den Dessauer Laubenganghäusern (1930) die ersten originalen Bauhausbauten. Während die Bundesschule allerdings noch weitgehend ohne den Einsatz »Vertikaler Brigaden« erbaut wurde, bezeichnete Meyer die Laubenganghäuser als die erste »wirkliche – also anonym – kollektive arbeit im bauhaus«[31].

Das Architektenkollektiv der »Vertikalen Brigaden« sollte den Mythos vom Architektengenie obsolet machen (»der ›architekt‹ ist tot«, sagte Meyer, und »ich projektiere nie allein«)[32] und das hat auch ganz gut geklappt: Während Gropius und vor allem Mies weltweit als Jahrhundert-, wenn nicht gar Jahrtausendarchitekten gelten und regelrechte Fangemeinden haben, die sich beispielsweise die Fassade eines Bauwerks ihres Idols auf die Oberbekleidung drucken lassen, ist Hannes Meyer als der »unbekannte Bauhausdirektor« bekannt bzw. eben nicht bekannt. An Meyers Unbekanntheit war aber auch sein Marxismus schuld: Als es nach dem Zweiten Weltkrieg in Westdeutschland darum ging, das Bauhaus wiederzuentdecken, herrschte Kalter Krieg und Marxisten waren nicht sonderlich wohlgelitten. Vor allem aber war Walter Gropius, der immer die Geschichtsschreibung »seines« Bauhauses im Blick hatte und zu beeinflussen suchte, kein Meyer-Freund – im Gegenteil, der erste Bauhausdirektor tat so, als habe es keinen zweiten gegeben. Und da Meyer 1954 relativ früh verstorben war, konnte er die Dinge nicht richtigstellen.

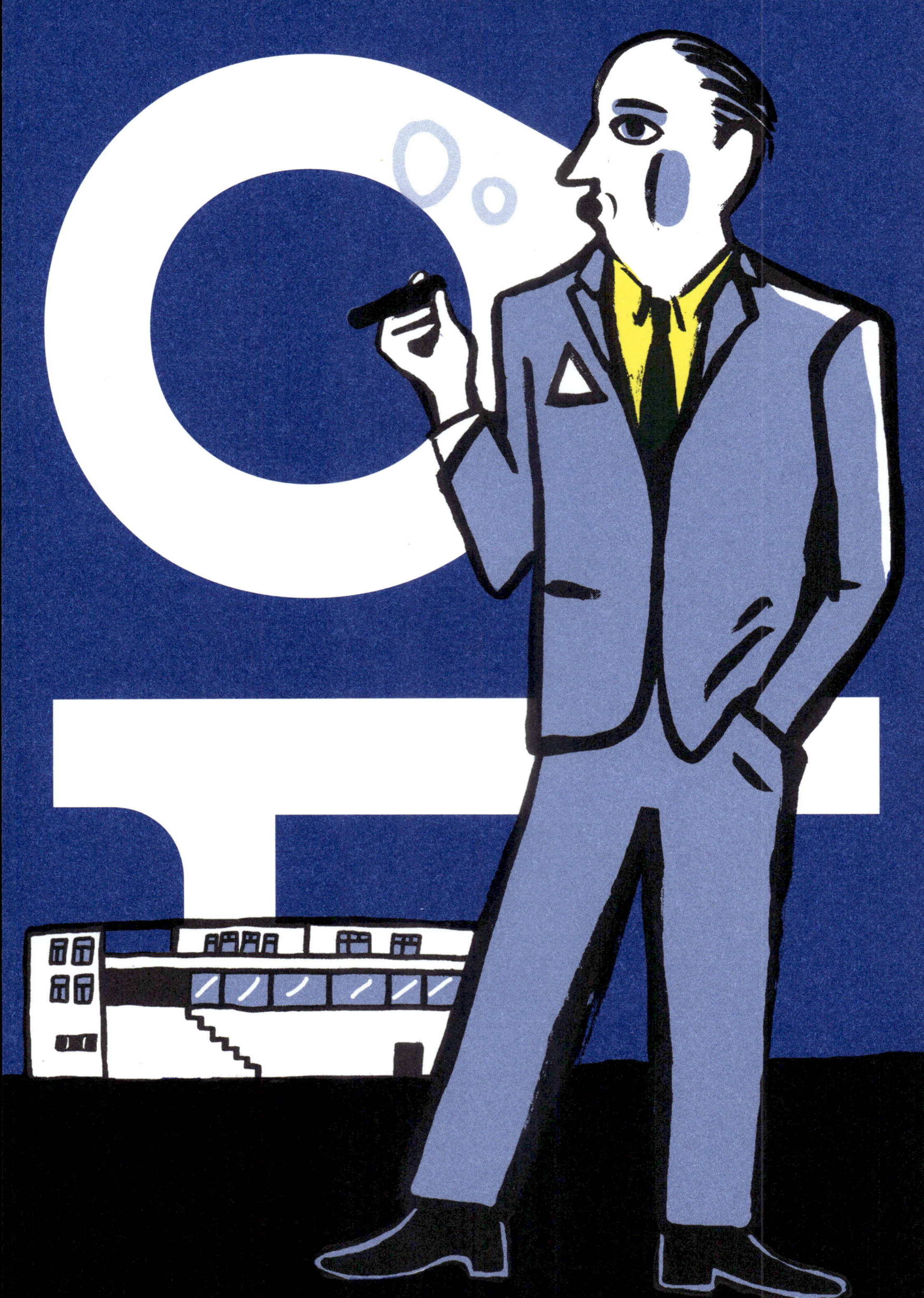

# War Ludwig Mies van der Rohe der beste Bauhaus-architekt?

Das kommt wahrscheinlich darauf an, wen man fragt. Auf jeden Fall war er bei seiner Einstellung 1930 bereits als Avantgarde-Architekt berühmt, hatte sich mit seinem Barcelona-Pavillon im Jahr zuvor international bekannt gemacht. Das war 1929, dem Jahr des New Yorker Börsencrashs am »Black Friday«, der die weltweite Wirtschaftskrise so richtig ins Rollen brachte. Insofern grenzte es an irrsinnigem Luxus, dass das notorisch von Geldnot bedrohte Bauhaus den teuersten Architekten Deutschlands als Direktor einstellte. Mies war manifestierter Luxus: Seine zunächst backsteinernen, später eher gläsernen Villenkuben – wie das Haus Tugendhat, Haus Wolf, Haus Esters und Lange – waren

Aufträge für reiche Unternehmer. Er verwendete Luxusmaterialien wie Onyx, Makassar-Holz oder Marmor, aufwendige Techniken wie mechanische Fensterheber und natürlich gab es in den Kellern der Mies'schen Villen immer auch Räume für das Personal. Soziale Aspekte des Bauens interessierten ihn eher weniger, es ging um die Ästhetik. (Interessant ist in diesem Zusammenhang trotzdem, dass van der Rohe 1926 ein backsteinernes Revolutionsdenkmal für Karl Liebknecht und Rosa Luxemburg entwarf – und vier Jahre später übrigens einen nie realisierten Golf-Club in Krefeld).

Hätte Mies seinem Schaffen einen programmatischen Überbau gegeben, so hätte dieser »der Luxus des fließenden Raums« heißen können –, hat er aber nicht, weil er wohl der pragmatischste der Bauhausdirektoren war. Er wollte eines: ohne Umschweife bauen und zwar so ästhetisch wie möglich. Für Mies war der Bau ein räumliches Kunstwerk, er verstand Architektur als Auseinandersetzung mit Raum, Material und Proportion – und sah sie abgelöst von den anderen Künsten. Für ihn war Bauen Baukunst. Pädagogische Theorien oder Experimente oder der gesamtgesellschaftliche Zusammenhang hingegen interessierten ihn nicht sonderlich.

Das war dann natürlich auch in seiner Amtszeit als dritter Bauhausdirektor von 1930 bis 1933 spürbar: Mies machte das Bauhaus mit harter Hand zu einer Architekturschule. Das Vorkurs-Konzept wurde verwässert, Studierende mit Vorkenntnissen durften direkt loslegen. Die Schulgebühren wurden erhöht, die GmbH aufgelöst, die Werkstätten marginalisiert – und er hätte sie wohl ganz abgeschafft, wenn er nicht auf ihre Einkünfte angewiesen gewesen wäre. Die Wohnateliers im Prellerhaus wurden zu Schulklassen umfunktioniert. So kam es, dass bald von vier Bauhäuslern drei Architekturschüler waren. Der Frauenanteil sank auf das tiefste Niveau.

Wie in seinen Entwürfen versuchte Mies, auch am Bauhaus durch harte Kanten Harmonie herzustellen: 1930 »schloß« er die Schule kurzzeitig, um die Diskussionen in puncto Meyer-Rückzug zu beenden, ließ fünf ausländische Meyer-Vertraute von der Polizei ausweisen und in den Zug setzen und er verbot jegliche politische Betätigungen – und sogar das Rauchen! Als sich die Studierenden in der Kantine versammelten, um über die Patentrechte an den Entwürfen zu diskutieren, sprengte Mies mithilfe der Polizei die Veranstaltung und nutzte die Gelegenheit, um 15 »Unruhestifter« von der Schule auszuschließen.

Der Unterricht bestand dann auch vor allem im Entwerfen von frei stehenden Einfamilienhäusern, denn der Bauhausdirektor war der Ansicht, wer dies könne, könne auch alles andere bauen. Das Bauhaus war auf Linie gebracht und irgendwie sahen dann auch die meisten Schüler-Entwürfe aus wie Mies-Kopien. Ohne Frage ist Ludwig Mies van der Rohe ein Großmeister der Baukunst, der mit der Neuen Nationalgalerie, Haus Farnsworth, Villa Tugendhat, dem Barcelona-Pavillon oder Haus Lemke atemberaubende Bauwerke geschaffen hat, für die er völlig zurecht verehrt wird. Als Bauhausdirektor zeichnete er aber lediglich für die Weiterentwicklung des Entwurfs von Eduard Ludwig verantwortlich: für die Trinkhalle in der Mauer der Dessauer Meisterhaussiedlung – und für das Ende des wild experimentierenden Künstler-Bauhauses. Mies selbst wollte übrigens nicht als Bauhausarchitekt bezeichnet werden – er sei ja lediglich zwei Jahre dort gewesen.

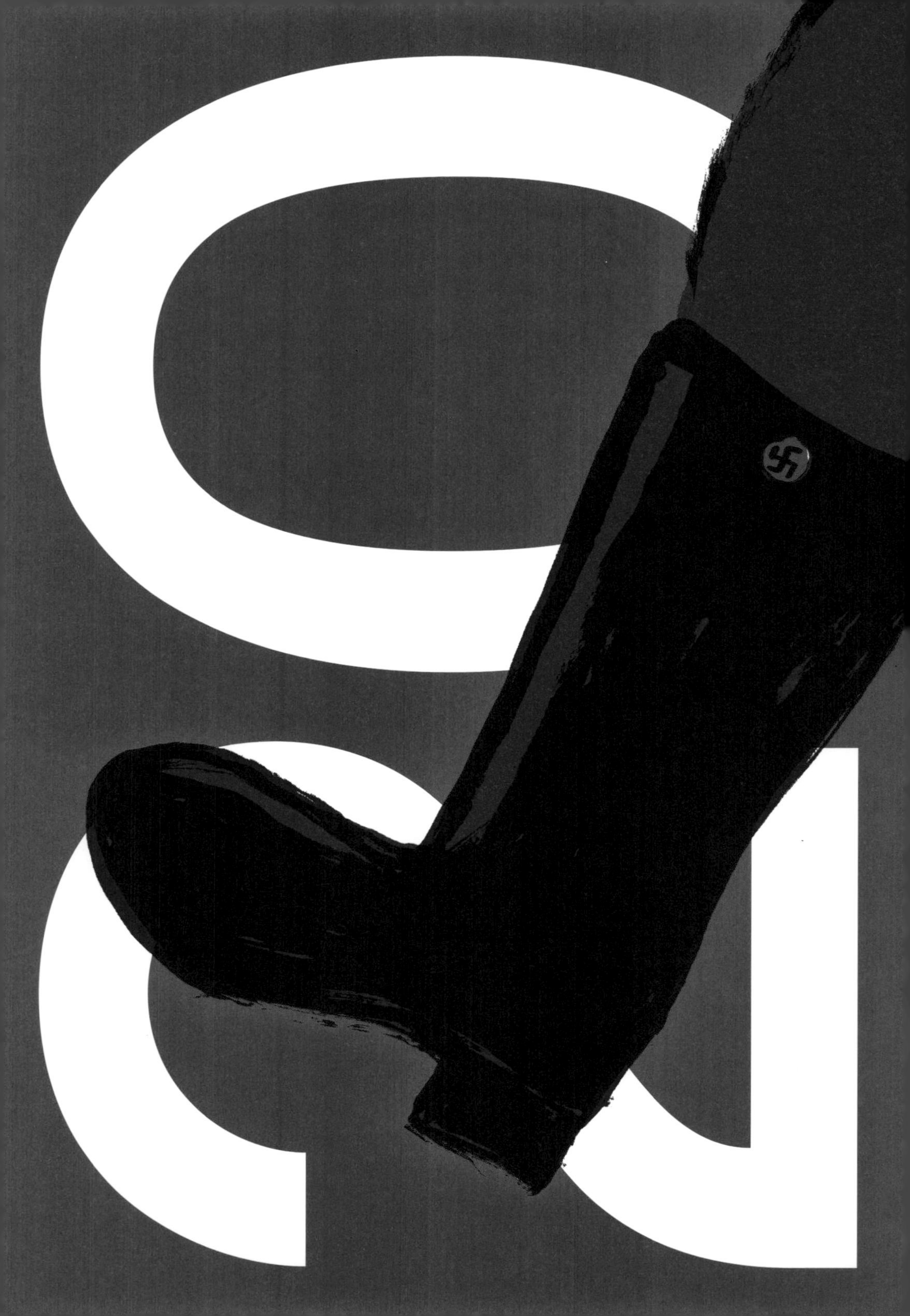

# Wie fand das Bauhaus sein Ende?

Am 20. Juni 1933 hatten es die Nationalsozialisten endlich geschafft: Das Bauhaus, das im Sommer 1932 aus Dessau vertrieben worden war und in einer ehemaligen Telefonfabrik in Berlin-Steglitz eine neue Bleibe gefunden hatte, gab seine Auflösung bekannt. Der dritte Direktor, Mies van der Rohe, hatte fast nichts unversucht gelassen, um die Türen der Schule offenzulassen: Er hatte das Bauhaus rigoros entpolitisiert; er hatte sich noch im April 1933 nach einer Bauhausdurchsuchung mit dem Kulturkampfbundvorsitzenden, Alfred Rosenberg, getroffen und die Vorzüge des Bauhauses gelobt; er hatte behauptet, dass »die Schließung des Hauses fast nur national gesinnte Menschen traf«[33], und er hatte im Mai dafür gesorgt, dass eine Petition an Propagandaminister Goebbels geschickt wurde, um für die Bauhausidee zu werben. Ohne Erfolg, denn für Rosenberg und Konsorten war das Bauhaus ein Symbol für die Mächte, »die dem Nationalsozialismus den schärfsten Kampf lieferten«[34].

Der Angriff auf Bauhauswerke begann aber schon viel früher: Der Heimatschutzarchitekt und ewige Bauhaus-Hasser Paul Schultze-Naumburg war mittlerweile in die NSDAP eingetreten und initiierte den Weimarer Bildersturm, bei dem 1930 u. a. Oskar Schlemmers malerisch-plastische Wandgestaltung des Weimarer Bauhauses zerstört wurde. Die figuralen Reliefs verhandelten im abstrakt-modernen Stil Schlemmers Idee vom »Typus Mensch« – der aber anscheinend nicht kongruent mit Schultze-Naumburgs »geistigem Ziel« des »höchsten deutschen Menschen« war und darum zerstört werden musste.

Die Nationalsozialisten machten mit ihrem größten Wunsch, das Bauhaus zu schließen (Punkt 1 auf einem Gemeindewahlen-Flugblatt: »Der Abbruch des Bauhauses ist sofort in die Wege zu leiten«[35]), Wahlkampf und wurden im April 1932 stärkste Partei im Landtag des Freistaates Anhalt – in dessen Verantwortungsbereich Dessau fiel.

Im Juli 1932 besichtigten die neuen Nazi-Regierenden gemeinsam mit Paul Schultze-Naumburg das Bauhausgebäude, um sich einen eigenen Eindruck zu verschaffen. Dieser fiel erwartungsgemäß desaströs aus und eine Woche später wurden die Schließung des Bauhauses Dessau und die Entlassung sämtlicher Lehrkräfte zum 1. Oktober 1932 beschlossen. Vorher erteilte die neue Dessauer Regierung dem Bauhaus noch ein Kleinschrift-Verbot und wies alle Magistratsstellen an, Briefe des Bauhauses in Kleinschrift »nicht zu erledigen«[36]. Die seit 1925 am Bauhaus praktizierte radikale Kleinschreibung als Verknüpfung von moderner Weltanschauung und Typografie war den rechtsnationalen Kritikern seit je ein Dorn im Auge. Bauhausdirektor Mies van der Rohe beschloss, die Schule als Privatinstitution in Berlin weiterzuführen. Die finanziellen Mittel dafür stammten u. a. aus den Lizenzeinnahmen für die Bauhaustapete. Den Dessauer Nationalsozialisten reichte der Wegzug des Bauhauses nicht: Das Bauhaus sollte ganz verschwinden – auch weil die Dessauer Stadtverwaltung nach wie vor die Gehälter der Bauhauslehrer zahlen musste. Darum war die Dessauer Staatsanwaltschaft treibende Kraft hinter Repressalien wie der Razzia im Berliner Bauhaus im April 1933, bei der es offiziell darum ging, kommunistisches Propagandamaterial ausfindig zu machen. Zwei Wochen nach der Durchsuchung verkaufte Mies die Rechte an der Bauhaustapete für 6000 Reichsmark an die Firma Rasch, im Juni stoppte der Dessauer Magistrat die Zahlungen an den Bauhausdirektor und die Meister, zum 1. Juli 1933 wurde der Mietvertrag für die Telefonfabrik beendet. Die im August folgende Auflösung des Berliner Bauhauses, mit der man nur einer unvermeidlichen Schließung zuvor kam, wurde also über finanzielles Ausbluten erreicht. In dem letzten Rundschreiben vom 10. August 1933 hieß es: »Für diesen Beschluß [der Bauhaus-Auflösung] war die schwierige wirtschaftliche Situation des Hauses maßgebend.«[37]

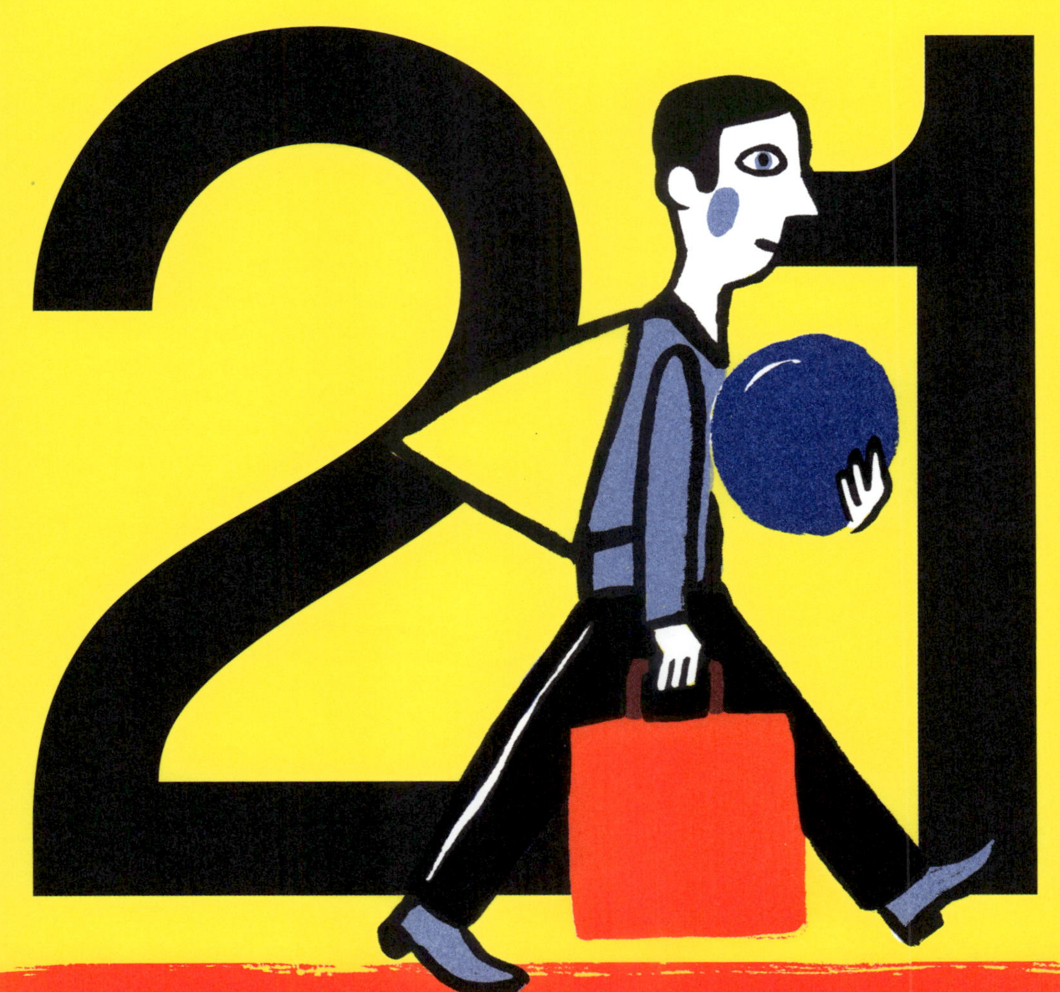


# Kann man eine Idee verbieten?

Die Schule ließ sich schließen, die Bauhäusler konnte man einsperren, mundtot machen, auf Linie bringen oder ins Exil treiben – die Bauhausidee hingehen konnten die Nationalsozialisten nicht verbieten. Im Gegenteil, dadurch, dass sie so vielen Menschen mehr als genügend Grund zur Migration gaben, verstärkten sie die globale Verbreitung der Bauhausideen. Ein Grund dafür war sicherlich, dass das Bauhaus in seinem universalen Anspruch, die Welt neu zu denken, prädestiniert für Internationales war. Und natürlich, dass die Studierenden aus rund 29 verschiedenen Ländern kamen und als mehr oder weniger überzeugte, aber

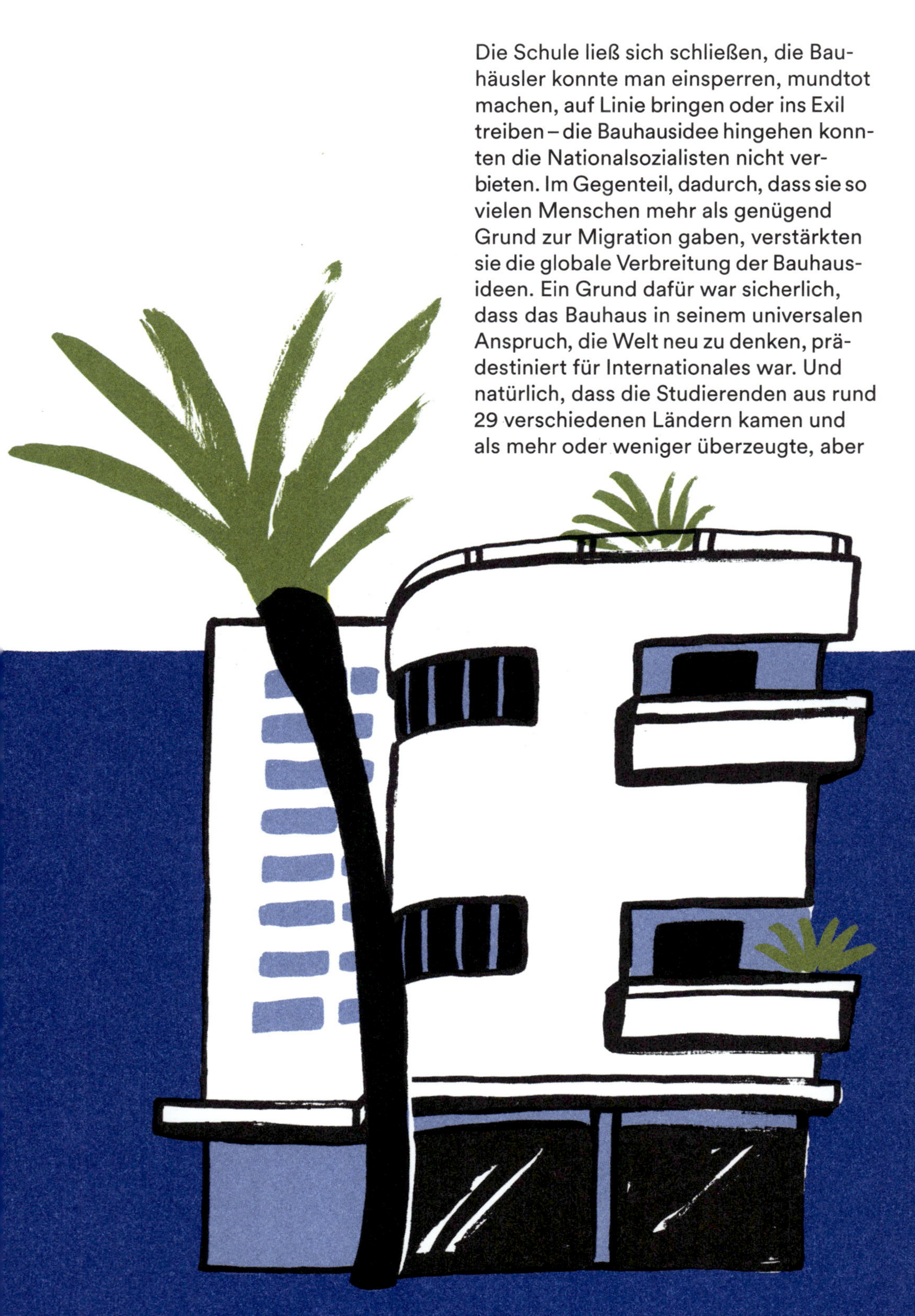

auf jeden Fall als geprägte Bauhäusler wieder dorthin zurückgingen. Schließlich galt: einmal Bauhäusler, immer Bauhäusler.

Wie sich der Bauhausgedanke in der Welt verbreitete, zeigt sich einerseits in der Architektur und andererseits in Schulen mit verwandtem Konzept. Ein Paradebeispiel dafür, wie die Bauhausarchitektur von Dessau in die Welt kam, ist Arieh Sharon. Nach einem dreijährigen Bauhausstudium – inklusive Mitarbeit an der Bernauer Bundesschule und einer Ehe mit Gunta Stölzl – eröffnete der österreichstämmige Kibbuz-Pionier 1931 ein Architekturbüro in Tel Aviv. Sharon trat dem Stadtplanungskomitee von Tel Aviv bei und brachte gemeinsam mit anderen ehemaligen Bauhäuslern die Ideen der Schule u. a. in die Planung der »Weißen Stadt« ein.

Aber auch die Schulidee wurde in die Welt getragen: László Moholy-Nagy gründete 1937 in Chicago das New Bauhaus, in dem es vor allem um das Neue Sehen ging. Nach einem Jahr wurde die Designschule aber geschlossen, um kurz darauf als Illinois Institute of Design wiedereröffnet zu werden.

Der Bauhausgedanke einer interdisziplinären und experimentellen Ausbildung wurde auch in den Wäldern von North Carolina fortgeschrieben: Von 1933 bis 1957 gab es hier mit dem Black Mountain College eine der innovativsten Schulen des 20. Jahrhunderts – an der etliche ins Exil gegangener Bauhäusler mitwirkten. Die emigrierten Bauhäusler Josef und Anni Albers lehrten hier und auch Walter Gropius, Xanti Schawinsky und Lyonel Feininger gaben Sommerkurse.

Weniger erfolgreich lief es im Osten: Hannes Meyer und seine »Rote Bauhausbrigade« – eine Gruppe aus sieben jungen Bauhausabsolventen – versuchten, sich zwischen 1931 und 1936 als Baubrigaden ganz praktisch in den Aufbau der Sowjetunion einzubringen. Aber im Stalinismus war kein Platz für Bauhäusler; Meyer und ein Teil seiner Mitstreiter verließen Russland bald wieder, andere blieben und fielen zum Teil den stalinistischen Säuberungsaktionen zum Opfer.

Auch in Westdeutschland gab es nach dem Ende der Naziherrschaft mit der Hochschule für Gestaltung in Ulm – auch bekannt als HfG Ulm – ab 1953 einen weiteren Versuch, eine ganzheitliche, praxisorientierte Gestaltungshochschule zu etablieren. Obwohl der erste Direktor, Max Bill, ein ehemaliger Bauhausschüler war und Walter Gropius bei der Gründung sogar anbot, die HfG ebenfalls »Bauhaus« zu nennen, wollte man kein zweites Bauhaus machen. Nicht nur Design sollte Gegenstand der Ausbildung sein, sondern es ging vor allem darum, ein übergreifendes gesellschaftliches Wissen zu vermitteln. Darum standen auch Psychologie, Philosophie, Soziologie, Ökonomie und Politik auf dem Lehrplan. Nach Holocaust und Zweitem Weltkrieg sollten nicht nur Gestaltungsfragen im Mittelpunkt stehen, sondern das Hervorbringen selbstständig denkender und vor allem demokratischer Staatsbürger war das Ziel. Interessanterweise hatte die HfG als progressive Bildungseinrichtung aber ein ähnliches Problem wie das Bauhaus seinerzeit: mangelnde Geldmittel. 1968 beschloss die Politik das Ende der Finanzierung, die HfG Ulm wurde geschlossen.

In der DDR wurde 1946 die Hochschule für angewandte Kunst in Berlin-Weißensee gegründet, die in einem für alle Studierenden verbindlichen »Künstlerischen Grundlagenstudium« an die Vorkurs-Idee des Bauhauses anknüpfte. Hier war Mart Stam Rektor (1950–1952), hier wirkten ehemalige Bauhäusler wie Marianne Brandt oder Selman Selmanagić.

# Was ist die Janusköpfigkeit der Moderne?

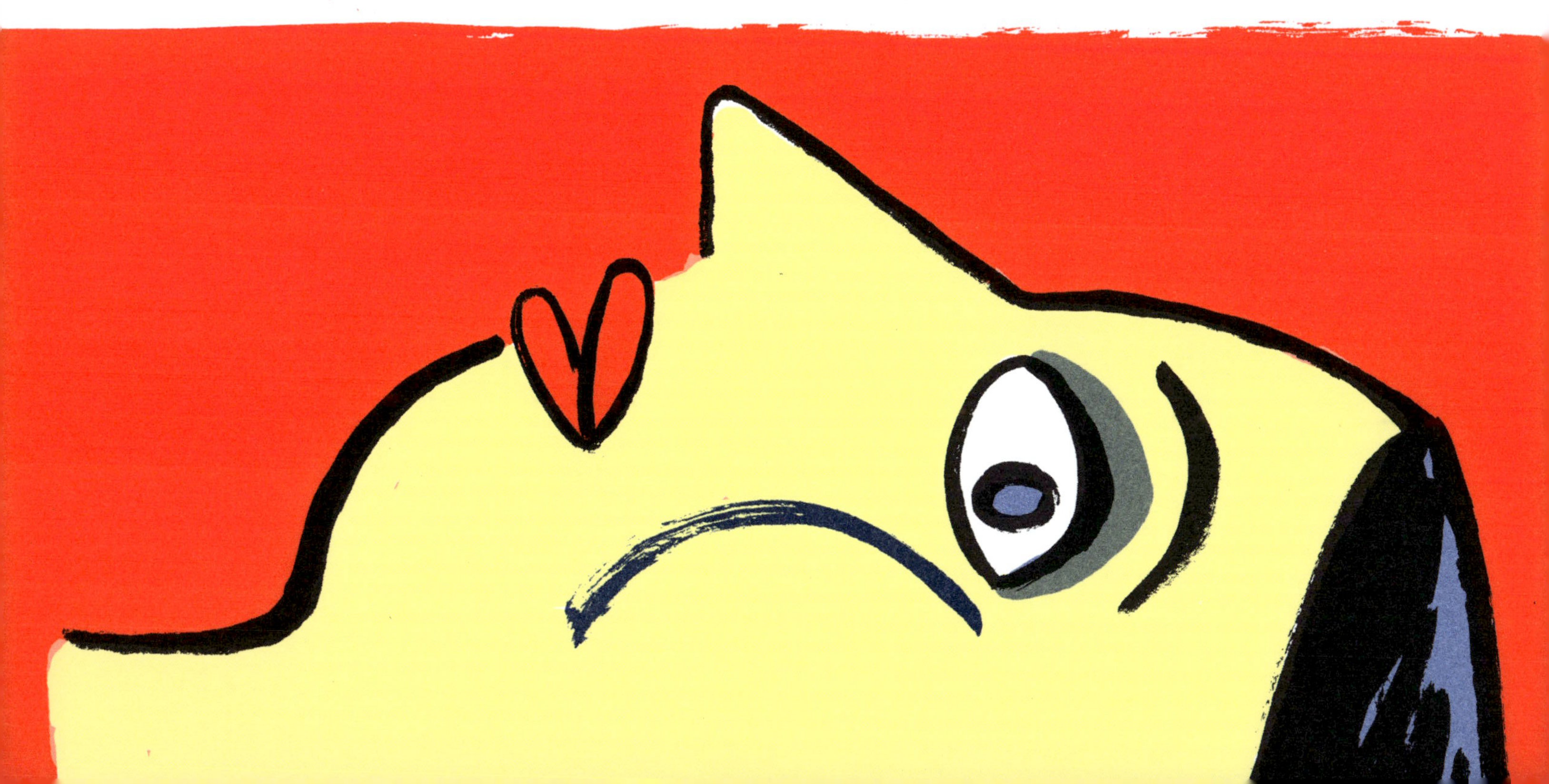

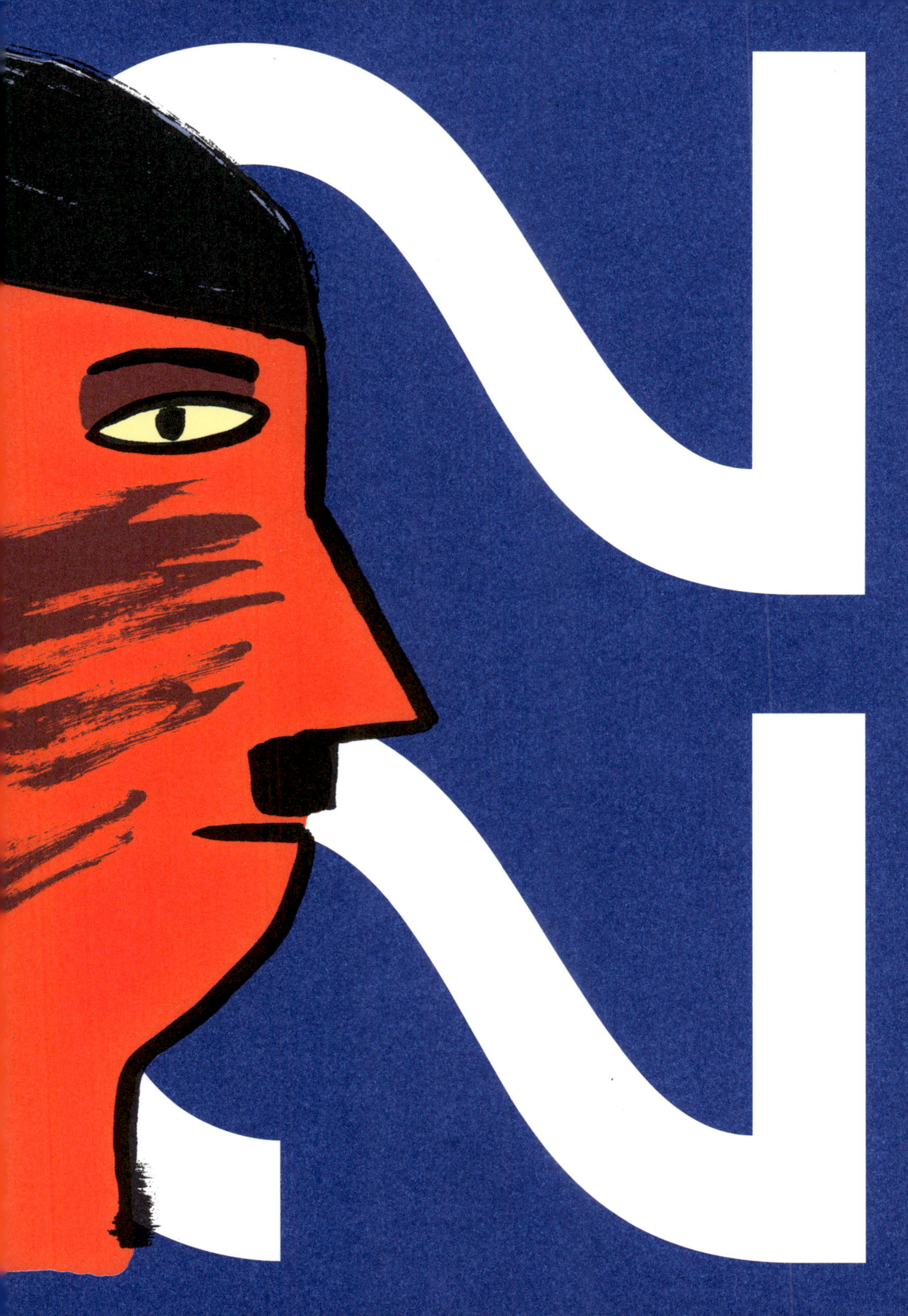

Ein Foto von Hitler auf einem Freischwinger wäre zwar eine spektakuläre, aber zu plakative Antwort. Fakt ist: Faschismus und Moderne waren »Zeitgenossen« und haben sich natürlich gegenseitig beeinflusst. Man kann den Faschismus auch als missratenen, bösartigen, kleinen Bruder der Moderne sehen – der seine große, freie Schwester hasst, verleugnet und umbringen will. Moderne, das waren Emanzipation und Befreiung, aber auch Kälte und technische Rationalität. Aus der Industriestadt Dessau kamen nicht nur die Stahlrohrmöbel des Bauhauses: In den Werken der Zucker-Raffinerie GmbH wurde auch das im Holocaust eingesetzte Zyklon B produziert, in den Junkerswerken wurden Flugzeuge für den Luftkrieg gebaut. Der Weg vom Neuen Menschen zum Herrenmenschen kann manchmal kürzer sein, als gedacht.

Das Führerprinzip, der Totalitätsanspruch und das Nähren von kulturstiftenden Mythen sind Eigenschaften des Faschismus, die man – honi soit qui mal y pense – auch in dem so vielgesichtigen Bauhaus wiederfinden kann, das ja ein anderes Kind der selben Zeit war – ebenso wie der Funktionalismus und der Körper- und Schönheitskult. Dem von Johannes Itten propagierten Mazdaznan-Kult lag eine rassistische Weltanschauung zugrunde: Mazdaznan-Begründer Otto Hanish verknüpfte seine Ideen mit einer Rassenlehre, die die Menschheit in mehr oder weniger gut entwickelte Rassen unterteilte. Itten war kein Nazi, aber seine Zeichnung »Haus des weißen Mannes« von 1920 soll zeigen, dass die laut Hanish am höchsten stehende, weiße Rasse eben auch die höchste Kunst schaffe – das sind durchaus, wie damals in verschiedensten Kunstrichtungen vorkommende, präfaschistische Untertöne.

Die Nationalsozialisten nutzten moderne Propagandamöglichkeiten, waren ebenso wie das Bauhaus Markenbildungsprofis: Den Einsatz von Hakenkreuz, der Farben Weiß, Schwarz, Rot wie auch die schnittigen Uniformen kann man als gelungene Corporate Identity sehen. Leni Riefenstahls Olympia-Filme mit ihren ungewöhnlichen Kameraperspektiven und -Experimenten, wie bei den rückwärts springenden Turmspringern, kann man rein formal dem Neuen Sehen zuordnen.

Und es war auf jeden Fall nicht so, dass das Bauhaus 1933 geschlossen emigrierte. Natürlich war die Arbeitslage schwierig, aber die nationalsozialistische Verfolgung traf vor allem erstmal jene Bauhäusler, die jüdisch oder sozialistisch oder beides waren. So gab es zum Beispiel eine Gruppe Bauhäusler, die sich offen zum Nationalsozialismus bekannte und sich dafür einsetzte, das »Deutsche Bauhaus« wiederzueröffnen. Da das Bauhaus allerdings als »jüdisch-bolschewistische Brutstätte«[38] nicht so einfach vom Feind zum Freund werden konnte, hatten diese Bemühungen keinen Erfolg. Abgesehen davon natürlich, dass ein nationalsozialistisches »Deutsches Bauhaus« ein Widerspruch in sich wäre: Zentrale Bauhausgrundsätze wie eigenes, freiheitliches Denken, die Ausrichtung an den Bedürfnissen des Menschen, die Vielseitigkeit, Kritikfähigkeit und Internationalität sind schließlich unvereinbar mit der Engstirnigkeit und der Menschenfeindlichkeit des Faschismus.

Bevor sie Mitte der Dreißigerjahre emigrierten, versuchten Bauhäusler wie Herbert Bayer, Walter Gropius oder Ludwig Mies van der Rohe, im »Dritten Reich« Fuß zu fassen – u. a. indem sie ihre Kenntnisse in Sachen Reklame und Gestaltung für Propaganda-Austellungen wie »Deutsches Volk – Deutsche Arbeit« (1934) einsetzten. Bayer entwarf überdies – gemeinsam mit dem Bauhäusler Kurt Kranz – die Kataloge für die (Rassen-)Hygiene-Ausstellung »Wunder des Lebens« (1935) und der Olympia-Ausstellung von 1936.

Vor seiner Emigration 1934 reichte Walter Gropius noch einen Entwurf für das »Haus der Arbeit« ein: Die Zeichnung zeigt einen typisch Gropius'schen Flachdach-

Riegel mit vielen Fenstern und kubischen Nebengebäuden – und eine Reihe mit Hakenkreuzbannern. Auch beim anderen Bauhausdirektor, Mies van der Rohe, fanden sich Hakenkreuzfahnen auf Entwurfszeichnungen, und zwar für den deutschen Pavillon für die Weltausstellung 1935. Dieser wurde nicht realisiert, dafür entwarfen Mies und seine Partnerin, Lilly Reich, die Abteilung der deutschen Textilindustrie im Speer-Pavillon auf der Pariser Weltausstellung 1937. Mies war zwar seit 1934 Mitglied der Reichkulturkammer und unterschrieb auch den Aufruf der Kulturschaffenden zur Unterstützung von Adolf Hitler, war aber dennoch kein Nazi und lehnte politisch aufgeladene Kunst grundsätzlich ab. Mies blieb bei seiner künstlerischen Linie und machte keine formalen Kompromisse, da er meinte, die moderne Form sei auf jeden Inhalt übertragbar. Luxuriöse Wohnkuben waren im Dritten Reich aber nicht gewünscht. Der Grund für seine Emigration war darum vermutlich die maue Auftragslage.

Auch Oskar Schlemmer überlegte, ob für ihn Platz im »Neuen Deutschland« wäre. So schreibt er im Juni 1933: »z. Zt. wird zwar alles nachgeprüft, die Abstammung, Partei, Jud, Marx, Bauhaus ... Ich fühle mich rein und meine Kunst streng den nat. soz. Grundsätzen entsprechend, nämlich ›heroisch, stählern-romantisch, unsentimental, hart, scharf, klar, typenschaffend‹ usw. – aber wer sieht es?«[39] So versuchten die in Deutschland verbliebenen Bauhäusler, sich mehr oder weniger opportunistisch mit den neuen Machtverhältnissen zu arrangieren.

Friedrich Engemann trat 1933 der NSDAP bei und war bis 1939 Leiter der Abteilung Holz an den Technischen Lehranstalten in Dessau. Während des Zweiten Weltkriegs entwarf er Luftschutz- und Flugmeldeschulen. Xanti Schawinsky gestaltete Plakate für Mussolini und wollte im faschistischen Italien einen Bauhausableger eröffnen. Hinnerk Scheper bekam von den neuen Herrschern diverse

Aufträge für Wandmalereien an öffentlichen Gebäuden – bemalte aber auch die Wände in Görings Luxuslandsitz Carinhall.

Inwieweit die Nationalsozialisten den am Bauhaus gesuchten Funktionalismus schätzten, zeigt das Beispiel von Ernst Neufert. Der Gropius-Schüler verfasste 1936 mit der »Bauentwurfslehre« das erfolgreichste Architekturbuch aller Zeiten. Die »Bauentwurfslehre« definiert streng rational, systematisierend und normend die optimalen Maße für von Menschen benutzte Räume. Hitlers Baumeister Albert Speer beruft ihn zwei Jahre später in seinen Stab. Neufert wird zunächst Beauftragter für die Rationalisierung des Berliner Wohnungsbaus, 1943 Reichsbeauftragter für Baunormung und im darauffolgenden Jahr Mitarbeiter im Arbeitsstab für den Wiederaufbau bombenzerstörter Städte.

Und dann gibt es noch das Extrembeispiel von Fritz Ertl. Der Österreicher studierte von 1928 bis 1931 Architektur am Bauhaus Dessau. 1938 trat Ertl in die Waffen-SS ein und wurde 1940 Mitarbeiter der Bauleitungen in Auschwitz. Er war maßgeblich beteiligt am Bau und Ausbau des Vernichtungslagers Birkenau – zunächst an dem der Baracken, später der Gaskammern und Krematorien. So kam es, dass die Bauhäuslerinnen Otti Berger und Friedl Dicker 1944 in einem von einem Kommilitonen mitgeplanten Todeslager ermordet wurden.

Eine unglückselige Verquickung gibt es auch im KZ Buchenwald. Hier war der Bauhausschüler Franz Ehrlich seit 1937 gefangen, weil er Grafiken für eine kommunistische Zeitung entworfen hatte. Auch im KZ bleibt Ehrlichs gestalterisches Können nicht verborgen, sodass ihm der SS-Bauleiter 1938 befahl, das zynische Lagermotto »Jedem das Seine« typografisch zu gestalten. So kam es, dass die neu ankommenden Insassen groteskerweise mit einer Inschrift in Bauhaus-Typografie begrüßt wurden.

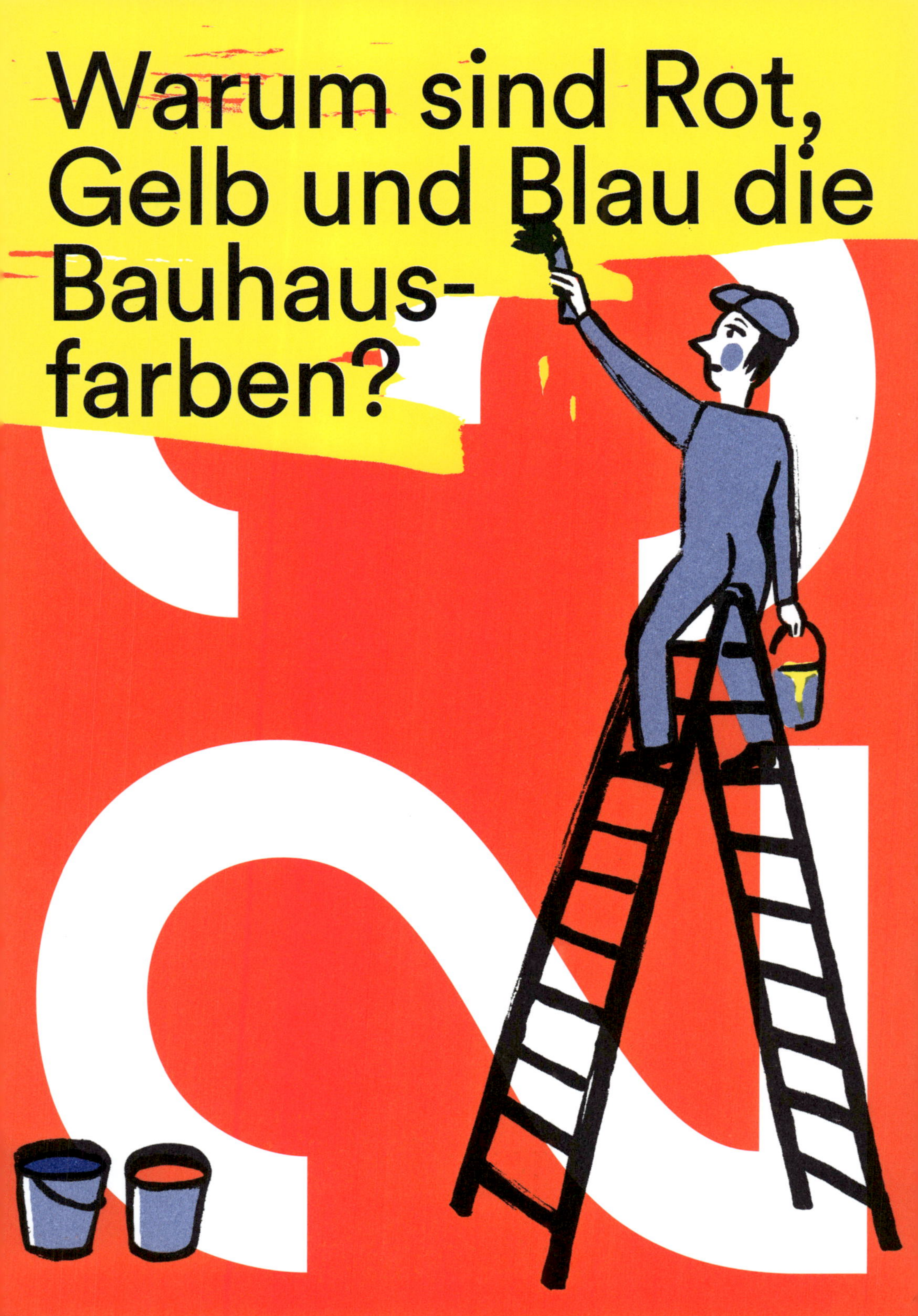
Warum sind Rot,
Gelb und Blau die
Bauhaus-
farben?

Das Bauhaus hat drei mehr oder weniger offizielle Logos: das Schlemmer'sche Bauhaus-Signet, das einen kubistischen Kopf in Schwarz-Weiß zeigt; den von Herbert Bayer entwickelten Bauhaus-Schriftzug am Dessauer Bauhausgebäude; die drei Grundfarben Rot, Gelb, Blau, kombiniert mit den Grundformen Kreis, Quadrat und Dreieck. Genauer gesagt: blauer Kreis, rotes Viereck, gelbes Dreieck. Diese fanden sich dann auch im Treppenhaus des Weimarer Bauhauses wieder. Letztere stammen aus der frühen Bauhauszeit, als der Gestaltungsansatz noch in der Erforschung des »Wesens« des Dinges lag. Die zugrunde liegende Idee war, dass alle Dinge aus den drei Grundformen Kreis, Quadrat, Dreieck bestehen – und alle Farben sich aus den drei Grundfarben mischen lassen (hier zeigt sich auch der frühe Einfluss der holländischen De-Stijl-Bewegung, die ein radikal reduziertes Farb- und Formenprogramm propagierte, um größtmögliche Klarheit zu schaffen). Darum musste dieses Wesen dann auch in der Gestaltung sichtbar werden. Und da man überdies glaubte, diese Grundformen – Kreis, Quadrat, Dreieck oder die 3D-Varianten Kugel, Kubus, Kegel – seien aufgrund ihrer Einfachheit leicht industriell reduzierbar, wurden sie zum Baukastenleitsystem: Sie finden sich werkstattübergreifend in fast allen Produkten, von der Wagenfeld-Lampe über die Brandt'sche Teekanne bis zur Bauhauswiege von Peter Keler oder die Typografie von Herbert Bayer.

Die Zuordnung der Farben und Formen (blauer Kreis, rotes Viereck, gelbes Dreieck) geschah übrigens demokratisch: Wassily Kandinsky befragte die Bauhäusler schriftlich, welche Farbe sie welcher Form zuordnen würden. Inwieweit sein Unterricht sie vorher beeinflusst hatte, weiß man nicht: Sicher ist nur, dass das Ergebnis seinen Farbtheorien entsprach. Für Kandinsky war Rot die männliche Farbe, das Quadrat die männliche Form. Als weibliches Pendant sah er den blauen Kreis, hinzu kam das gelbe Viereck. Nicht alle waren übrigens mit dieser Zuordnung einverstanden: Oskar Schlemmer beispielsweise fand, dass der Kreis rot sei.

Roter oder blauer Kreis hin oder her – auf jeden Fall war das Bauhaus nicht einfach weiß, zumindest nicht im Inneren. Nicht umsonst soll Gropius gesagt haben: »Meine Lieblingsfarbe ist bunt.« Sowohl in seinem Weimarer als auch in seinem Dessauer Direktorenzimmer fand sich neben einem bunten Wandteppich ein knallgelber kubischer Sessel. Das Dessauer Bauhausgebäude ist innen mit einem ausgeklügelten Farbanstrich aus der Scheper'schen Wandmalereiwerkstatt ausgeschmückt: Je nach Funktion haben die verschiedenen Räume eine andere Farbe. Dieses frühe Farbleitsystem zieht sich durch das ganze Gebäude, so haben auch die verschiedenen Etagen verschiedene Deckenfarben, damit man weiß, wo man sich befindet. Die Farbe wurde auch geschickt eingesetzt, um die Besonderheiten der Architektur zu unterstreichen: beispielsweise die Dreiteilung der Mensadecke durch den rot-schwarzen Anstrich. Und es wurden viel mehr Farben verwendet als Blau, Rot und Gelb.

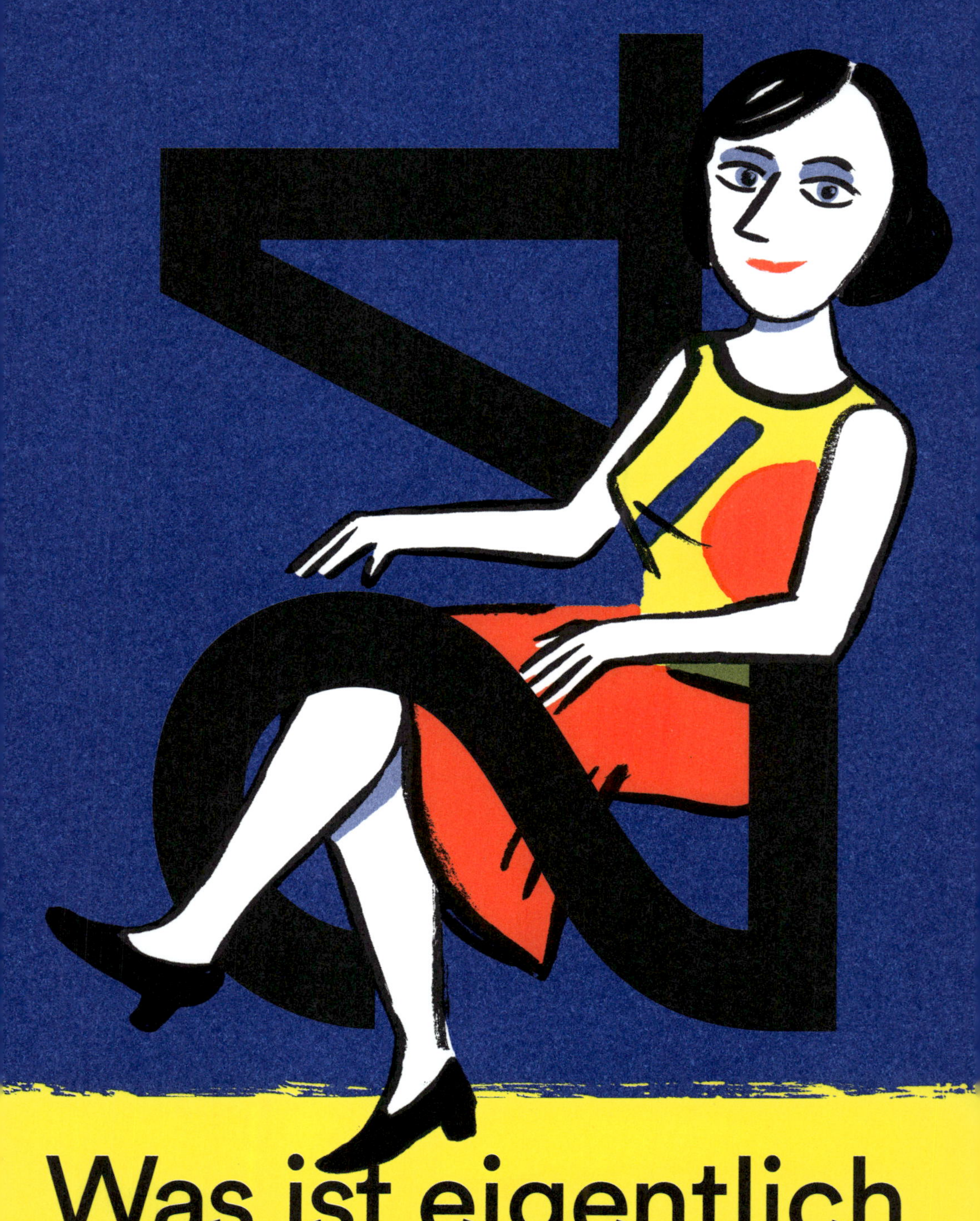

# Was ist eigentlich der Bauhausstil?

Etwas, das das Bauhaus eigentlich dringend zu vermeiden suchte. Der Stil war der Feind, eigentlich strebte das Bauhaus nach Stillosigkeit. Schließlich wollte man nicht einem Stil unterworfen sein, sondern gebrauchsgerechte Formen finden. Bauhausgründer Gropius sagte: »Bauhausstil wäre ein Rückschlag in Stagnation, in lebensfeindlichen Trägheitszustand, zu dessen Bekämpfung das Bauhaus einst von mir ins Leben gerufen worden ist.«[40]

Trotzdem wird der Stahlrohrstuhl ebenso mit dem Bauhaus assoziiert wie weiße, kubische Häuser mit Flachdach oder klare, sachliche Lampen ohne Schnörkel. Nicht zu verleugnen ist auch die Orientierung an Grundformen und Grundfarben in der Gropius-Zeit, die den Bauhausprodukten durchaus ein wiedererkennbares Äußeres verliehen. Der Schriftsteller Paul Westheim schrieb nach einem Besuch der Bauhaus-Woche 1923: »Drei Tage in Weimar und man kann auf Lebenszeit kein Quadrat mehr sehen.«[41]

Ebenso stehen Hannes Meyers minimalistische und spröde Entwürfe für das Bauhaus, genau wie die eleganten und klaren Mies-Bauten. Insbesondere Hannes Meyer war das Thema »Stil« ein Dorn im Auge. In seinem Aufsatz »bauhaus und gesellschaft« von 1929 schrieb er: »arbeiten heißt unser suchen nach der harmonischen daseinsform. wir suchen keinen bauhausstil und keine bauhausmode.«[42] Sofern es ihn gab, unterlag der Bauhausstil in den 14 sehr wechselvollen Jahren der Schule so einigen Wandlungen.

Was alles Bauhaus sein kann, zeigte eine Fotomontage von Marcel Breuer aus dem Jahre 1926 mit dem Titel »ein bauhaus-film – fünf jahre lang«. Überdies löste er damit sehr elegant die Frage nach dem Stil. Hier sieht man, welche verschiedenartigen Sitzrevolutionen und Stuhlevolutionen sich ein einziger Bauhäusler – Breuer selbst nämlich – zwischen 1921 und 1926 ausgedacht hatte – und was er zukünftig zu gestalten suchte. Den Anfang machte der expressionistisch-exotistische »Afrikanische Stuhl«, dann kam der von Theo van Doesburg inspirierte, etwas sperrige Lattenstuhl von 1922 und schließlich der legendäre Wassily Chair von 1925. Und für die noch undatierte Zukunft sah Breuer »eine elastische Luftsäule« vor – die aber nicht zu sehen sein sollte und damit auch das Streben nach Stillosigkeit subtil zeigen würde. Denn was nicht zu sehen ist, kann auch kein Stil sein.

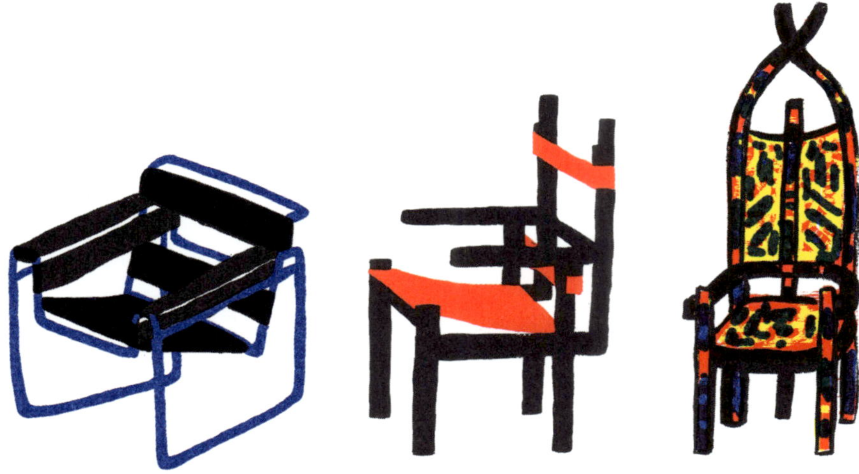

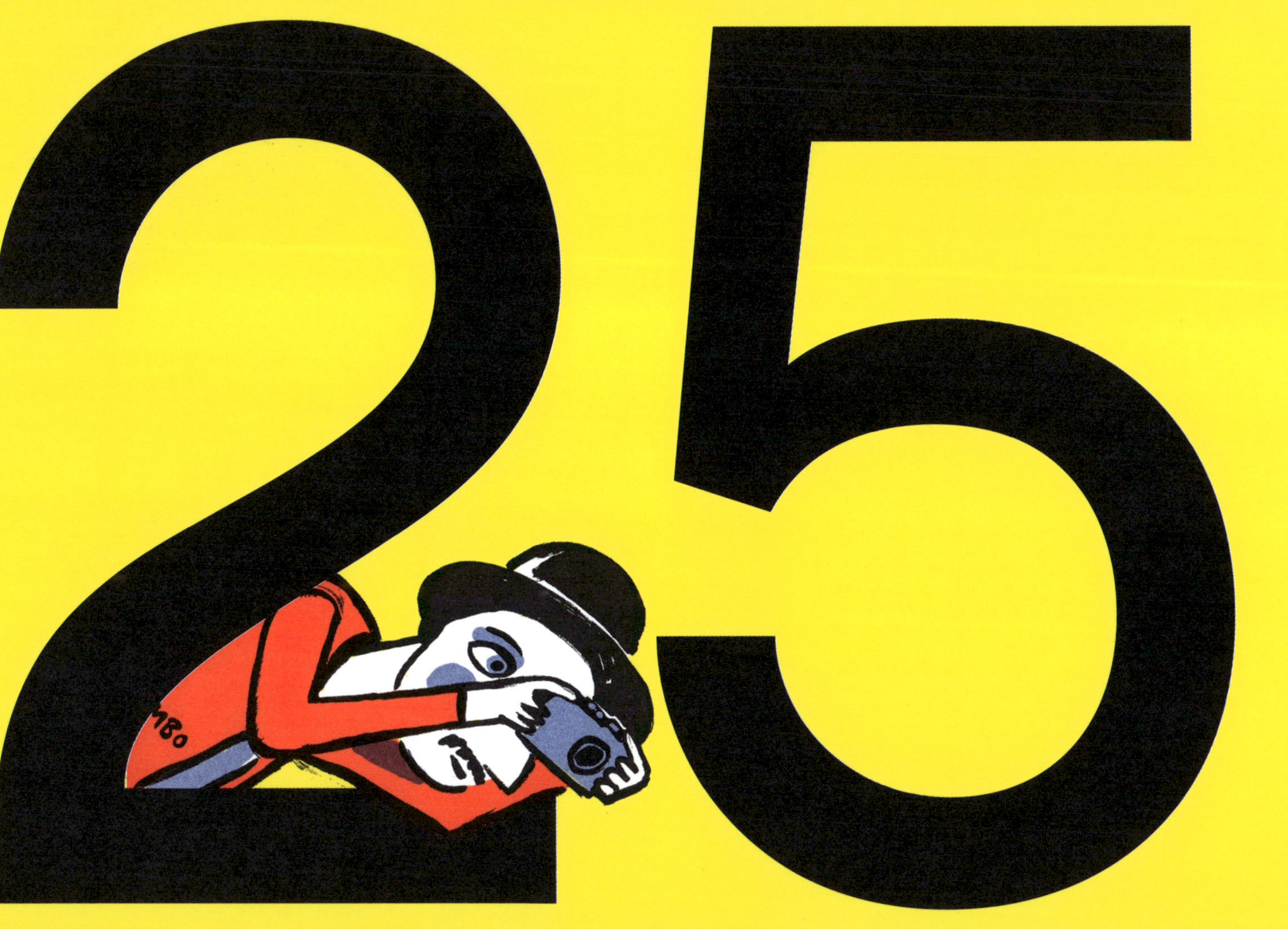
25

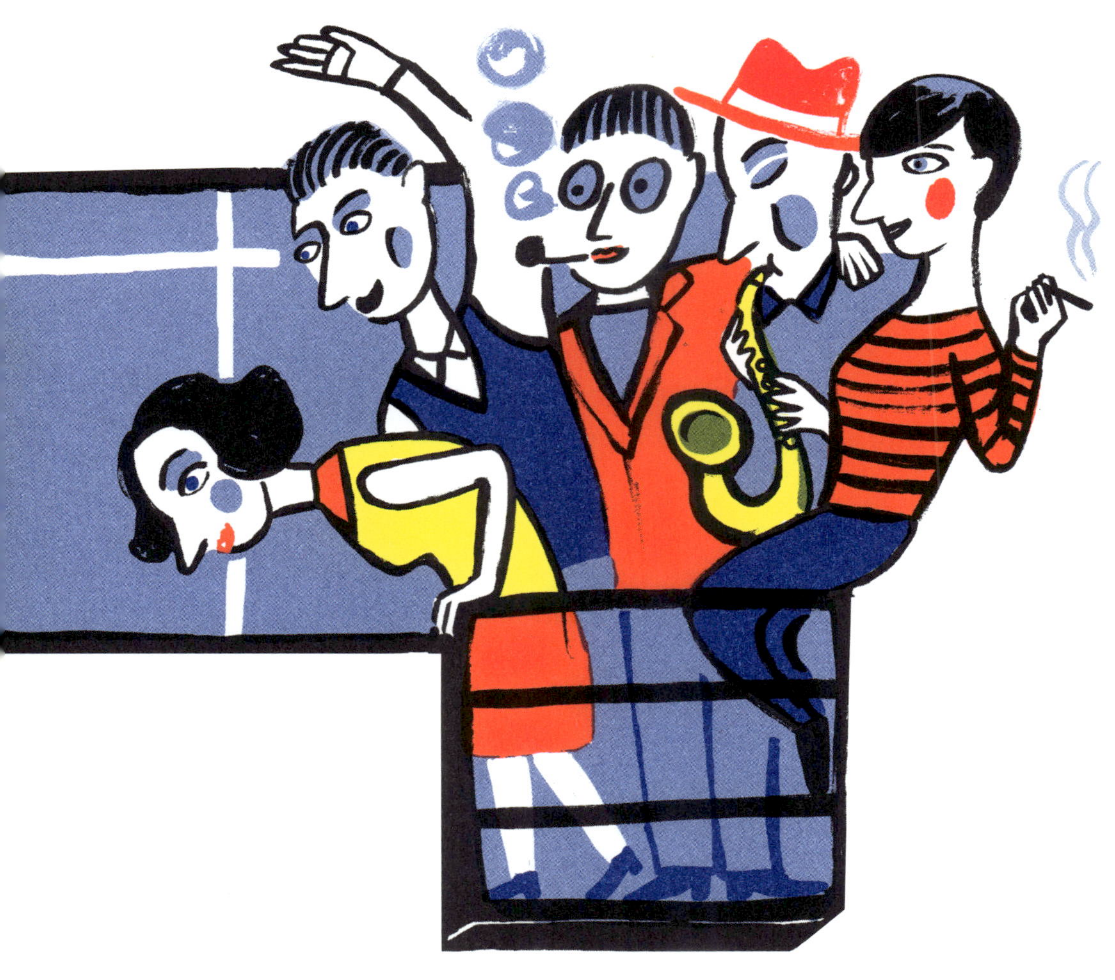

# War ›Bauhaus‹ auch ein Lebensgefühl?

Bestimmt. Die Bauhäusler waren sich durchaus bewusst, Teil von etwas Besonderem zu sein. Es schien, als sei mit dem Ende des Ersten Weltkriegs quasi »alles auf Null« gestellt worden – und man gehörte zu den Berufenen, die nun die neue, bessere Welt schaffen sollten. Im ersten Vorkurs-Semester mussten die Bauhausstudierenden ja auch erstmal beweisen, dass sie überhaupt geeignet waren, an der Gestaltungsrevolution mitzuwirken. Die freie Atmosphäre, die zum Selbstdenken und kreativen Schaffen anregte, tat ihr Übriges. Die Bauhäusler verstanden sich als Angehörige eines künstlerisch-gestaltenden Lern-, Arbeits- und Experimentierkollektivs, in dem man einerseits die Produkte eines neuen Lebens entwirft und andererseits dieses Leben zugleich am eigenen Beispiel miteinander ausprobiert.

Schon das Bauhaus-Manifest mit seinen fast religiösen Einschlägen (es definierte Architektur als »kristallenes Sinnbild eines neuen kommenden Glaubens«[43]) zeigte, dass es mit den pragmatischen Vorschlägen um höhere Ideen ging – umgekehrt versuchte man, diesen Ideen und vor allem der eigenen Modernität im Alltag Ausdruck zu verleihen. Zum Beispiel durch Mode: Natürlich gab es in der Mazdaznan-Zeit die mönchsartige Bauhaustracht und viele rasierte Schädel zu sehen (Itten hatte einmal die Parole ausgegeben, dass Haare ein Zeichen der Sünde seien). Mit dem Weggang Ittens verschwanden aber auch die »Itten-Kittel«. Generell kleideten sich die Bauhäusler eher antibürgerlich (alleine auch aus Geldnot), frei nach dem Motto: »Arm, aber sexy!« In den Anfangsjahren herrschte eine derartige Armut, dass Gropius zur textilen Versorgung alte Armeebestände akquirierte und verteilte – so kam es, dass viele Studierende in selbst modifizierten Soldatenjacken herumliefen. Die Bauhäuslerinnen pfiffen auf Strümpfe und trugen auch gern Männerkleidung. Auch frisurentechnisch gab es zwei Varianten: den sehr modernen Kurzhaarschnitt für die Damen, den Bubikopf, und den »Caesaren-Schnitt« für die Herren, kurze Haare mit einem geraden Pony. Dieser geometrische Schnitt könnte, obwohl er auch Gerhard Marcks oder Marcel Breuer ein signifikantes Äußeres gab, als der »Gropius-Pony« bezeichnet werden.

Ansonsten schuf die Zugehörigkeit zur Bauhaus-Studentenschaft ein enormes Gemeinschaftsgefühl. Die Transparenz des Dessauer Schulgebäudes, die vielen wilden Festivitäten, gemeinsame Sportaktivitäten und natürlich das gemeinsame Wohnen und Arbeiten in den Prellerhäusern verfestigten dieses »Bauhaus-Feeling« umso mehr. Das »Prellerhaus-Life« war quirlig, international und quasi kollektiv. Man unterhielt sich über die nah beieinanderliegenden Balkone, Grammofonmusik aus einem Atelier tönte durchs gesamte Gebäude, ebenso zogen die Kochgerüche der teils sehr internationalen Gerichte durch das ganze Haus.

Und man hielt alles mit Schnappschüssen fest: Es gibt eine Reihe von Bauhaus-Fotoalben, in denen die Bauhäusler versuchten, das Bauhausleben durch Bilder zu konservieren. Mit dem berühmten Bauhausgebäude als Staffage wurden Szenen aus der Werkstattarbeit neben Ausflügen und experimentellen Inszenierungen eingeklebt. So entstand das Bild des Bauhauses als eine glückliche, ungezwungene, originelle, dynamische, moderne und jugendliche Arbeits- und Lebensgemeinschaft – was ja auch der Realität entsprach.

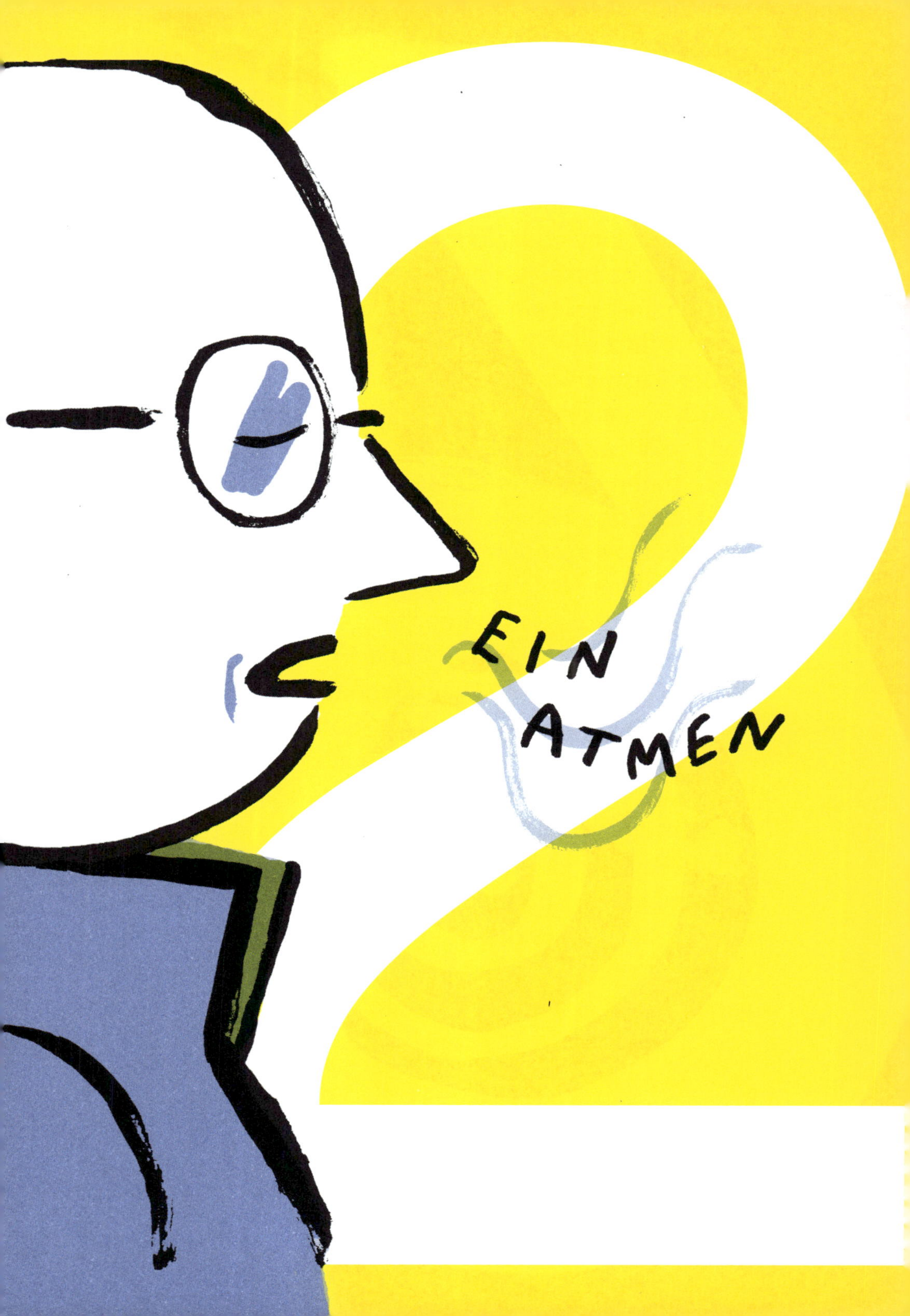
EIN
ATMEN

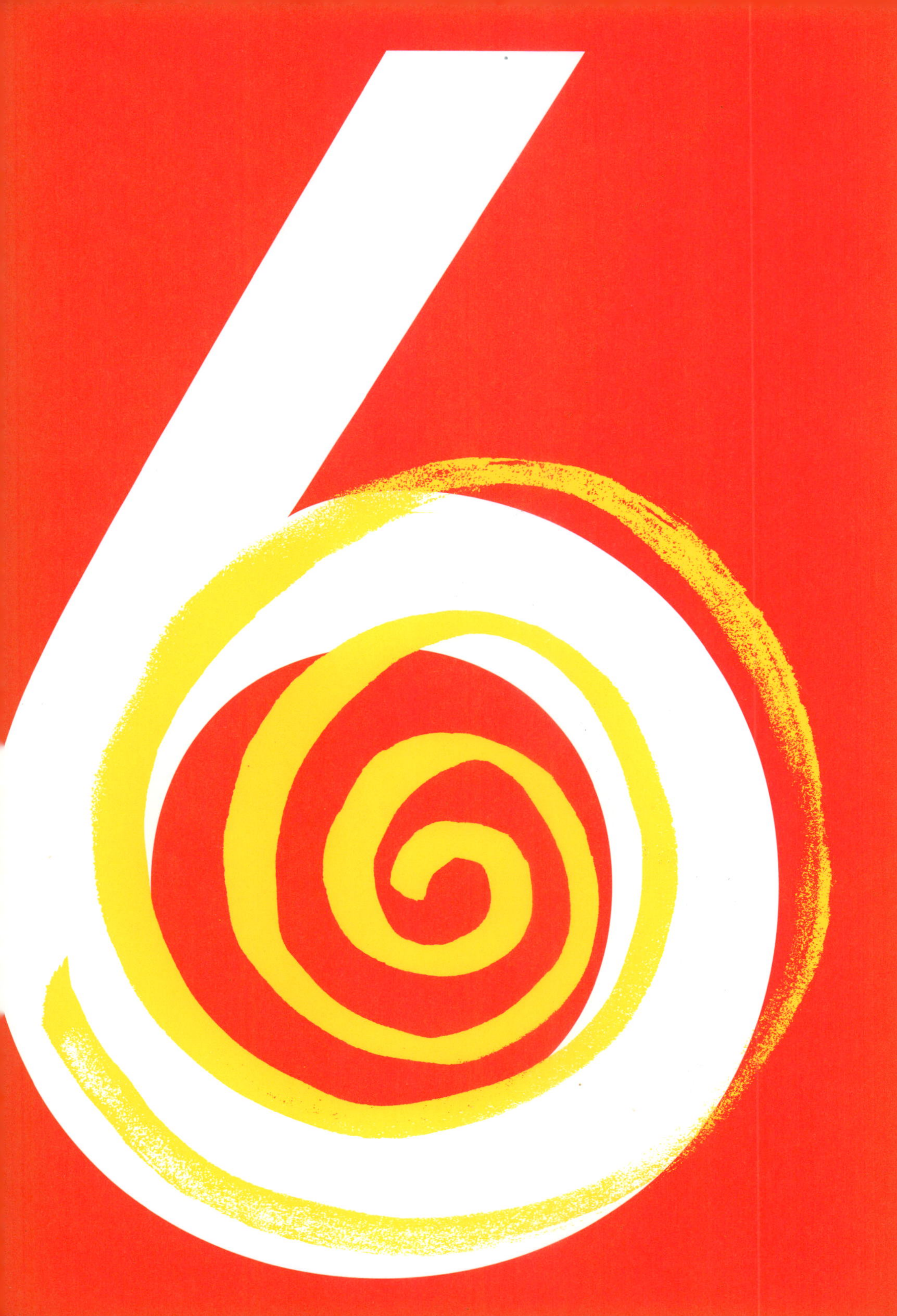

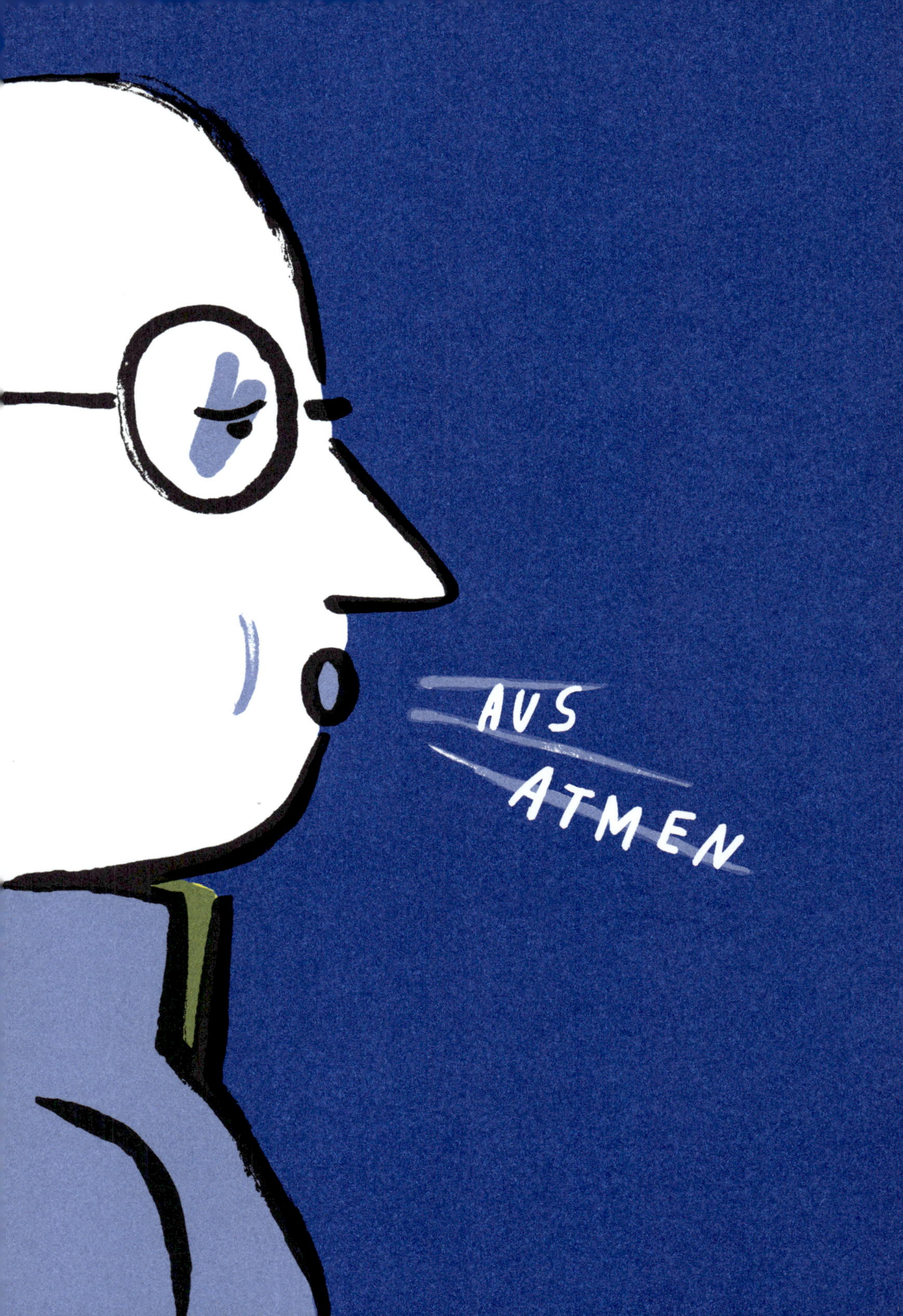
AUS
ATMEN

# Wie esoterisch war das Bauhaus?

Wer denkt, Bauhaus seien die sachlichen Flachdachbauten oder die kühl-rational anmutenden Stahlrohrmöbel, wird sich über diese Frage wundern. Wieso sollte diese auf Klarheit, Funktionalität und Markenwirkung gepolte Hochschule irgendetwas mit einer spirituell-mystischen, metaphysischen Parawissenschaft zu tun haben? Hatte sie aber, zumindest in Weimar, denn die Avantgarde war auch irrational. In der anfänglichen Selbstfindungsphase hatte Walter Gropius u. a. die Vorstellung vom Bauhaus als Bauloge nach Art der Freimaurer – und der wenig sachliche »Afrikanische Stuhl« wäre der Thron für den Logenmeister – Gropius himself – gewesen. Das selbst gesetzte Ziel des Bauhauses mit seiner Suche nach Ganzheitlichkeit und dem Neuen Menschen war in gewisser Weise die Suche nach einer – eventuell etwas irrationalen – Utopie. Es darf auch nicht vergessen werden, dass die Bauhäusler junge Suchende waren – und eine der ersten Generationen, die unter der »transzendentalen Obdachlosigkeit«[44] der Moderne litten und diese neupostulierte Abwesenheit Gottes in den Schützengräben des Ersten Weltkriegs am eigenen Leib erfahren hatten.

Mit den esoterischen Ideen war man auf jeden Fall am Puls der Zeit. Das erste Viertel des 20. Jahrhunderts war nämlich voll von esoterisch-weltanschaulichen Strömungen, die natürlich auch am Bauhaus als zeitgenössischem Denklabor auftauchten: von Bauhütten-Romantik über Freimauerei, Theosophie, Anthroposophie, Astrologie, Mazdaznan zu Parawissenschaftlichem. Vor dem Blick nach vorne kam der Blick nach Innen und zurück. Oskar Schlemmer beschreibt es in einem Brief 1921 so: »Dies Zweierlei schien mir ein sehr Prinzipielles im damaligen Deutschland. Einerseits der Einbruch der östlichen Kultur, Indienkult, auch das zurück zur Natur der Wandervogelbewegung und anderem, Siedlung, Vegetarismus, Tolstoiismus, Reaktion auf den Krieg – andererseits Amerikanismus, Fortschritt, Wunder der Technik und Erfindung, Großstadt.«[45]

Einer, der auf jeden Fall eine Menge esoterisches Gedankengut einbrachte, war Johannes Itten. Seine Pädagogik zielte auf die innere Bildung und Ausbildung der Schüler: Mit Atemübungen, Materialkunde, Kontrastlehre und dem Nacherleben von Kunstwerken wollte er den schöpferischen und mit sich selbst und der Welt harmonisierenden Menschen wecken und erziehen. Ittens ganzheitliche Welterklärungstheorien manifestierten sich 1920 in der Architekturplastik »Turm des Feuers«. Das sich wie eine Spirale nach oben windende Gebilde aus buntem Glas wirkt ein bisschen wie ein riesiges, disfunktionales Tiffany-Lampen-Konglomerat. Dafür steckt der »Turm des Feuer« voller Symbolik: Die zwölf Teile bilden die zwölf Stufen der Evolution ab, von Mineralien über Pflanzen zu Tieren, Menschen, Logos und Sonne bzw. Gott. Gleichzeitig gibt es Anspielungen auf die zwölf Tierkreiszeichen, die vier Elemente und die verschiedenen Aggregatzustände. Man kann den »Turm des Feuers« in seiner Ganzheitlichkeit auch als Ittens Vorschlag des gesuchten Gesamtkunstwerks interpretieren.

Itten war es auch, der die religiös-weltanschauliche Körpererziehungslehre Mazdaznan an das Weimarer Bauhaus brachte. Trotz des persischen Namens (»Mazdaznan« bedeutet »Meister des Gottesgedankens«) war dieser Kult erst 1907 in den USA begründet worden und verband persische und christliche Elemente mit Anleitungen aus dem indischen Yoga. Mazdaznan wollte die wertvollste arische Rasse, die leider durch verkehrte Ernährung, falsches Atmen und Rassenvermischung degeneriert war, zurück zur vorgesehenen inneren und äußeren Größe bringen. Außerdem war man der Ansicht, dass Mazdaznan-Frauen kein Klimakterium anerkennen, weil ihre »Drüsen« durch die besondere Lebensweise beeinflusst würden.

Auch wenn sich das alles etwas verschroben anhört, muss man doch sagen, dass diese Verbindung von Körperbewusstsein, Spiritualität mit Wurzeln aus aller Welt und bewusster Ernährung eigentlich hochmodern war – man schaue sich nur die heutige Begeisterung für Yoga und Meditation aller Art, diverse Ernährungsprogramme von Veganismus über Paleo-Diät zu Clean Eating oder alternative Medizin an.

Trotzdem gab es am Weimarer Bauhaus einen regelrechten Itten-Zirkel, der gewissenhaft den Mazdaznan-Vorgaben folgte und heimlich die Schule beherrschte. Schlemmer kommentierte: »Itten wollte aus dem Bauhaus ein Kloster mit Heiligen, oder doch Mönchen machen«. Auch äußerlich erfüllte der Vorkursmeister mit kahlrasiertem Kopf und selbstgenähtem Itten-Kittel die Rolle des Gurus. Zeitweise kochte sogar die Bauhaus-Kantine nach Mazdaznan-Vorgaben (streng vegetarisch, auf Basis von Vollkorngetreide und käselos). Die mönchsartige Mazdaznan-Uniform erhielt den Stand der Bauhaustracht – durfte aber nur von Eingeweihten getragen werden.

Mit dem Abschied Ittens vom Bauhaus 1923 und der neuen Parole »Kunst und Technik – eine neue Einheit« erinnerte bald nur noch der Text des Bauhauspfiffs an den Eso-Kult der frühen Jahre: »Itten, Muche, Mazdaznan, ist nun endlich abgetan.«

Itten und sein »Partner in Crime«, Georg Muche, waren am Bauhaus aber natürlich nicht die einzigen mit eher esoterisch zu nennenden Ideen. Die Musikpädagogin Gertrud Grunow zielte mit ihrer Harmonisierungslehre auf das Innere der Bauhäusler. Dieses sollte mittels Bewegungs- und Konzentrationsübungen ins Gleichgewicht gebracht werden. Gropius war angetan und schrieb die Grunow'sche Harmonisierungslehre 1922 sogar in die Neuauflage der Bauhaus-Satzung.

Auch die beiden berühmten Bauhausmeister Klee und Kandinsky hatten ihre metaphysischen Ideenwelten – sie waren schließlich Avantgardekünstler und keine Wissenschaftler. Bei deren Betrachtung stellt sich immer auch die Frage: Was ist künstlerische Theorie, was Esoterik?

Kandinsky suchte in der Malerei eine Parallele zur musikalischen Harmonielehre – also Gesetzmäßigkeiten, die er in durchaus willkürliche Farbtheorien goss: Sein Konzept von der menschlichen Farbaura ist durchaus okkultistisch zu nennen, die Zuordnung von Farben und Eigenschaften beruht eher auf seiner Synästhesie als auf wissenschaftlichen Beweisen.

Paul Klee interessierte sich für Taoismus und sprach der Intuition eine wichtige Rolle beim künstlerischen Schaffen zu, blieb dabei aber immer unabhängig im Denken und betrachtete die wilden Farbtheorien mit ironischer Distanz.

Ansonsten war man sehr offen für diverse Ideen: Als der Wanderprediger Louis Haeusser 1921 auf Einladung Gropius' am Bauhaus vorbeischaute und in einem Vortrag Einblicke in seinen wilden Gedankenmix aus urchristlicher Lehre, Taoismus und Nietzsches Übermenschentum gab, hatte das interessante Folgen: »an die zwanzig Schüler des Bauhauses [erklärten] ›Kunst für Krampf‹, warfen den Bettel hin und spazieren ohn Sorg und Geld gen Süden, Spanien und besonders Italien«[46].

Nach dem Weggang Ittens, der Neuausrichtung des Bauhauses nach dem Motto »Kunst und Technik – eine neue Einheit«, der Krise der Weimarer Republik durch den Hitlerputsch 1923 und der Währungsreform 1924 nahm die Beschäftigung mit inneren, seelischen Zuständen auch am Bauhaus ab – dafür wurde es dort, spätestens mit Hannes Meyers Direktorenschaft ab 1928, politisch.

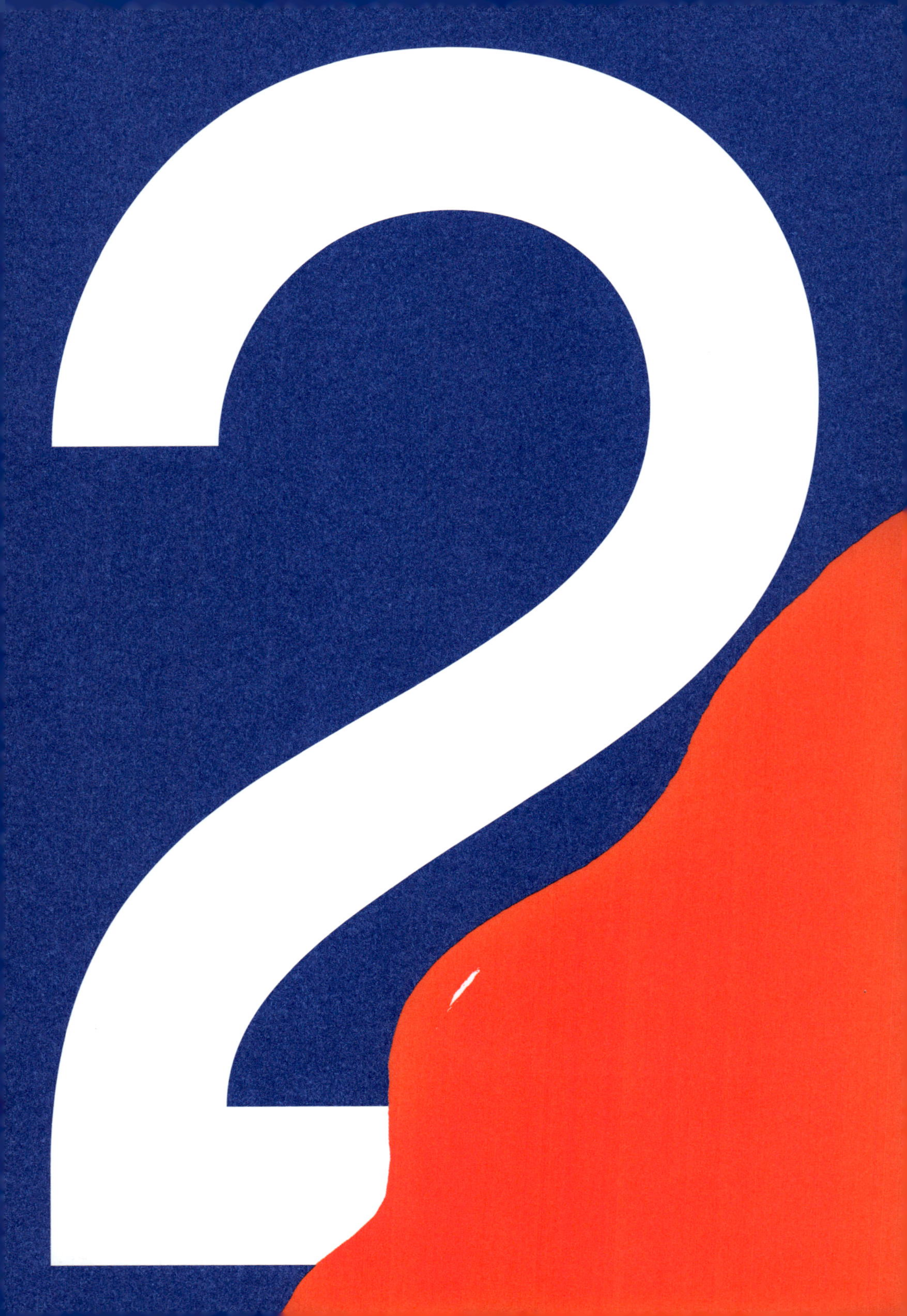
2

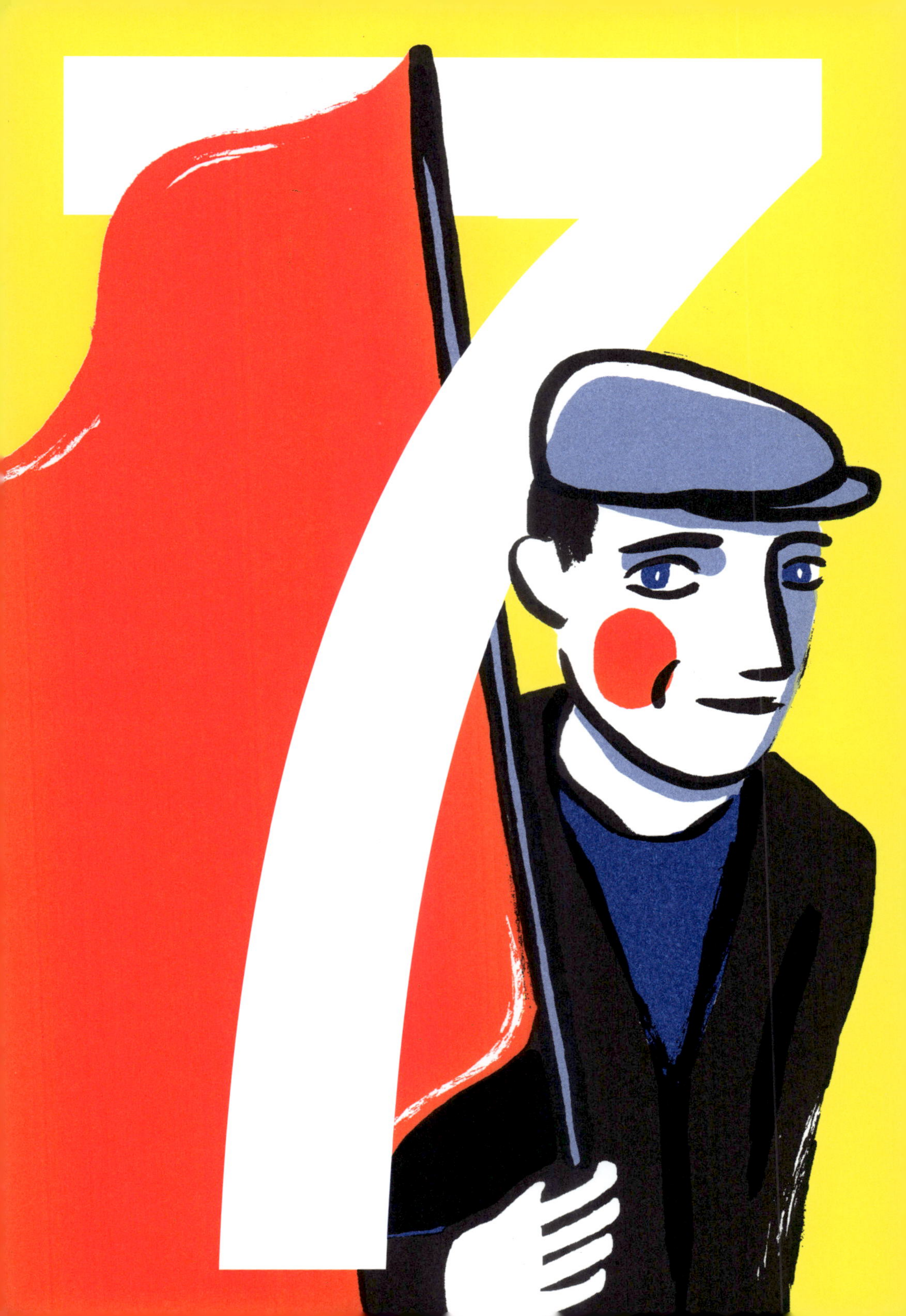

# Wie politisch war das Bauhaus?

Ein Ort wie das Bauhaus, dessen höchstes Ziel es war, mit dem Bau der Zukunft die Gesellschaft zu verändern, kann eigentlich nicht unpolitisch sein. Trotzdem hieß und heißt es immer, das Bauhaus ist »unpolitisch«. Walter Gropius wollte eine radikale Schule, aber keine politische – zumindest nicht offiziell, um denw zahlreichen Gegnern und Skeptikern nicht noch mehr Angriffsfläche zu bieten. Die internationale, progressive und freidenkerische Attitüde führte sowieso schon – nicht unberechtigterweise – zu der Verdächtigung des »Linksseins«. In der ersten chaotischen Phase gab es zwar auch eine deutschnational und antijüdisch gesinnte Studentengruppe, deren Machtbestrebungen aber gestoppt wurden und die daraufhin gesammelt die Schule verließ. Für so etwas sah Gropius aus guten Gründen keinen Platz am Bauhaus.

Ansonsten verbrachte der Direktor viel Amtszeit damit, durch die Lande zu rasen, um für das Bauhaus zu werben und den Verdächtigungen des »Kulturbolschewismus« zu widersprechen. Schließlich war das Bauhaus zeitlebens abhängig von öffentlichen Zuschüssen – die von der Politik bewilligt wurden.

Intern gab es basisdemokratische Tendenzen: 1922 wurde mit dem Bauhausrat ein erweitertes Entscheidungsgremium ins Leben berufen, in dem neben Direktor und Formmeistern auch die Werkmeister und Studierendenvertreter zu Wort kamen.

Offiziell sozialistisch wird es 1927: Sieben Bauhäusler schlossen sich zur kommunistischen Zelle »Kostufra« zusammen, drei Jahre später war diese auf 36 Mitglieder angewachsen. Mit Hannes Meyer gab es nun einen mehr und mehr zum Marxismus tendierenden Bauhausdirektor, der in »Vertikalen Brigaden« – also Studierendenkollektiven – bauen ließ und »Volksbedarf statt Luxusbedarf« proklamierte. Aus seinem Willen zur Änderung der Gesellschaft machte er keinen Hehl: »so ist das endziel aller bauhausarbeit/die zusammenfassung aller lebenbildenden kräfte/zur harmonischen ausgestaltung unserer gesellschaft«[47], schreibt Meyer 1929 in seinem »inoffiziellen« Bauhaus-Manifest »Bauhaus und Gesellschaft«.

Diese offene Politisierung stieß auch intern vielen auf. Und so kam es 1930 – unterstützt von einer politischen Intrige im Bauhaus, für die vor allem Wassily Kandinsky, Josef Albers und Ex-Direktor Walter Gropius verantwortlich zeichneten –, dass der zweite Bauhausdirektor, Meyer also, aufgrund von »kommunistischen Umtrieben« gegangen wurde.

Meyer hatte kurz vorher selbst noch versucht, durch das Auflösen der kommunistischen Zelle, die immer mehr für Unfrieden sorgte, seinen Posten zu retten – ohne Erfolg. Kurz nach seiner Entlassung schrieb Hannes Meyer unter dem Titel »Mein Hinauswurf aus dem Bauhaus« einen offenen Brief an den Dessauer Bürgermeister, in dem er sich noch einmal zum Marxismus bekennt: »ich hatte eine anschauung und ich vertrat sie so deutlich wie möglich«[48].

Bürgermeister Hesse war aber der Ansicht, dass nur ein unpolitisches Bauhaus Bestand haben könne, da eine vorhandene oder eben nicht vorhandene politische Ausrichtung Lieblingsansatzpunkt der Bauhausgegner war. Dieses Konzept setzte Meyers Nachfolger, Ludwig Mies van der Rohe, autoritär durch. Seine Ansicht: Damit das Bauhaus überleben kann, muss es radikal unpolitisch sein. Mies untersagte jede politische Betätigung, ließ kommunistische Studierende rauswerfen und rückt das Gastvortragsprogramm nach rechts. Interessant ist, dass er selbst nur vier Jahre vorher ein Revolutionsdenkmal für Karl Liebknecht und Rosa Luxemburg in Berlin-Friedrichsfelde gebaut hatte. Und dass er vier Jahre später für die Gestaltung einer Abteilung der NS-Propagandaausstellung »Deutsches Volk – Deutsche Arbeit« verantwortlich zeichnete –, was aber nicht heißt, dass Mies vom Kommunisten zum Nationalsozialisten mutiert war, sondern eher zeigt, dass Politik ihn nicht sonderlich interessierte – im Gegensatz zur Baukunst.

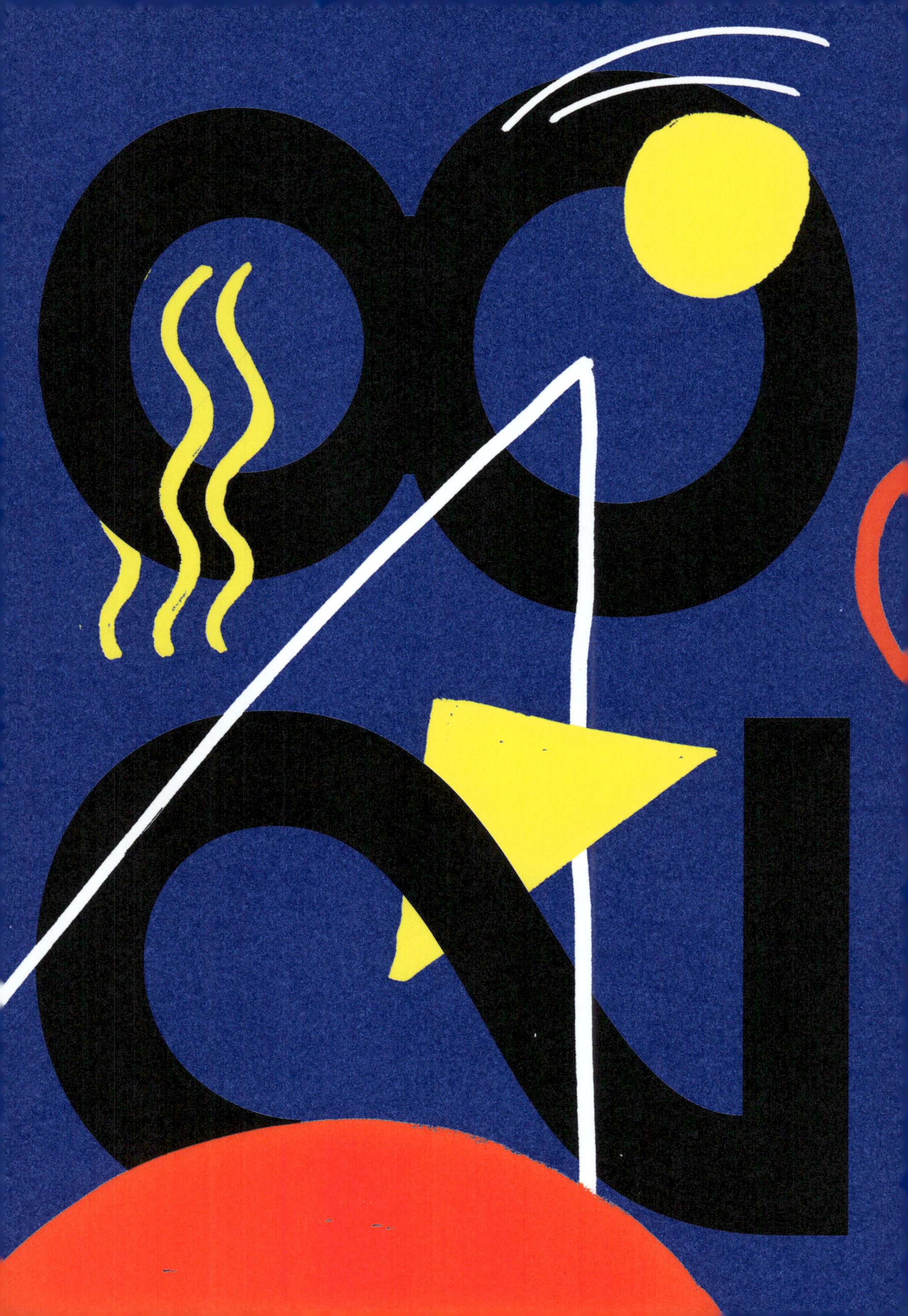

# Wie künstlerisch war das Bauhaus?

Die anfängliche Utopie des Bauhauses bestand ja darin, Handwerker und Künstler zu vereinen und so den Entwurfskünstler hervorzubringen – sprich, angewandte und freie Kunst zusammenzuführen. Man wollte das Handwerk schulen, ab 1923 die industrielle Produktion voranbringen, aber das alles mithilfe des künstlerischen Experiments. Und man wollte nicht einfach Künstler schulen, sondern Künstler zu »Menschen« und Charakteren machen.

Künstler war man schließlich schon, zumindest was den Lehrkörper anging. Die Malerelite des frühen 20. Jahrhunderts sollte sich in Weimar als Formmeister in die Umsetzung der Bauhausideen einbringen. Dass die Meister auf jeden Fall Künstler sein sollten, zeigt sich auch an den für sie entworfenen Unterkünften in Dessau: Der zentralste Raum jeder Doppelhaushälfte eines Meisterhauses ist das Atelier.

So haben die Künstler das Bauhaus geprägt und auf ihre individuelle Art zu der Vielfalt beigetragen, indem sie in den Vorkursen oder als Formmeister, später dann in den Malklassen inspirierten oder anleiteten: Paul Klee mit seinen facettenreichen, teils ironisch-magischen Bildern, der die Schüler aufforderte, »einen Punkt als Linie spazieren zu führen«, oder Wassily Kandinsky, der abstrakte Farbharmonist mit seinen Farbtheorien. Nicht zu vergessen Lyonel Feininger, der neben kubistischen Architekturholzschnitten wie »Gelmeroda« teils grotesk anmutende Stadtszenen malte. Erwähnt werden muss auch das Multitalent Oskar Schlemmer, dessen Unterricht »Der Mensch« heißt, und der bekannt ist für seine geometrisch-stilisierten Menschenfiguren und das Triadische Ballett, die dreidimensionale Bühnenversion seiner Bilder. Und schließlich der Konstruktivist László Moholy-Nagy, der auf der Suche nach einem adäquaten Kunstbegriff für die technisierte Gegenwart war und mit seinen »Telefonbildern« die erste Medienkunst überhaupt schuf. Diese Technik beschreibt Moholy-Nagy folgendermaßen: »1922 bestellte ich per Telefon bei einer Schilderfabrik fünf Email-Bilder. Ich hatte die Farbtafel der Firma vor mir und skizzierte die Bilder auf Konstruktionspapier. Am andern Ende des Telefons hatte der Vorarbeiter dasselbe karierte Papier vor sich liegen. Er zeichnete die von mir diktierte Form anhand der korrekten Positionen ein. (Es war wie ein Schachspiel per Post.)«[49]

Trotzdem war die Rolle des Künstlers am Bauhaus keine einfache, da es ja nicht einfach um das Schaffen von freier Kunst ging, sondern um den gesellschaftsverändernden Bau der Zukunft. Weil sie perfekte Synthese von angewandter und bildender Kunst zu sein schien, galt die Architektur als die Krone des künstlerischen Schaffens, nicht das Bildermalen oder Skulpturenformen. Bei der Neuausrichtung des Bauhauses nach Gropius' Weggang wurde die freie Kunst am Bauhaus durch die Einrichtung der Malklassen 1928 weiter marginalisiert. Hannes Meyer war nicht wirklich an der Synthese von freier und angewandter Kunst interessiert. Mit dem dritten Direktor verhielt es sich auch nicht besser: Mies war zwar ein großer Zeichner, aber ihn interessierte nur die Baukunst.

Und trotzdem schuf eine Vielzahl der Bauhäusler – Lehrer wie Schüler, vornehmlich aber die Männer – »nebenher« freie Kunst: Gemälde, Grafiken und Plastiken. Ernst Kállai, die ironische Stimme des Bauhauses und Schriftleiter der schuleigenen Zeitschrift »bauhaus«, kommentierte 1929: »Es gibt mehr Maler am Bauhaus, als man glauben würde. Sie sind zwar ein wenig an die Wand gedrückt, besonders bei der Wandmalerei, aber solcher Druck erzeugt bei denen, die etwas taugen, einen gesunden Gegendruck und zwingt zur dauernden Selbstkontrolle.«[50] Nicht anders als erwartet, war die Bauhauskunst sehr vielfältig und reichte von spätexpressionistischen über geometrisch-abstrakte bis hin zu figürlichen, teils neusachlichen oder auch surrealistischen Arbeiten. So etwas wie eine typische Bauhauskunst gibt es also ebensowenig wie den Bauhausstil.

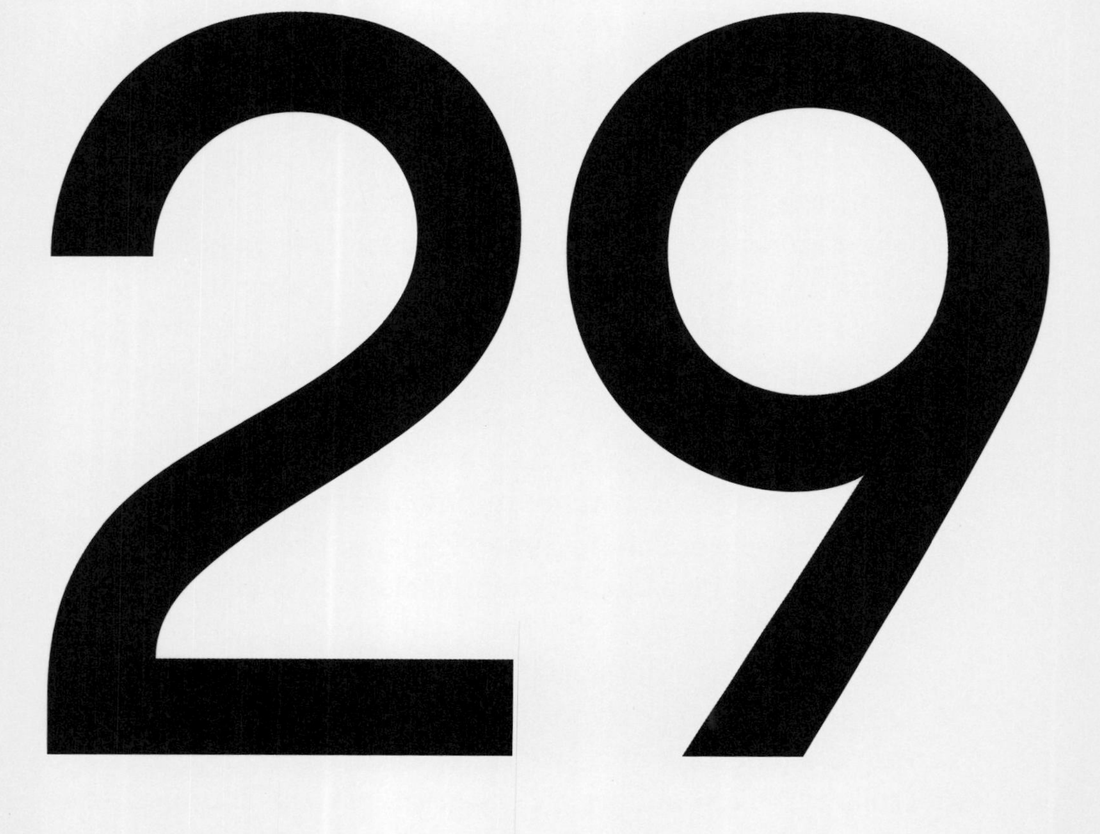

# Warum waren Stahl und Glas so beliebte Materialien?

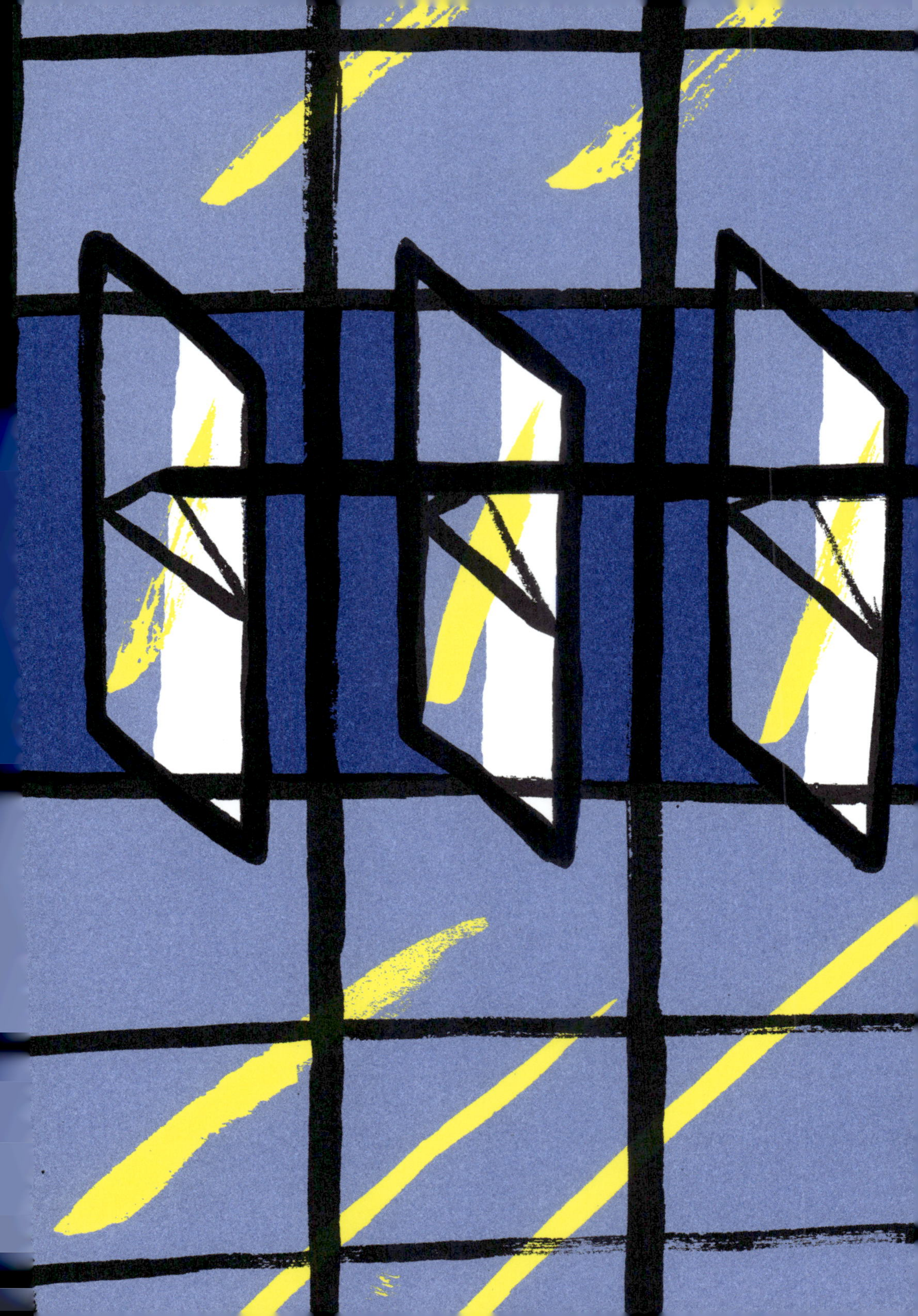

Die scharfe Bauhauszunge und seines Zeichens Schriftleiter der Zeitschrift »bauhaus«, Ernst Kállai, schrieb 1929 polemisch: »Heute weiß jeder Bescheid. Wohnungen mit viel Glas- und Metallglanz: Bauhausstil. Stahlrohrgerippe: Bauhausstil. Lampe mit vernickeltem Gestell und Metallplatte als Schirm: Bauhausstil.«[51] Und es stimmt: Obwohl man alles andere als einen Bauhausstil entwickeln wollte, war es doch die Verwendung der Materialien Glas und Stahl, die so typisch für das Bauhaus sind. Dabei handelt es sich eigentlich um traditionelle Materialien, die bloß modern eingesetzt wurden (z.B. bei den Stahlrohrmöbeln oder der Glasvorhangfassade), um neue Formen zu schaffen.

Gleichzeitig war die Verwendung von Glas und Stahl eine Huldigung der Industrie. Nicht nur die kubische, weiße Form des Dessauer Bauhausgebäudes weckt Assoziationen und erinnert an eine Fabrik. Die heute fast schon ikonischen Fensteröffnungsmechanismen stammen eigentlich aus dem Fabrikbau. Neu war nur die repräsentative Verwendung: Zog man an einer der Ketten im Bauhaustreppenhaus, öffnete sich laut ratternd eine Fensterreihe und es kam ein gewisses Fabrik-Feeling auf. Und die aus einem Maschinenraum zu stammen scheinenden Stahlräder in der Aula machten den technischen Fortschritt schon beim Lüften sichtbar.

Das Anbringen der Radiatoren auf Augenhöhe in Aula und Treppenhaus hatte ähnliche Gründe: Einerseits zeigte man, dass man heiztechnisch auf dem neusten Stand war und eine Dampfzentralheizung hatte, andererseits war es ein ästhetisches Statement: Wir finden Technik und Maschinen in ihrer Klarheit und Funktionalität so schön, dass wir sie anstelle eines repräsentativen Gemäldes, wie es sonst in Treppenhäusern zu finden ist, zeigen.

Das Heizungssystem stammte übrigens aus den Dessauer Junkerswerken. Hugo Junkers, Stahlexperte und Luftfahrtpionier, hatte das erste Flugzeug aus Metall zum Fliegen gebracht – und in seinen Werkstätten begann Marcel Breuer das Stahlrohr zu biegen.

Die Liebe zum Stahl ging so weit, dass auch neue Wege gesucht wurden, ihn in der Architektur einzusetzen: Richard Paulick und Georg Muche bauten 1926/27 das Stahlhaus für die Siedlung Dessau-Törten – in Zusammenarbeit mit der Leipziger Tresorbaufirma Karl Kästner AG. Mit dem Experimentalbau wollten sie die Möglichkeiten der Industrialisierung und Rationalisierung des Bauens ausloten.

Das Stahlhaus bestand aus einem Stahlskelett, auf das drei Millimeter starke Stahlplatten genietet wurden. Innen wurden Schlackenbetonsteine gemauert, auf die zur Dämmung eine Schicht Torfoleum, also Leichtbauplatten aus gepresstem und imprägniertem Torf, angebracht wurde. Das Haus hatte die Form von zwei ineinandergeschobenen Kuben. Das Stahlhaus war zwar schnell zu bauen, aber das Material Stahl hatte große Defizite in puncto Belüftung und Wärmedämmung – darum galt der Bau als unbewohnbar.

Glas wurde wegen seiner Eigenschaften Transparenz und Lichtdurchlässigkeit gern verwendet – war doch ein Leitspruch der Bauhausarchitektur: »Licht, Luft und Sonne«. Einer, der die Kombination von Glas und Stahl in der Architektur zur Vollendung brachte, war Mies van der Rohe. Viele seiner Entwürfe (jene ohne Backstein) sind auch als »Haut-und-Knochen«-Architektur bekannt: Die stählernen »Knochen« eines Tragwerks werden dabei von einer transparenten »Haut« aus Glas umschlossen. So schuf Mies eindrucksvolle Bauten wie die Neue Nationalgalerie in Berlin: Kein Wunder, dass dieser »Tempel der Moderne« vor allem aus Stahl und Glas besteht.

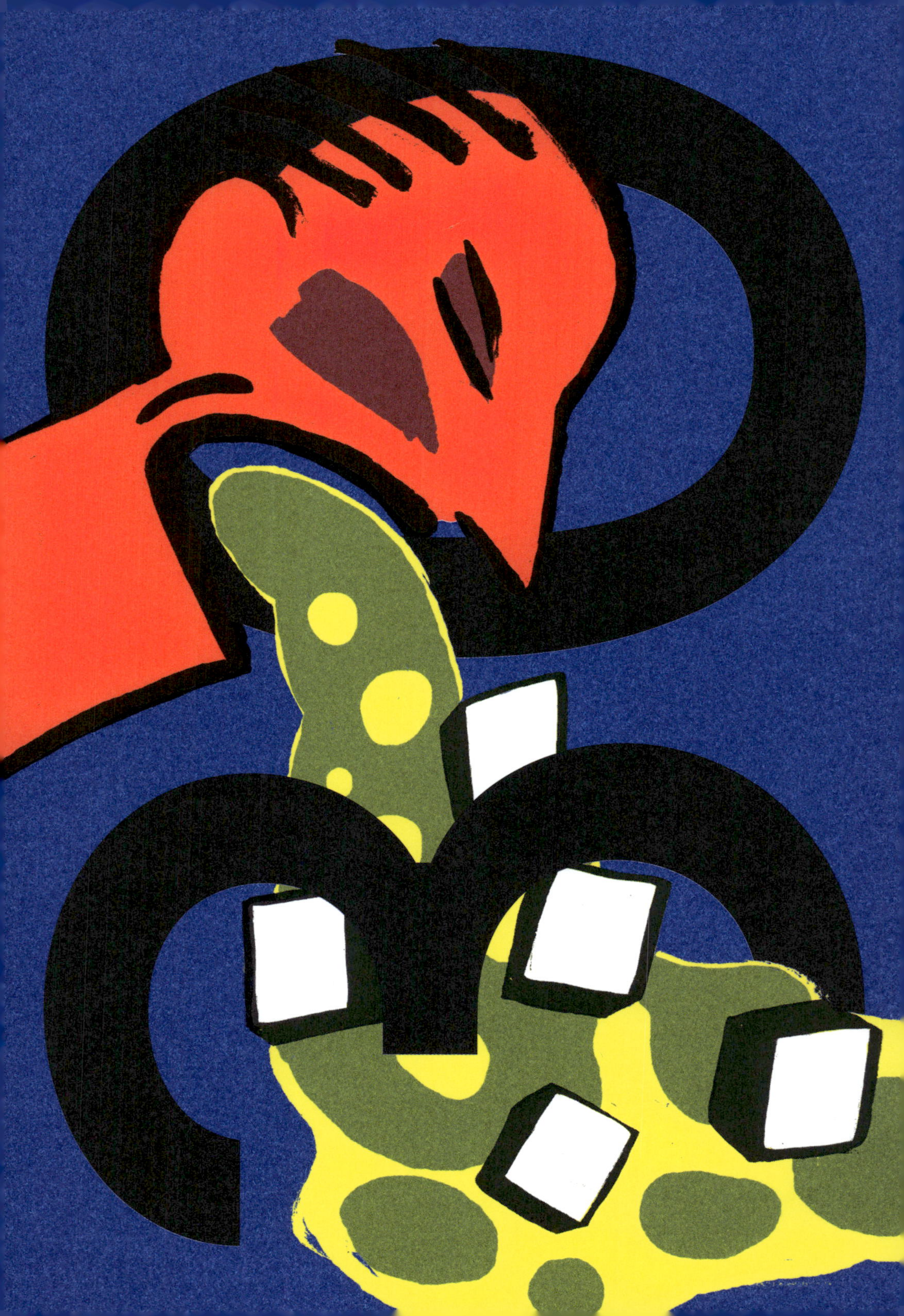

# Gab es auch jemanden, der nicht vom Bauhaus begeistert war?

Aber selbstverständlich. Wenn man derart radikal an etwas Neuem, Revolutionärem arbeitet und damit Erfolg hat, lassen die Gegenstimmen nicht lange auf sich warten. Das Bauhaus hatte seit seiner Gründung eine Menge Kritiker – mit den unterschiedlichsten Kritikpunkten.

Die konservative thüringische Handwerkerschaft beispielsweise störte sich an der industriellen Ausrichtung des Bauhauses, sie setzten eine Mechanisierung der Produktion mit kommunistischer Kollektivierung gleich. In der Weimarer Bürgerschaft grummelte und brummelte es ob der neuen Einheitsschule und mit Max Thedy, Walter Klemm und Richard Engelmann setzten sich drei ehemalige Lehrer der Weimarer Kunsthochschule an die Spitze der Bauhausgegner, denen weitere diverse Bildungsbürger vom Goethe-Forscher zum Historienmaler folgten. Deren erste Protestnote gegen das Bauhaus ging bereits im Dezember 1919 an das Weimarer Staatsministerium. Und hatte Erfolg: 1921 wurde die eigentlich im Bauhaus aufgegangene Weimarer Kunstakademie als »Staatliche Hochschule für Bildende Kunst« ausgegliedert. Als das Bauhaus Weimar 1925 verließ, ging diese neue alte Kunstschule in der neu gegründeten »Staatlichen Bauhochschule« auf – geleitet von Bauhausgeburtshelfer und Werkbundmitglied Otto Bartning. Diese wurde bereits fünf Jahre später unter der Leitung des Bauhausfeindes Paul Schultze-Naumburg zu den »Staatliche Hochschulen für Baukunst, bildende Künste und Handwerk« neu organisiert.

Ein Dorn im Auge der Konservativen vor Ort war auch immer das Atelierhaus: Das Weimarer und Dessauer

Prellerhaus galten als Brutstätte für »Lotterleben« und »Rassenschande«. (Gunta Stölzl, verheiratet mit dem österreichischen Juden Arieh Sharon, verließ das Bauhaus übrigens auch, nachdem ihr jemand ein Hakenkreuz an die Tür gekritzelt hatte.)

Aus der rechten, konservativen Ecke kam die meiste Bauhaus-Kritik. Weil »Modernsein« mit politisch »Linkssein« gleichgesetzt wurde (trotz aller Bemühungen, das Bauhaus unpolitisch zu halten) und weil man sich von dem internationalen, progressiven und libertären Bauhaus in seinen Werten bedroht fühlte. Unter den politisch Rechten galt die Gestaltungshochschule als »ästhetische Kaderschmiede des Sozialismus«[52]. Für die Nationalsozialisten war das Bauhaus eine »undeutsche«, »entartete«, »jüdisch-marxistische Brutstätte« des »Kulturbolschewismus«.[53]

Laute und erbitterte Gegner zu Lebzeiten des Bauhauses waren rechte Architekten, genauer gesagt schreibende rechte Architekten. Der preußische Baubeamte Konrad Nonn, ein früher Nationalsozialist mit Partei- und SS-Zugehörigkeit keilte immer wieder publizistisch gegen die Gestaltungshochschule aus. In Zeitungsartikeln mit Überschriften wie »Staatliche Müllzufuhr. Das staatliche Bauhaus in Weimar« (1924) oder »Der Nährboden des Kulturverfalls. Eine kulturpädagogische Betrachtung über das Staatliche Bauhaus in Weimar – Dessau« (1928) versuchte er, die mangel- und stümperhaften Ergebnisse der »kulturbolschewistischen« Hochschule (das Flachdach!) vorzuführen.

Der personifizierte »Endgegner« (im wahrsten Sinne des Wortes) war aber besagter Paul Schultze-Naumburg, Kämpfer für das deutsche Satteldach und Heimatstil-Verfechter. Dieser Feind des Neuen Bauens hatte seit den 1920er-Jahren freundschaftlichen Kontakt mit Hitler, Himmler und Göbbels. Aus Protest über die moderne Stuttgarter Weißenhofsiedlung verließ Schultze-Naumburg den Deutschen Werkbund. In seiner Kritik scheint die diffuse Bedrohlichkeit des Fremden durch: »Die flachen Dächer des Orients bei uns einzuführen, würde etwas Ähnliches bedeuten, als wenn man uns weiße Leinenanzüge mit Tropenhelm oder den arabischen Burnus als Tracht empfehlen würde.«[54]

1928 legte er mit dem Buch »Kunst und Rasse« den Grundstein für die nationalsozialistischen Ideen der »Entarteten Kunst«: In dem Machwerk stellte er expressionistischen Kunstwerken die Fotografien von körperlich und geistig Behinderten gegenüber, um die moderne Kunst als »Kretinismus« zu diffamieren. Seit der Bauhausgründung hetzte Schultze-Naumburg auch gegen das Bauhaus und war Mitinitiator der Schließung 1932 – u. a. mit seinem vernichtenden Urteil nach einem Rundgang.

Ansonsten gab es mehr oder weniger sachliche Kritik von etlichen Seiten, die alle etwas zum Bauhaus zu sagen hatten. De-Stijl-Vorreiter Theo van Doesburg, der eigentlich gern Bauhausmeister geworden wäre, verspottet die Schule als ein von »Mazdaznan und Expressionismus verseuchtes Künstler-Krankenhaus«[55]. Kunstkritiker Paul Westheim schrieb nach einem Bauhausbesuch 1923: »An den Kunstgewerbeschulen wurden die Schüler damit gequält, Kohlblätter nach der Natur zu stilisieren, am Bauhaus quält man sich damit, Quadrate nach der Idee zu stilisieren.«[56] Bertolt Brecht schrieb 1927, die »vorsätzliche Harmonie und diese reformatorische Zweckdienlichkeit« der »modernen Bauhauswohnung« seien einfach nicht auszuhalten.[57] Er dekonstruiert die Ideen des funktionalen Neuen Wohnens sogar in einer eigener Kurzgeschichte: In »Nordseekrabben oder

Die moderne Bauhaus-Wohnung« karikiert Brecht ebendiese »reformatorische Zweckdienlichkeit« des in seinen Augen ungemütlichen, heimatlosen und bourgeoisen Wohnstils des Bauhauses. Auch der Philosoph Ernst Bloch wurde nicht warm mit den Bauhausideen von Rationalisierung und Sachlichkeit. 1929 befand er: »Seit über einer Generation steht darum dieses Stahlmöbel-, Betonkuben-, Flachdach-Wesen geschichtslos da, hochmodern und langweilig, scheinbar kühn und echt trivial, voll Haß gegen die Floskel angeblich jedes Ornaments und doch mehr im Schema festgerannt als je eine Stilikone im schlimmen 19. Jahrhundert.«[58]

Andere konnten ihr Unbehagen leider nicht so wohl in Worten formulieren: Als Marianne Brandt bei einer Bauhausführung einer Gruppe von immerhin 200 Buchdruckern gegenüber erwähnte, dass man von nun an alles nur noch klein schreibt, wollten diese mit Stöcken auf sie losgehen.

Auch nach seinem Ende 1933 wurde das Bauhaus immer wieder kritisiert: 1953 stieß der Architekt Rudolf Schwarz mit seinem Text »Bilde Künstler, rede nicht« erneut eine (westdeutsche) Debatte an, indem er behauptete, dass die Bauhäusler so totalitär gewesen wären wie die Nazi-Architekten »und dass Gropius zwar ein leidlicher Architekt gewesen sei«[59], aber nicht denken könne.

Die DDR war übrigens ebenfalls anfangs nicht sehr bauhausfreundlich. Walter Ulbricht befand 1951 die bürgerlich-dekadente Avantgarde als international, amerikanisch und kosmopolitisch und hielt sie darum für eine »volksfeindliche Erscheinung«[60]. Erst nach Stalins Tod begann man auch in der DDR »klassisch modern« zu bauen, beispielsweise die Leipziger Hauptpost oder die Dessauer Kaufhalle als Nachbargebäude des Bauhauses.

Mit seinem trotzigen Konter »Less is a bore« (auf Mies van der Rohes »Less is more«) schuf der amerikanische Architekt Robert Venturi in den 1960ern das Mantra der postmodernen Architektur: Wärmer, humorvoller, freier und auch hässlicher sollte gebaut werden. Auch Charles Jencks, DER große Architekturkritiker der Postmoderne findet Neues Bauen ausbaufähig: »Der Fehler der modernen Architektur war, dass sie sich an eine Elite richtete. Die Postmoderne versucht, den Anspruch des Elitären zu überwinden, nicht durch Aufgabe desselben, sondern durch Erweiterung der Sprache der Architektur in verschiedene Richtungen«[61], schreibt er 1977.

In den 1980er-Jahren veröffentlichte Tom Wolfe mit »Mit dem Bauhaus leben. Die Diktatur des Rechtecks« eine etwas abstruse, aber doch auch sehr unterhaltsame Bauhaus-Polemik. Darin schreibt der amerikanische Schriftsteller-Dandy beispielsweise: Die »Glasschachteln« des »Silberprinzen« Gropius sehen aus wie eine »Insektizid-Siederei«, ihr Ausmaß an Transparenz und Kälte (»das Helle & Grelle & Reine & Feine & Leere & Hehre«) treibe »an den Rand des sinnlichen Entzugskomas«.[62] Die Migration von Gropius und Konsorten in die USA sei nichts anderes als eine europäische Bauhausstil-Invasion gewesen, die den Amerikanern einen Architekturgeschmack diktiere, der alle ihre Wünsche und Bedürfnisse ignoriere.

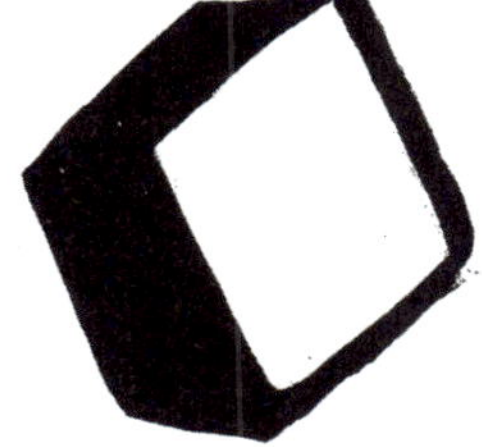

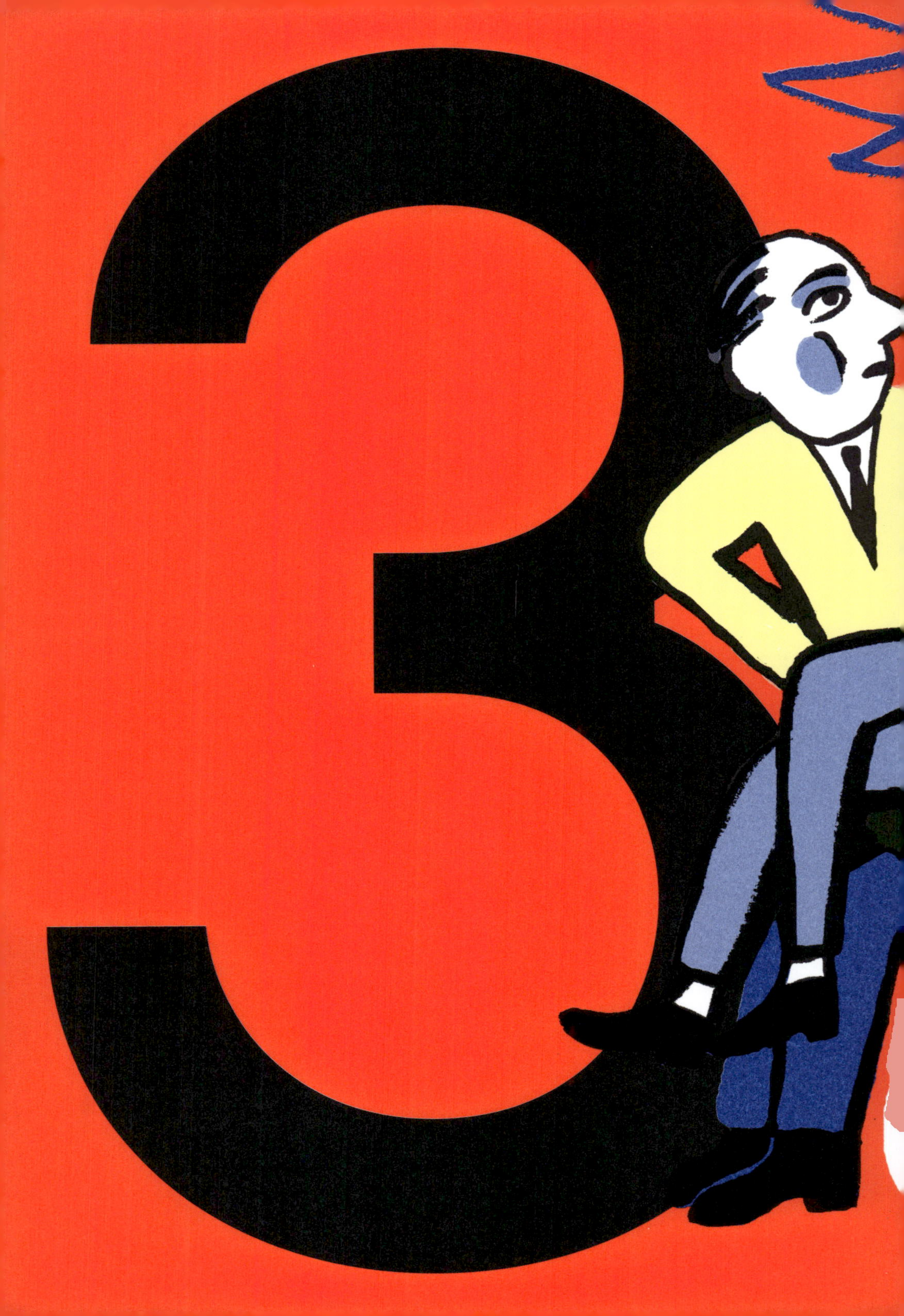
3

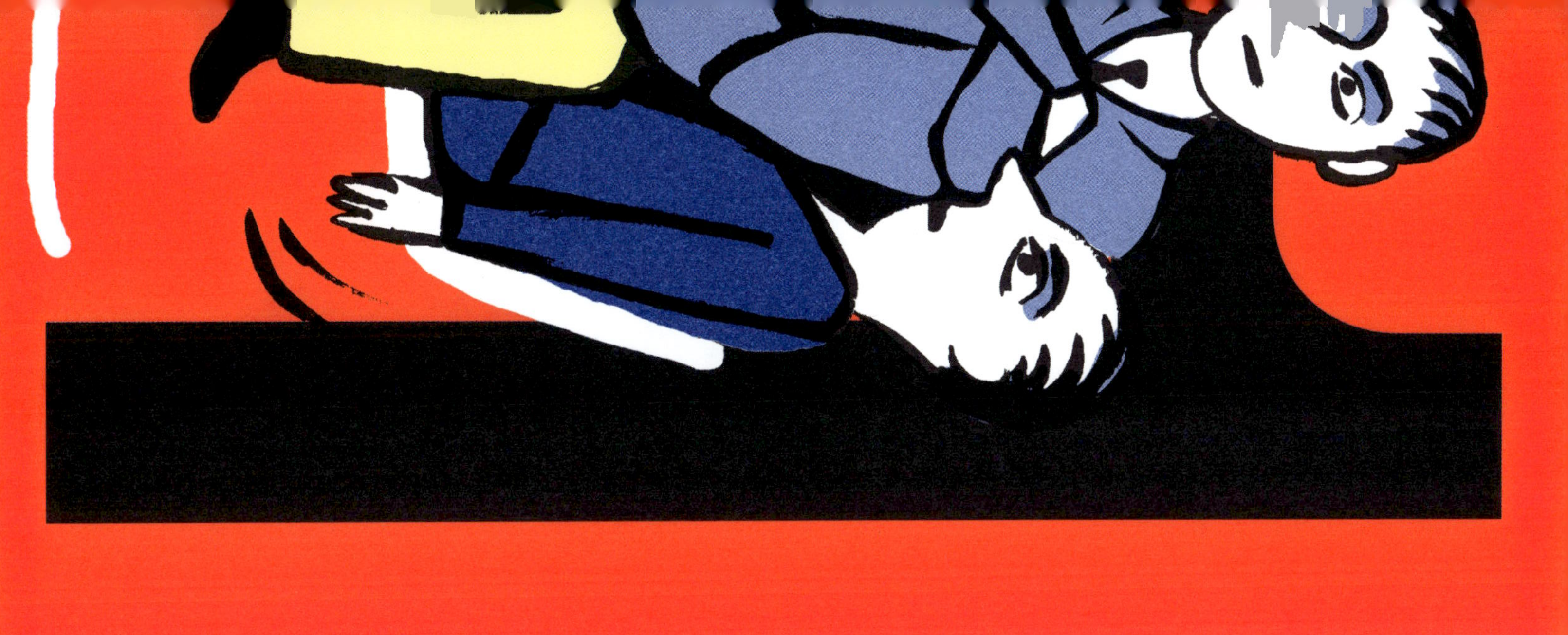

# Wenn das Bauhaus so uneinheitlich war, gab es nicht auch Streit?

Auf jeden Fall, aber die Streitkultur war Teil des Konzepts – und unvermeidlich. Wo am Neuen Menschen und der Gestaltung der neuen Gesellschaft gearbeitet wird, gibt es natürlich auch Auseinandersetzungen darüber, wie das alles auszusehen hat und wie man am besten dahinkommt. Angefangen bei der Frage, ob der Kreis jetzt laut Kandinsky blau sei oder rot, wie Schlemmer dagegensetzte, bis zu dem in der Zeitschrift »bauhaus« ausgetragenen Streit zwischen Naum Gabo und Marianne Brandt, im dem es um Bauhausstil und die moderne Lampe ging.

Kontroversen waren aber erwünscht, das Bauhaus wollte sich nicht auf eine gemeinsame Idee einschwören, sondern verschiedene Positionen zeigen. Denn nur so blieb es dynamisch – Auseinandersetzungen waren der Kreativitätsmotor des Bauhauses.

Bauhausmeister Josef Albers erklärte später rückblickend: »Das Beste am Bauhaus war, dass wir voneinander absolut unabhängig und uns über nichts einig waren. Wenn Wassily Kandinsky ›ja‹ sagte, sagte ich ›nein‹ und wenn er ›nein‹ sagte, sagte ich ›ja‹. Dabei waren wir bestens befreundet, weil wir gemeinsam die Studierenden mit unterschiedlichen Sichtweisen konfrontieren wollten.«[63]

Die internen Bauhausstreits hatten aber durchaus Konsequenzen, insbesondere, wenn Direktor Walter Gropius involviert war. Am Ende seines Konflikts mit Meister Itten um die Frage, ob das Bauhaus Auftragsarbeit macht oder nicht, stand dessen Weggang und die neue Parole »Kunst und Technik – eine neue Einheit«.

Auch mit seinem Nachfolger, Hannes Meyer, war sich Gropius – obwohl er ihn selbst empfohlen hatte – nicht grün. Meyers Rauswurf 1930 ist auch einer von Gropius initiierten Intrige zuzuschreiben. Dem Gründungsvater gefiel nicht, was der Neue aus »seiner« Schule, deren Legende er immer im Blick hatte, machte. Und vor allem goutierte er nicht die Kritik, die Meyer an seinem Vorgänger äußerte: die Bauhauszeitschrift mit dem Titel »das bauhaus lebt« (als wäre es unter Gropius gestorben) oder seine Einteilung der drei Bauhausphasen:
1) Chaos in Weimar,
2) Formalismus in Dessau,
3) Hinwendung zu den wahren Problemen der Gesellschaft dank neuem Direktor.

Gropius rächte sich nicht nur durch eine Unterstützung der Entlassung Meyers aufgrund »kommunistischer Machenschaften!« durch die Stadt Dessau, sondern versuchte überdies, ihn einfach aus der Geschichtsschreibung des Bauhauses zu tilgen: 1930 publizierte Gropius das Buch »bauhausbauten dessau« – und tut darin so, als sei die Schule 1928 nach seinem eigenen Weggang geschlossen worden, indem er den im selben Jahr angetretenen Meyer verschweigt. Und sorgt des Weiteren dafür, dass auch die große Ausstellung am New Yorker MoMA 1938 unter dem Titel »Bauhaus: 1919–1928« eine Schule mit nur einem Direktor zeigt: Walter Gropius.

Manche Streits wurden übrigens auch vor Gericht ausgetragen. Beispielsweise ging es 1929 darum, wer den Freischwinger erfunden hat: Mart Stam, Mies van der Rohe oder Marcel Breuer? Und vor allem, ob er eine eigenständige Schöpfung sei (und darum unter Urheberrecht falle) oder ob Stahlrohrbiegen eine rein technische und darum von jedem rechtefrei zu reproduzierende Erfindung sei. Marcel Breuer, der leider vergessen hatte, ein Patent anzumelden, wurde vom Gericht übrigens die Urheberschaft am Freischwinger abgesprochen.

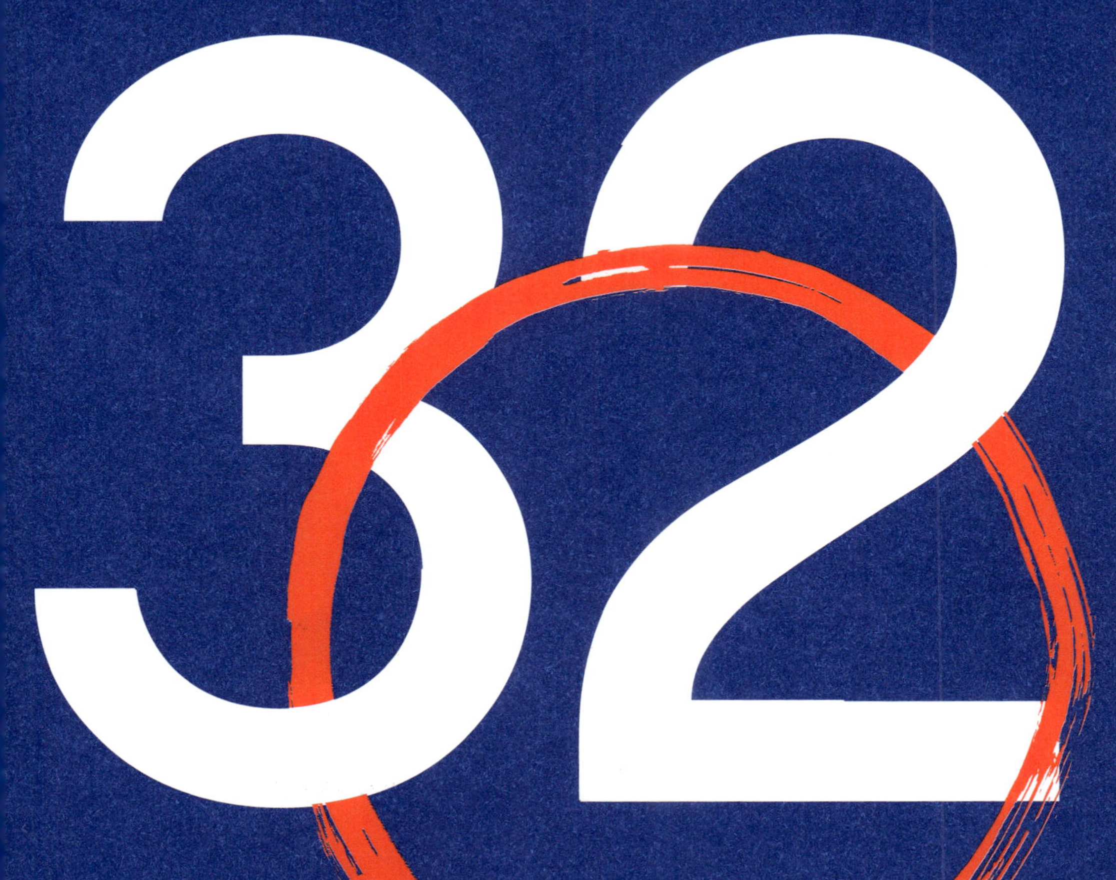


# War das Bauhaus wirklich zur Hälfte weiblich?

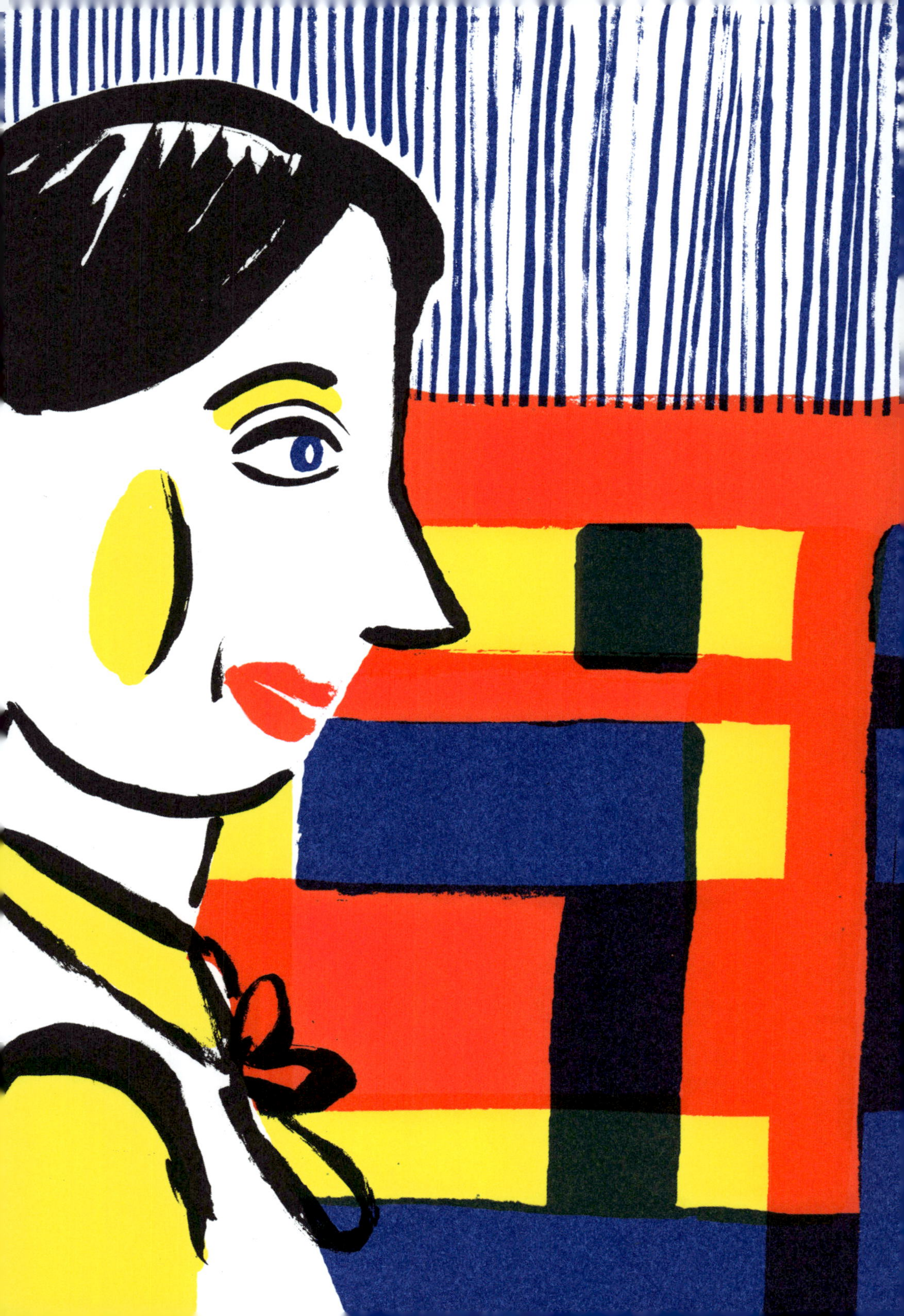

Nur für kurze Zeit, nämlich im Gründungsjahr 1919. Und auch nur im Hinblick auf die Studierenden. Der Lehrkörper erfüllte mit 44 Männern und nur sechs Frauen die Gleichberechtigungsquote nicht, von der Möglichkeit einer Bauhausdirektorin ganz zu schweigen. Nichtsdestotrotz war der Umstand, dass Frauen überhaupt am Bauhaus lernen und lehren durften, revolutionär – war doch erst ein Jahr vorher das Frauenwahlrecht eingeführt worden und ein Studium war Nicht-Männern in Preußen erst seit 1908 erlaubt.

Walter Gropius hatte in seinem Manifest geschrieben, dass am Bauhaus »jede […] Person, ohne Rücksicht auf Alter und Geschlecht«[64] aufgenommen werde und war dann doch etwas überrascht von der Vielzahl an weiblichen Aspirantinnen. Er blieb aber dabei, dass es am Bauhaus eine »absolute Gleichberechtigung« geben sollte, die aber auch »absolut gleiche Pflichten« bedeute.[65] Trotzdem wurde 1920 eine reine Frauenklasse gegründet. Dass die absolute Gleichberechtigung eher eine wohlklingende Theorie blieb, zeigt sich einerseits am stetig sinkenden Frauenanteil: die 50 % Bauhäuslerinnen in Weimar reduzierte sich in Dessau auf ein Drittel und schrumpfte unter Mies van der Rohe auf eine Handvoll zusammen. Die erste Werkstattleiterin gab es erst ab 1927 mit Gunta Stölzl. Die Jungmeisterin musste übrigens mit Kündigung drohen, damit sie die gleiche Bezahlung und den Status ihrer männlichen Kollegen erhielt. Natürlich handelte es sich bei der Werkstatt um die Weberei. Hier zeigte sich ebenfalls die – der damaligen Zeit entsprechende – Geschlechterungleichheit am Bauhaus: Bis auf wenige, hart kämpfende Ausnahmen, wie Marianne Brandt oder Lotte Beese, fanden sich die Bauhäuslerinnen nach dem Vorkurs in der Textilwerkstatt – anfangs auch in der Keramikwerkstatt – wieder. Und zwar mehr oder weniger freiwillig; der Satz »eigentlich wollte ich Architektin/Malerin werden« fällt in so mancher Bauhäuslerinnenbiografie, beispielsweise bei Gertrud Arndt oder Anni Albers.

Trotz aller theoretischer Gleichheitsbestrebungen waren sich Gropius und sein Meisterrat einig, dass sie in puncto Frauenemanzipation »keine unnötigen Experimente«[66] machen wollten. Während die Männer Stahlrohr bogen, große Kunst schufen, mit hartem Holz tischlerten und sich vor allem der Königsdisziplin Architektur widmeten, blieb den Frauen die Beschäftigung mit den weichen Materialien Wolle, Stoff und Ton. Oskar Schlemmer bemerkte 1920 herablassend: »Wo Wolle ist, ist auch ein Weib, das webt.«[67] Interessanterweise wurde diese Geschlechterteilung von den männlichen Bauhäuslern auch noch als Bedrohung wahrgenommen, da zu viel Töpfern und Weben die klare, sachliche Kunstschule verkunstgewerblichen würde.

Dabei wurden in der Textilwerkstatt für die industrielle Produktion so wichtige Dinge wie das Eisengarn erfunden, das eine strapazierfähige und elegante Bespannung der Stahlrohrstühle ermöglichte. Sensationell war auch Anni Albers' Entwurf eines auf der einen Seite schallschluckenden auf der andern Seite lichtreflektierenden Vorhangstoffes für die Bernauer Bundesschule.

Es gab übrigens auch den einen oder anderen männlichen Weber (abgesehen von den männlichen Werkstattleitern Georg Muche und Johannes Itten), beispielsweise Herbert von Arend. Dieser war dann 1931 auch einer der drei Hauptakteure im Webereiaufstand gegen den pädagogischen Führungsstil der Meisterin Gunta Stölzl, der dazu beitrug, dass diese mit ihrer kleinen Tochter (der Vater war der Bauhäusler Arieh Sharon) das Bauhaus verließ.

Eine der wenigen Bauhäuslerinnen, die nicht in der Weberei landeten, war Marianne Brandt. Sie konnte sich – dank ihres Talents und vor allem dank der Förderung durch den Mentor Moholy-Nagy – in der Metallwerkstatt durchsetzen und war 1928/29 sogar kommissarische Leiterin. Hier leistete sie Aufsehenerregendes: Auf Brandts Initiative geht die Kooperation mit Firmen wie Kandem zurück, überdies schuf sie mit Teekanne, Aschenbecher oder Lampen metallene Markenzeichen des Bauhauses.

Die erste Architektin des Bauhauses war Lotte Stam-Beese. Natürlich war auch sie nach dem Vorkurs ein Semester in der Weberei, durfte dann aber in die neue Bauabteilung. Wegen einer Liebschaft mit dem neuen Direktor, Hannes Meyer, verließ Beese das Bauhaus 1929 »freiwillig« ohne Abschluss, arbeitete aber noch frei mit am Bau der Bernauer Bundesschule. Das Meyer-Bauhaus gab sich nichtsdestotrotz Frauen gegenüber offen: In dem bekannten »junge menschen kommt ans bauhaus!«-Werbeprospekt von 1929 heißt es: »suchst du als studierende wahre gleichberechtigung?«.

Nachdem sie sich ein paar Jahre als alleinerziehende Mutter von Hannes Meyers unehelichem Kind durchgeschlagen hatte, heiratete Beese 1934 den Bauhäusler Mart Stam und zog in die Niederlande. Trotz zwei Bauhausjahren studierte sie nachträglich Architektur und gründete ihr eigenes Büro in Amsterdam. Lotte Stam-Beese wurde nach dem Krieg mit der Planung des Wiederaufbaus des Rotterdamer Stadtteils Penderecht beauftragt. In ihrem Entwurf sieht man diverse Bauhausideen: Er ist funktional, fördert die Gemeinschaft und stellt »Licht, Luft und Sonne« für die Bewohner sicher.

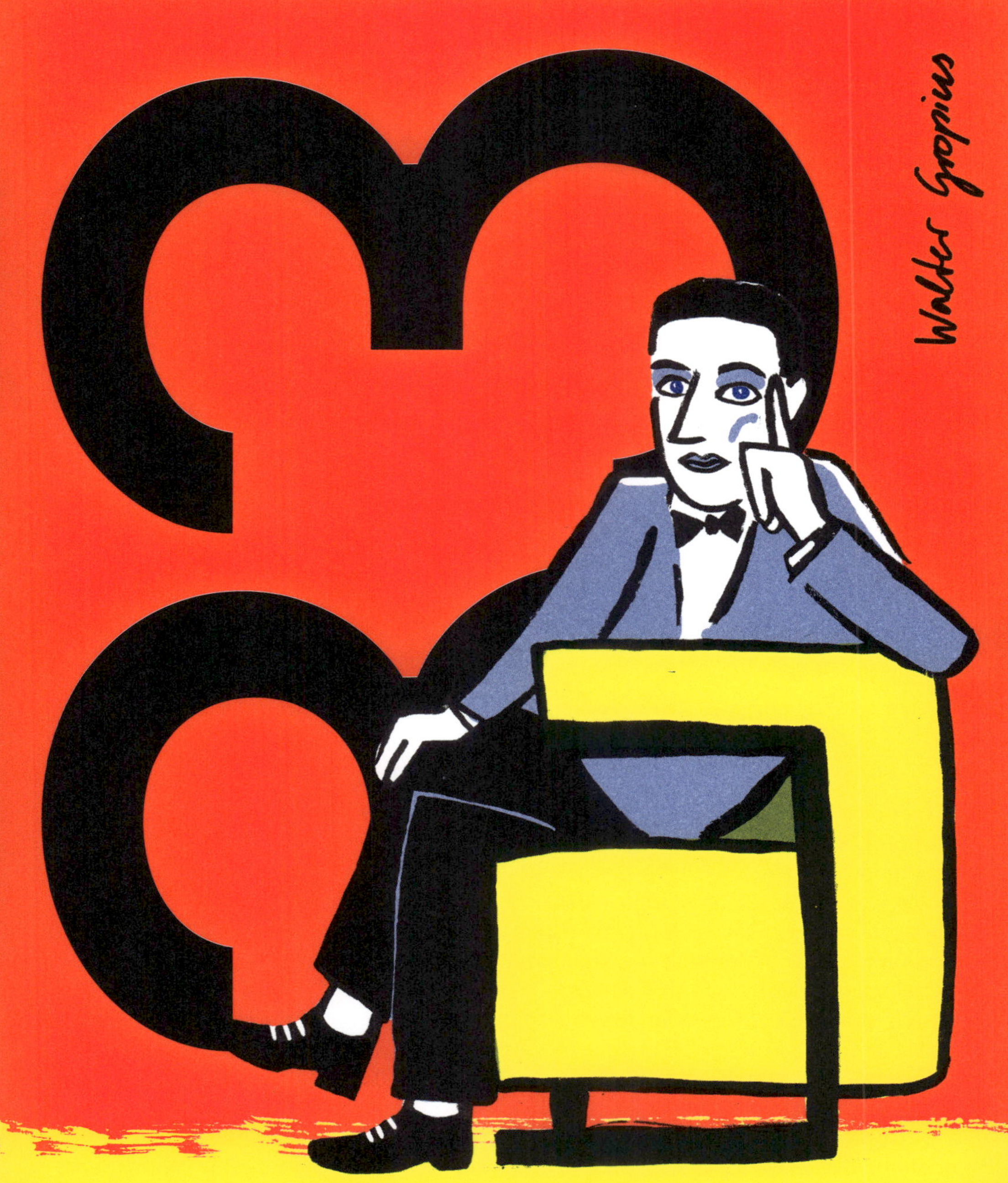


# Wer waren die Bauhausmeister?

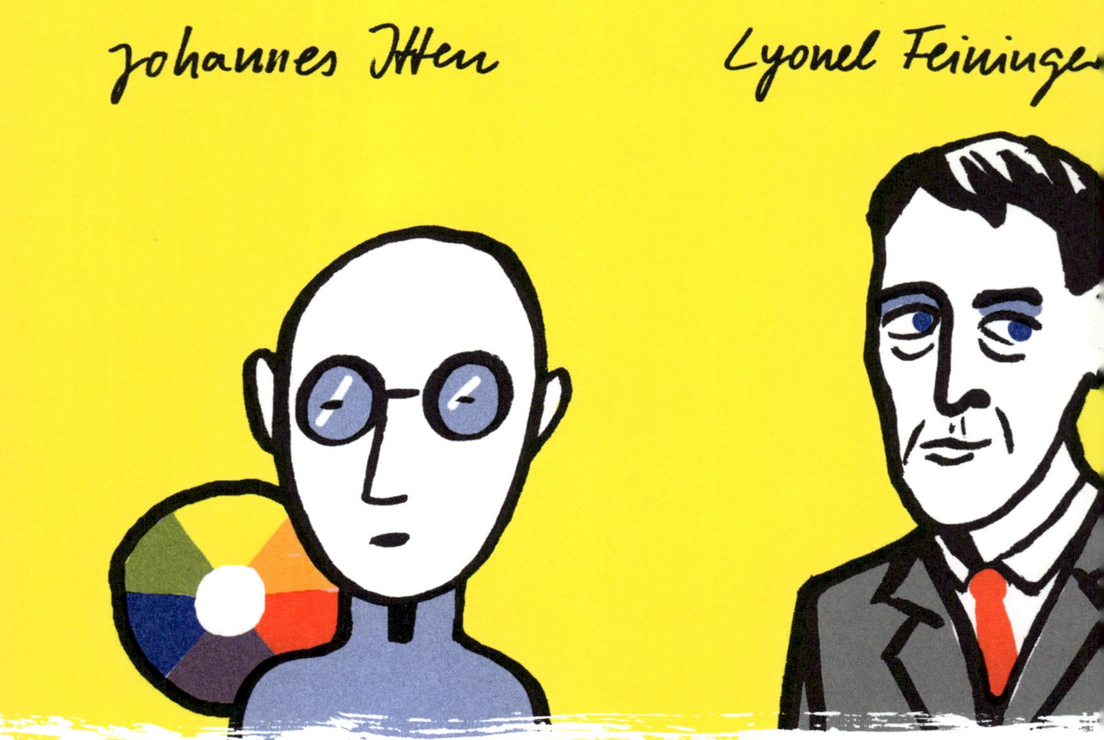


In 14 Jahren Bauhaus gab es 44 Meister – manche blieben lang und waren weltweit berühmt, andere hatten ein kurzes Gastspiel und sind mittlerweile vergessen. (Natürlich gibt es auch die Vice-versa-Varianten: kurzes Gastspiel und trotzdem berühmt, langer Aufenthalt und dennoch unbekannt). Ebenso, wie sich das Bauhaus in seinen Strukturen und Ideen wandelte, änderten sich auch Begriff und Habitus des Lehrers: Gab es zu Beginn noch Formmeister und Werkmeister (für die künstlerischen und die handwerklichen Aspekte der Werkstattarbeit), wurden diese ab 1925 in Dessau von den Jungmeistern abgelöst, die selbst am Bauhaus studiert und dort ihre besondere Begabung bewiesen hatten. Im Meyer-Bauhaus ab 1928 gab es dann keine Meister mehr, sondern Werkstatt- oder Abteilungsleiter und Lehrende für die theoretischen Dinge.

Namentlich haben folgende unvergessene Meister und Lehrer an den Bauhäusern Weimar, Dessau, Berlin unterrichtet – in order of appearance:

1919 berief Walter Gropius drei Künstler als Meister an das Weimarer Bauhaus: den deutsch-amerikanischen Maler Lyonel Feininger, der Formmeister in der Druckerei wurde und u. a. für seinen Holzschnitt »Kathedrale« auf dem Titelblatt des Bauhaus-Manifests oder für das kubistische Architekturgemälde »Gelmeroda« bekannt ist. 1925 ließ Feininger sich von allen Lehraufgaben entbinden, blieb aber auf Bitten Gropius' als »Meister« am Dessauer Bauhaus und wohnte dementsprechend mit seiner Familie bis 1932 im Meisterhaus und machte Kunst.

Hinzu kam der Bildhauer Gerhard Marcks, der schon für Gropius' Bauten auf der Werkbund-Ausstellung Reliefs entworfen hatte und bis 1924 Formmeister

# Paul Klee

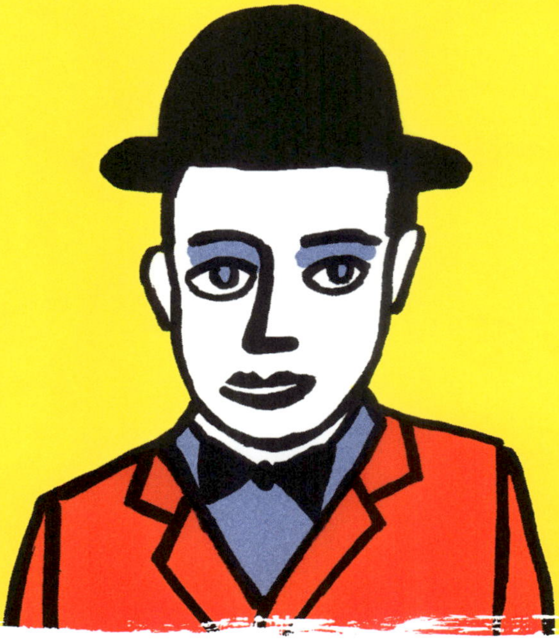

der Keramikwerkstatt war. Als Werkmeister stand ihm der Keramiker Max Krehan zur Seite. Neben einer Reihe experimenteller Tongefäße entwarf Marcks die an ein Laborinstrument erinnernde Kaffeemaschine Sintrax, die von Wilhelm Wagenfeld weiterentwickelt wurde, nachdem der Erfinder 1924 das Bauhaus verlassen hatte. Der dritte prägende Formmeister der ersten Jahre war Johannes Itten, der Vorkurspionier. Auf seinen Ideen beruht das Konzept dieses Einführungssemesters und auch sonst war der Schweizer Maler und Kunsttheoretiker sehr wichtig für das Weimarer Bauhaus: Bis zu seinem Weggang 1923 war er Formmeister aller Werkstätten (ausgenommen Marcks' Töpferei, Feiningers Druckerei und Klees Buchbinderei).

Paul Klee wurde 1920 an das Bauhaus Weimar berufen. Die Tätigkeiten des Schweizer Malers waren so vielfältig wie sein Werk, das Elemente des Expressionismus, des Konstruktivismus, des Kubismus, des Primitivismus und des Surrealismus enthält. Klee war zunächst Formmeister der Buchbinderei (bis 1921), dann der Metallwerkstatt (bis 1922) und schließlich der Glasmalerei (bis 1925). Außerdem unterrichtete der pädagogische Autodidakt von 1921 bis 1930 »Elementare Gestaltungslehre« im Vorkurs, ein für viele Bauhäusler sehr prägender Kurs. Anni Albers berichtete, wie sehr Klee sie inspirierte und zwar »durch das Betrachten davon, was er mit einer Linie oder einem Punkt oder einem Pinselstrich machte und ich versuchte in gewisser Weise, meinen Weg durch mein eigenes Material und meine eigenes Handwerksfach zu finden«[68]. Zusätzlich leitete Klee von 1926 bis 1930 den Unterricht in freier plastischer und malerischer Gestaltung, war ab 1927 Leiter der

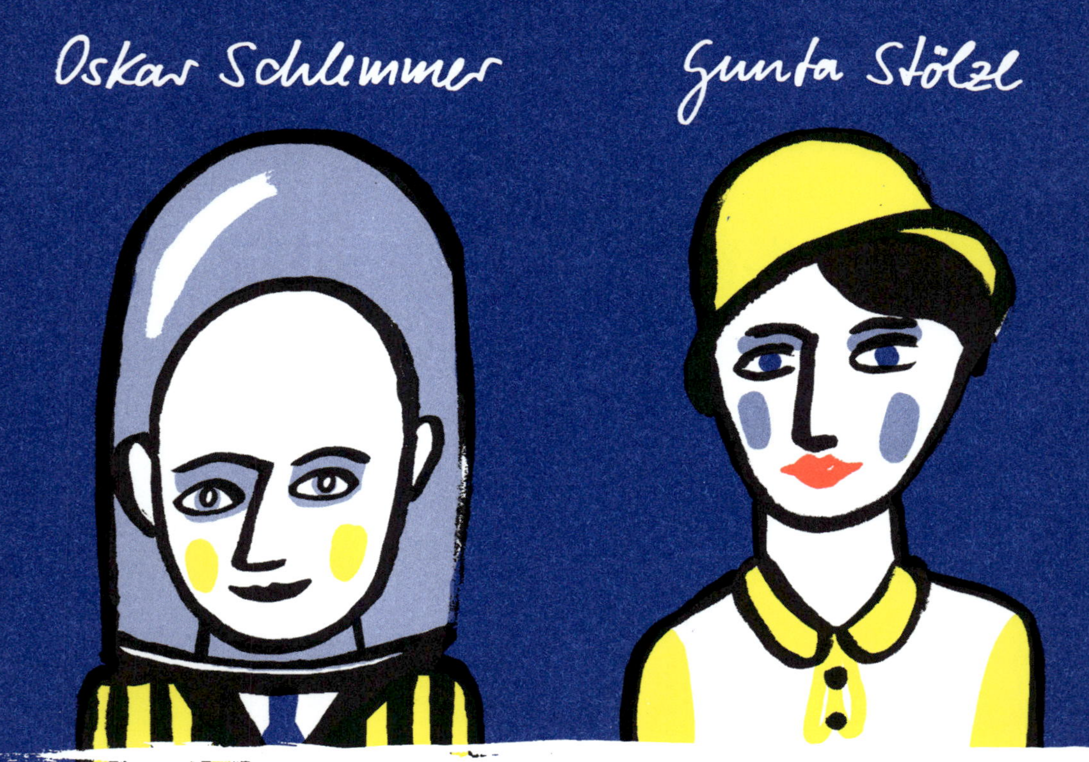


Freien Malklasse und unterrichtete überdies noch von 1927 bis 1930 Gestaltungslehre in der Weberei. Nebenbei schuf der umtriebige Paul Klee natürlich auch noch das eine oder andere Meisterwerk in seinem Meisterhausatelier.

1920 kam auch Georg Muche an das Bauhaus Weimar und wurde bis 1927 Formmeister der Weberei. 1921 und 1922 unterstützte Muche seinen Spiritus Rector, Johannes Itten, bei der Vorkursarbeit. Der Architektur-Entwurf für das Haus Am Horn (1923) stammt von ihm und war eigentlich das »Traumhaus«, dass Muche für sich und seine Frau, die Bauhäuslerin (Elsa) El Franke, erdacht hatte.

Die Bauleitung für die Realisierung von Muches »Haus Am Horn« übernahm Adolf Meyer, der als Walter Gropius' rechte Hand dessen privates Bauatelier leitete. (Der Direktor hatte schließlich alle Hände voll damit zu tun, das Bauhaus zu verteidigen und Geld für das Überleben der Schule zu besorgen.) Meyer war außerdem von 1920 bis 1925 Lehrer für Werkzeichnen und Konstruktion.

Der Expressionist Lothar Schreyer hatte von 1921 bis 1923 ein Gastspiel als Leiter der Bühnenwerkstatt am Bauhaus Weimar – das aber mit dem Misserfolg seiner Aufführung »Mondspiel« endete. Sein Nachfolger, das künstlerische Multitalent Oskar Schlemmer, schrieb: »Die Bauhausbühne, geleitet seither von Lothar Schreyer, hat mit einer Probeaufführung gänzlich versagt, von Meistern und Schülern überwiegend abgelehnt.«[69] Schlemmer ist bereits seit 1921 am Bauhaus, wo er zunächst als Formmeister im Wechsel mit Itten die Wandmalerei leitet und von 1922 bis 1923 Formmeister in der Bildhauerei ist und Aktzeichnen unterrichtet. Mit Schreyers Abgang wird

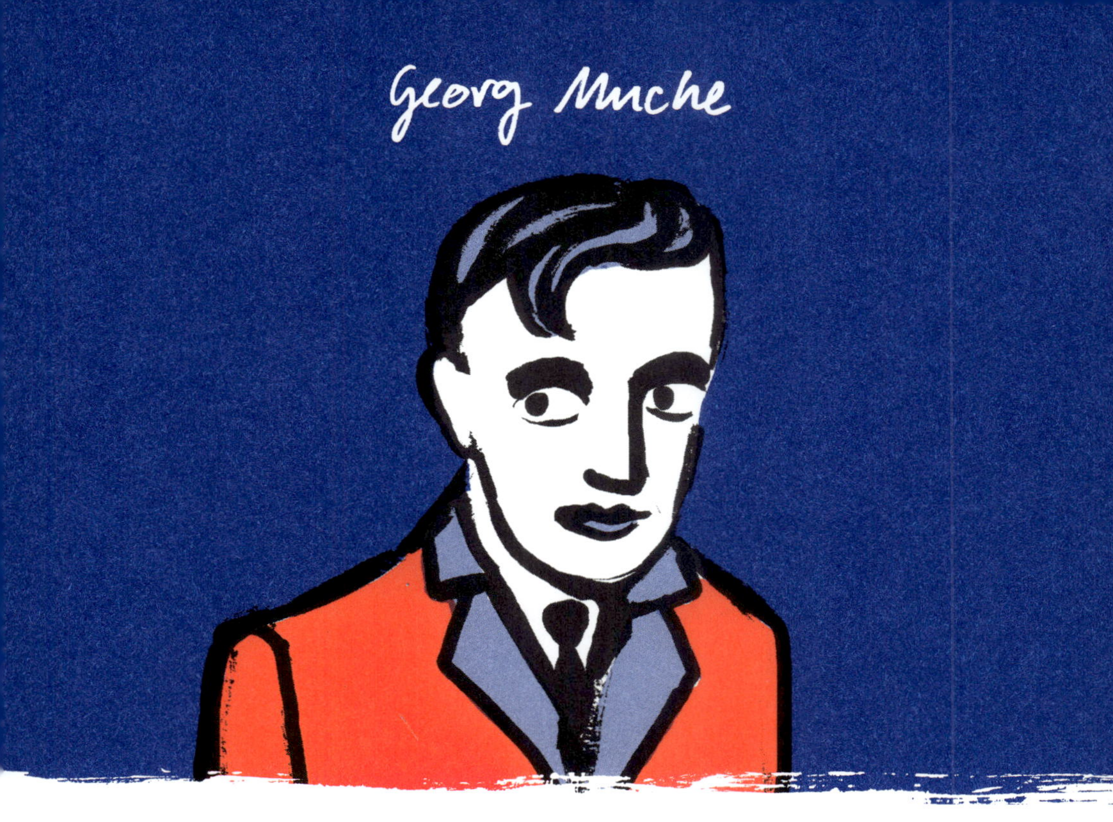


er von 1923 bis zu seinem eigenen Ausscheiden 1929 Leiter der Bühnenwerkstatt. 1928 ruft Schlemmer den Kurs »Der Mensch« ins Leben, der anhand von unterschiedlichen Wissensgebieten – wie Biologie, Psychologie, Philosophie, Geschichte und Kunst – dem Wesen und Sein des Menschen auf die Spur kommen wollte – eine interdisziplinäre Innovation.

Mit Josef Hartwig kommt ebenfalls 1921 einer der wenigen bekannten Werkmeister an das Bauhaus, genauer gesagt in die Stein- und Holzbildhauerei. Seine Bekanntheit verdankt Hartwig wohl vor allem seinem »Bauhausschachspiel«.

Überaus bekannt war und ist natürlich Wassily Kandinsky. Der russische Maler hatte sich u. a. mit der Gründung der Künstlergruppe »Der Blaue Reiter« und seinen abstrakten Bildern einen Namen gemacht; er kam 1922 ans Bauhaus. Kandinsky war bis 1925 Formmeister der Wandmalerei und gab bis 1932 die Kurse »Abstrakte Formelemente« und »Analytisches Zeichnen«. Mit seiner dort gelehrten Farbtheorie prägte er das Bauhaus. Ab 1926 leitete Kandinsky den Malerei-Unterricht und ab 1927 eine Freie Malklasse. Er blieb bis zur Bauhausschließung 1933.

Mit dem ungarischen Konstruktivisten László Moholy-Nagy kam 1923 ein multimedial interessierter Künstler ans Bauhaus. Von 1923 bis 1925 war er Vorkursleiter und leitete außerdem bis 1928 die Metallwerkstatt. Moholy-Nagy war überdies an Fotografie und Typografie interessiert und initiierte zusammen mit Gropius die Herausgabe der Bauhausbücher. Ein für ihn typisches Kunstwerk aus der Bauhauszeit ist der Licht-Raum-Modulator: eine kinetische Plastik aus Glas und Metall, die im Zusammenspiel

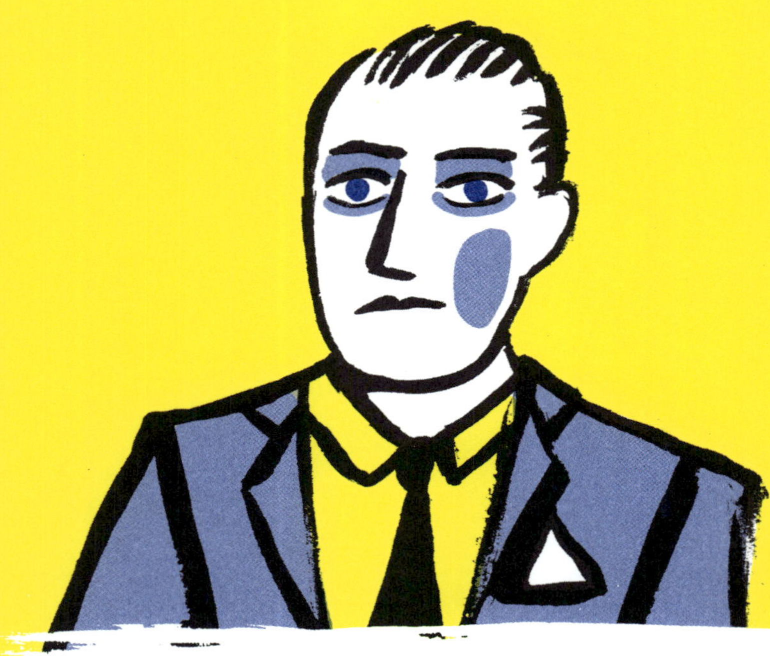


mit farbigem und weißem Licht spektakuläre Schattenbildungen hervorbringt.

1925 machte Walter Gropius eine Reihe von Bauhausabsolventen zu Jungmeistern: Der ungarische Erfinder des Stahlrohrstuhls, Marcel Breuer, wurde Leiter der Tischlerei. Ganz Bauhäusler hatte Breuer aber auch architektonische Ambitionen: Er entwarf 1928 eine eigene Siedlung für die Jungmeister, die BAMBOS-Häuser. (BAMBOS setzt sich aus den Nachnamen von Herbert Bayer, Josef Albers, Hannes Meyer, Marcel Breuer, Otto Meyer-Ottens und Joost Schmidt zusammen. Man fragt sich aber, warum Breuer die Jungmeister Gunta Stölzl und Hinnerk Scheper außen vor ließ). Aus Geldmangel wurden die experimentellen Häuser, die sich aus einem ebenerdigen Wohnraum und einem Arbeitsbereich auf Stelzen zusammensetzten, nie gebaut. Kurz nach dieser Entscheidung verließ Breuer das Bauhaus und machte sich später als Architekt von brutalistischen Betonkirchen in den USA einen Namen.

Ein weiterer Jungmeister war Josef Albers, der Ittens Vorkurs straffte und zu neuen Höhen brachte. Er blieb bis zur Schließung des Bauhauses 1933. Auch Bauhausabsolvent Herbert Bayer wurde 1925 Jungmeister und zwar in der neuen Reklamewerkstatt. Der Typografie-Enthusiast war so etwas wie der erste Grafikdesigner und entwarf beeindruckend klare und schöne Drucksachen wie den »Katalog der Muster«. Bayer verließ das Bauhaus 1928, sein Nachfolger wurde Joost Schmidt, der seit 1925 Schrift im Vorkurs lehrte und ab 1929 Aktzeichnen. Er blieb bis 1932.

Auch die Wandmalerei bekam mit Hinnerk Scheper 1925 einen Jungmeister, seine Farbgestaltung im Inneren des

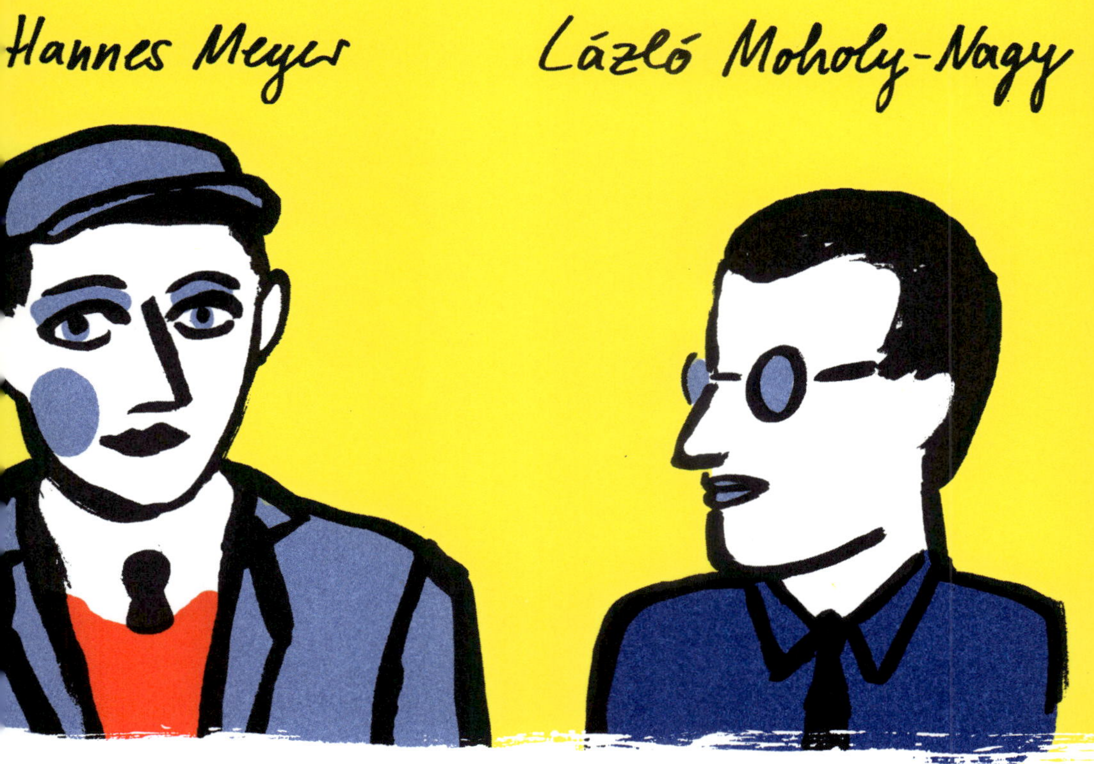


Bauhausgebäudes ist legendär. 1931 wurde Scheper zusätzlich Leiter des Farbunterrichts und blieb bis 1933 am Bauhaus.

Gunta Stölzl ist die erste Meisterin am Bauhaus – dreimal darf geraten werden, in welcher Werkstatt. Genau, Textil. Obwohl das Werkmeister-Formmeister-Prinzip eigentlich 1925 abgeschafft wurde, wirkte Stölzl von 1925 bis 1927 als Werkmeisterin in der Weberei und avancierte erst nach Georg Muches Weggang zur Leiterin. 1931 wurde sie quasi rausgemobbt – wegen Uneinigkeit über den richtigen pädagogischen Führungsstil und nicht zuletzt ihrer Ehe mit dem jüdischen Bauhäusler Arieh Sharon.

1927 bekommt das Bauhaus die langersehnte Bauabteilung – und die entsprechenden Lehrer. Der zweite Direktor, Hannes Meyer, wurde 1927 als Leiter der Bauabteilung eingestellt. Als er 1928 Direktor wird, hat auch er – wie Walter Gropius mit Adolf Meyer – eine »rechte Hand«: Hans Wittwer, der 1928 bis 1929 Baulehre am Bauhaus unterrichtet und das Baubüro der Bauabteilung leitet. Zusammen mit Wittwer projektiert Meyer die ADGB-Bundesschule in Bernau. Carl Fieger unterrichtet seit 1927 Fachzeichnen und darstellende Geometrie innerhalb der Baulehre. Von ihm stammt der Entwurf des sehr eleganten und schiffartigen »Kornhauses« an der Elbe in Dessau.

Die Strukturveränderungen am Bauhaus machten sich auch durch die Einführung neuer Disziplinen bemerkbar: 1928 wird mit der Tänzerin Karla Grosch eine Sportlehrerin eingestellt (sie bleibt bis 1932). 1929 eröffnet die Werkstatt für Fotografie, Leiter wird der perfektionistische Stilllebenfotograf Walter Peterhans.

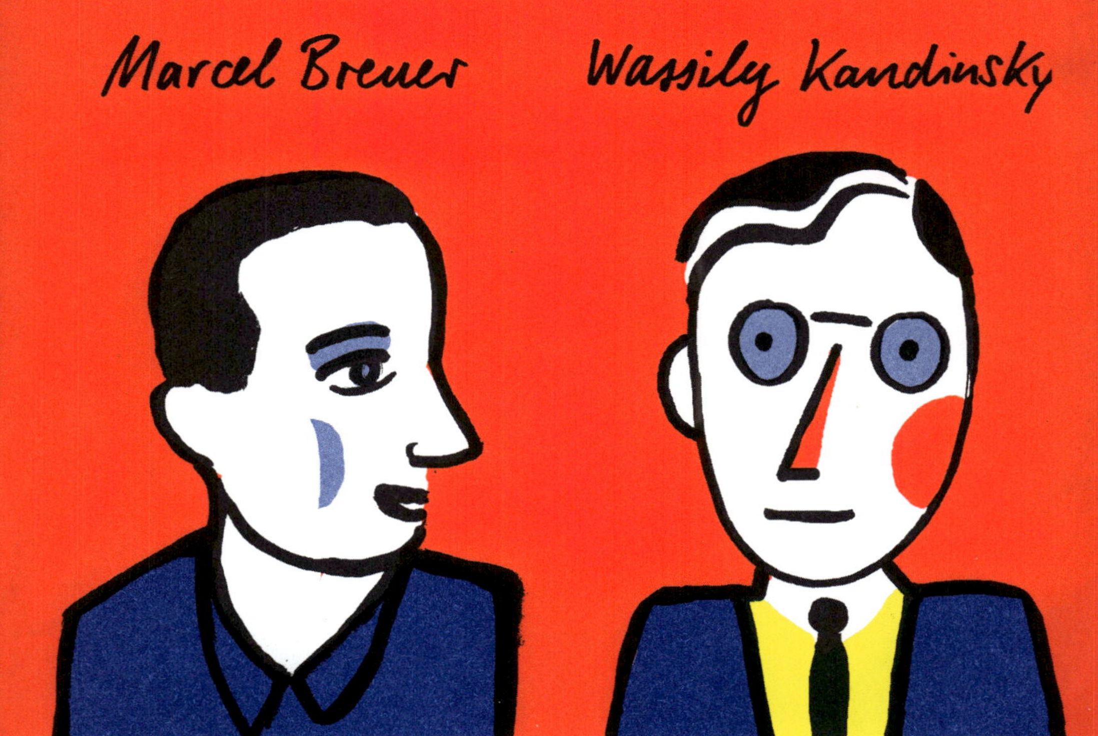


Tischlerwerkstatt, Metallwerkstatt und Wandmalerei werden 1929 nach Meyers neuem Konzept zur Ausbauabteilung zusammengelegt, Leiter wird der Bauhausabsolvent Alfred Arndt. Als diese wiederum ein Jahr später mit der Architekturabteilung zur Abteilung Bau und Ausbau fusioniert, wird Arndt erneut für ein Jahr Leiter. Von 1931 bis 1932 unterrichtet er dann Ausbaukonstruktion, Darstellende Geometrie und Perspektive. Ein weiterer neuer Lehrer in Sachen Architektur ist Ludwig Hilberseimer: 1929 wird er Leiter der Baulehre und später Lehrer des Seminars für Wohnungs- und Städtebau. Er verlässt das Bauhaus 1932. In diesem Jahr bekam das Bauhaus mit Lily Reich den letzten personellen Zugang: Ihr »Partner«, der dritte Direktor, Mies van der Rohe, berief die Gestalterin zur Leiterin der Bau-/Ausbauabteilung – und zur Leiterin der Weberei.

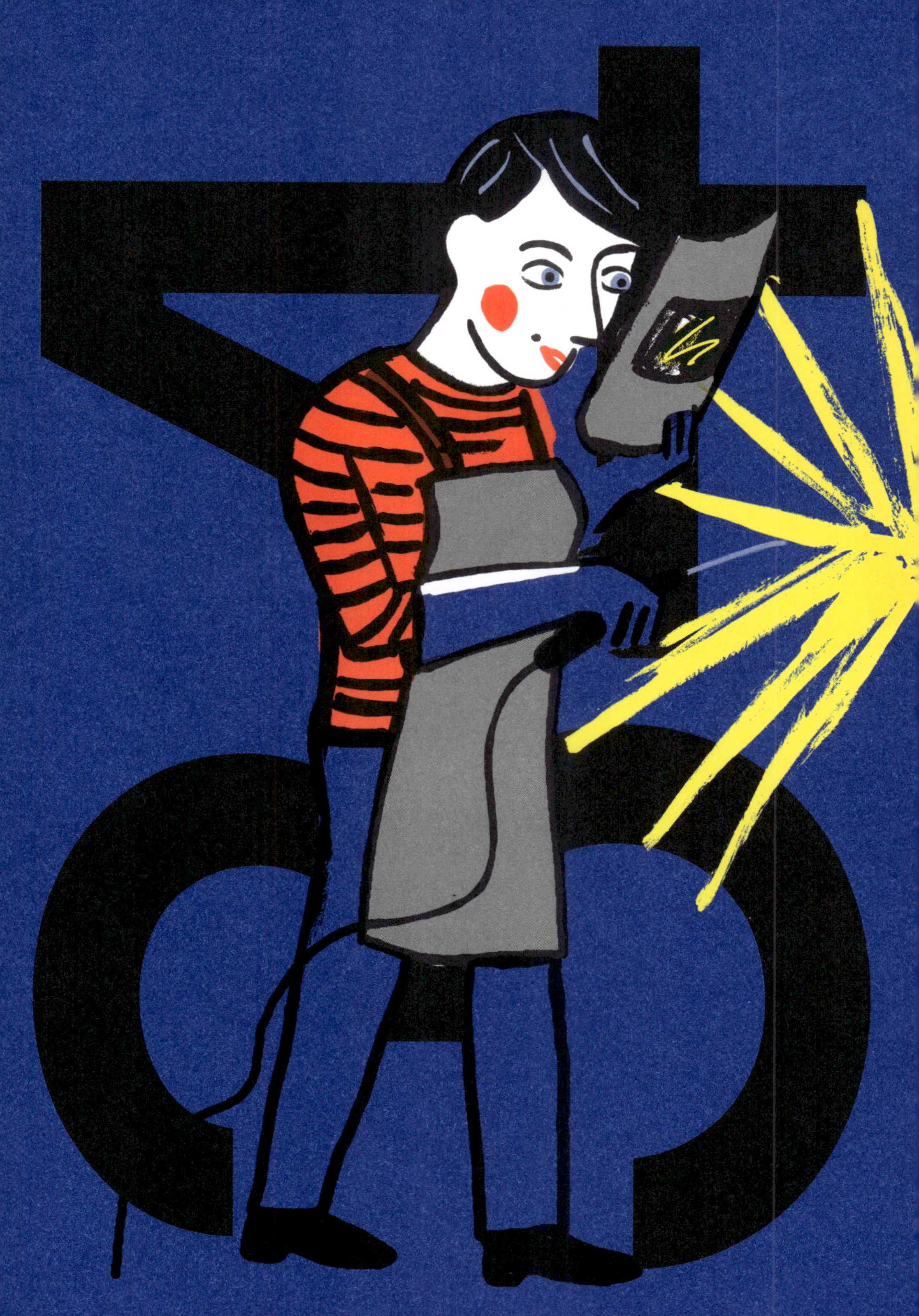

# Welche Bauhausschüler kennt man heute noch?

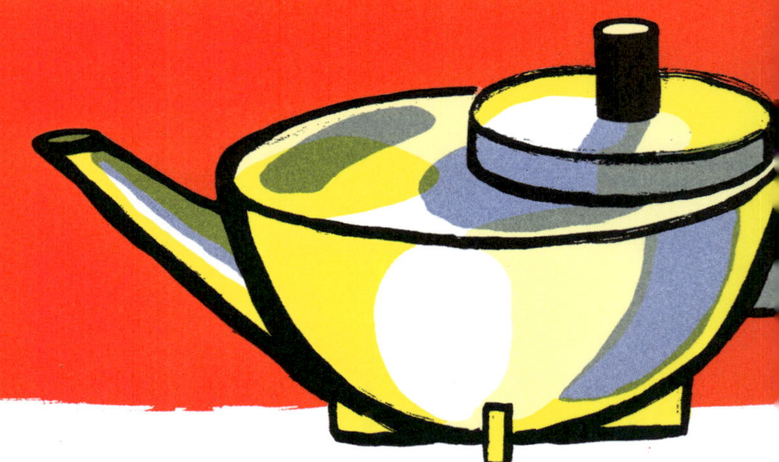

Von den Bauhäuslern sind heute vor allem die Lehrer bekannt – teils, weil sie das schon vor ihrer Bauhauszeit waren wie Ludwig Mies van der Rohe oder Wassily Kandinsky, teils, weil die großen Talente wie Marcel Breuer oder Herbert Bayer zu Jungmeistern gemacht wurden und darum in die Katgeorie »Lehrer« fallen. Und natürlich ist nicht jeder automatisch ein großer Künstler bzw. Gestalter bzw. Architekt – nur weil er kürzer oder länger am Bauhaus war. Im Gegenteil, es gibt auch eine Reihe unbekannter Bauhausschüler. Einige Bauhausschüler haben sich aber auch einen noch heute bekannten Namen gemacht.

Beispielsweise hat Wilhelm Wagenfeld mit einem seiner ersten Entwürfe für seinen Nachruhm gesorgt: mit der Bauhauslampe MT8/MT9. Kurz nachdem Wagenfeld 1923 sein Studium am Staatlichen Bauhaus Weimar beginnt, entwirft er 1924 diese Designikone des 20. Jahrhunderts. Es schien, als hätte er damit genug geleistet, als das Bauhaus 1925 nach Dessau zieht, verlässt Wagenfeld die Schule schon wieder und widmet sich voll und ganz dem Industriedesign: Er arbeitet frei für die Jenaer Glaswerke, wird künstlerischer Leiter der Vereinigten Lausitzer Glaswerke und arbeitet nach dem Krieg mit WMF zusammen. Außerdem gründet er 1954 die Versuchs- und Entwicklungswerkstatt für Industriemodelle, die Entwürfe für die Rosenthal Porzellan AG, die Firma Peill & Putzler Glashüttenwerke GmbH und die Firma Braun entwickelt.

Auch Marianne Brandts wunderschönen metall-dominierten Entwürfe wie das Tee-Extraktkännchen oder die Kugelleuchte kennt man heute noch –

Marianne Brandt selbst war lange vergessen, obwohl sie aber auch in die Kategorie »Lehrer« eingeordnet werden könnte: Sie leitet 1928 nach Moholy-Nagys Weggang für ein Jahr kommissarisch die Metallwerkstatt. Fünf Jahre vorher, 1923, kommt Brandt ans Bauhaus: Im Vorkurs erkennt László Moholy-Nagy ihr Talent und holt sie in seine Metallwerkstatt. 1929, nachdem Brandt zusammen mit Hin Bredendieck die Zusammenarbeit mit der Firma Kandem initiiert und ihr Bauhausdiplom gemacht hat, verlässt sie das Bauhaus. Zuerst arbeitet die Alumna in Walter Gropius' Architekturbüro und leitet zwischen 1930 und 1933 die Entwurfsabteilung einer Gothaer Metallwarenfabrik. Zwischen 1933 und 1945 vereinsamt die arbeitslose Marianne Brandt zunehmend bei ihren Eltern in Chemnitz. Nach dem Zweiten Weltkrieg hat sie kurz einen Lehrauftrag an der Hochschule für angewandte Kunst in Berlin-Weißensee.

Sehr bekannt ist auch der Bauhausschüler Max Bill – allerdings weniger aufgrund seiner am Bauhaus geschaffenen Werke, sondern wegen seiner rastlosen Initiative, die Bauhausideen weiterleben zu lassen und in die Welt zu tragen. Zwar studierte Bill zwischen 1927 und 1929 am Bauhaus und bestimmt wurde sein Gestaltungskönnen in dieser Zeit geprägt. Zu Ruhm kam der Architekt, Bildhauer, Maler und Publizist Max Bill aber erst nach dem Krieg als erster Rektor der Hochschule für Gestaltung Ulm (HfG). Auch der sich an den Hügel schmiegende Hochschulcampus der HfG wurde von ihm entworfen. Für den ersten Unterricht holte der ehemalige Bauhausschüler ehemalige Bauhäusler nach Ulm: Walter Peterhans, Josef Albers und sogar Johannes Itten. Auch Bills bekannteste Designentwürfe wie der Ulmer Hocker oder die Ziffernblätter für die Junghans-Uhren entstanden erst nach seiner Bauhauszeit.

Vom Bauhaus geprägt war auch der Architekt und Bauhausschüler Arieh Sharon – und auch er sollte seinen Teil dazu beitragen, das Bauhaus in die Welt zu bringen. Zwischen 1926 und 1929 studierte der 1920 nach Palästina ausgewanderte Österreicher am Dessauer Bauhaus. Besonders beeinflusst wurde er von Hannes Meyers Architekturideen. Nach seinem Diplom in der Bauabteilung arbeitete Sharon als Mitarbeiter in Meyers Baubüro am Aufbau der Bundesschule des Allgemeinen Deutschen Gewerkschaftsbundes (ADGB) in Bernau. Nach dem Scheitern seiner Ehe mit Gunta Stölzl gründete Sharon 1931 sein eigenes Architekturbüro in Tel Aviv und trat bald dem Stadtplanungskomitee von Tel Aviv bei. Den Bauhauseinfluss sieht man dann auch an der »Weißen Stadt«: Flachdächer, klare Linien, weiße Fassaden. Darüber hinaus war Arieh Sharon als Direktor der nationalen Planungsabteilung (ab 1948) maßgeblich am Aufbau Israels beteiligt: Gemeinsam mit Staatsgründer David Ben Gurion erstellte er einen Generalplan für den neuen Staat.

Anni Albers hingegen bewies, dass man auch am Webstuhl große und bekannte Kunst schaffen konnte: 1922 kam sie ans Bauhaus, um Malerin zu werden, und landete in der Weberei. Das klare Raster des Webstuhls gab ihr aber eine Sicherheit, die sie im frühen Bauhaus mit seinem »großen Durcheinander« und dem »großen Suchen von allen Seiten« vermisst hatte.[70] Als Gunta Stölzl 1931 das Bauhaus verließ, übernahm Anni Albers stellvertretend die Leitung der Weberei. Nach der Emigration in die USA 1934 lehrte sie für zehn Jahre am Black Mountain College. Danach beschäftigte Albers sich weiterhin mit Textilgestaltung, Weben, Schreiben und später auch mit Zeichnen. 1965 veröffentlichte sie ihre gesammelte theoretische und praktische Auseinandersetzung mit der

Webkunst und deren Geschichte und Bedeutung in dem Grundlagenwerk »On Weaving«. Anni Albers war die erste Textilkünstlerin, der das New Yorker Museum of Modern Art (1949) eine Einzelausstellung widmete, eine Reihe weiterer Ausstellungen sollten folgen. Anni Albers erhielt für ihre Arbeit zahlreiche Auszeichnungen und einen Ehrendoktortitel.

Große Kunst schuf auch der Bauhausschüler Otto Umbehr, genannt Umbo – allerdings nicht mit dem Webstuhl, sondern mit der Kamera. Umbo zählt zu den bedeutendstewn Fotografen des Bauhauses und der Moderne, fand sein künstlerisches Medium aber erst nach seiner Studienzeit an der Hochschule. Ab 1921 studierte Umbo bei Itten am Bauhaus. Wie sein spiritueller Lehrer überwarf sich auch Umbo 1923 mit Bauhausdirektor Gropius, der ihn nicht von der Metallwerkstatt in die Goldschmiede wechseln ließ, und wurde schließlich aufgrund von »Unangepasstheiten« der Schule verwiesen. Sein Freund aus Bauhaustagen, Paul Citroen, schenkte dem immer am Rand des Existenzminimums lebenden Umbo seine erste Kamera. Schon bald war Umbo Avantgardist der Fotografie und wurde 1928 zu einem der wichtigsten Fotografen der Dephot (Deutscher Photodienst), der bedeutendsten Fotoagentur der Weimarer Republik. Hier machte er sich auch einen Namen als »Pionier des modernen Bildberichts«. Nach der »Machtergreifung« der Nationalsozialisten blieb Umbo als Fotojournalist in Deutschland, machte aber künstlerisch – und politisch – eher unbedeutende Aufnahmen. 1943 wird Umbos gesamtes Archiv von 50 000 bis 60 000 Negativen und Fotografien bei einem Luftangriff auf Berlin vollständig vernichtet – damit war sein Lebenswerk zu einem Großteil unwiederbringlich zerstört. Nach dem Krieg versuchte Umbo, an seine Arbeit und den alten Ruhm anzuknüpfen – zunächst ohne Erfolg. Als in den 1970er-Jahren Fotografie immer mehr als eigenständige Kunstform galt, geriet auch das, was von Umbos Werk noch übrig war, in den Fokus des Interesses von Galerien, Kunsthistorikern und Sammlern – und Umbo erfuhr den späten Ruhm der Wiederentdeckung.

Ferdinand Kramer hingegen könnte man einen »Daniel Düsentrieb« nennen – in dessen Lebenslauf auch das Bauhaus vorkommt: Neben dem Kramer-Ofen entwarf er eine fahrbare elektrische Miniküche, einen Papierregenschirm und die vielseitig kombinier- und zusammenklappbaren »knock-down furniture«, die Vorläufer der Ikea-Möbel, wie beispielsweise ein schnell und einfach auf- und abzubauender und darum gut zu transportierender Coffee Table. Außerdem arbeitete Kramer mit an Gestaltung und Aufbau des innovativen, sozialen Stadtplanungsprojekts »Neues Frankfurt«, entwarf typisierte Möbel, richtete Wohnungen in der Stuttgarter Weißenhofsiedlung ein und wurde nach dem Krieg der Baudirektor für die neuen Bauten der Frankfurter Universität. Letzteres wohl auch, dank einer lebenslangen Freundschaft mit Theodor W. Adorno. Allerdings hatte Kramer nur wenige Monate am Bauhaus studiert. Schon bald nach seiner Einschreibung 1919 verließ er Weimar wieder – enttäuscht über die fehlende reguläre Architektenausbildung.

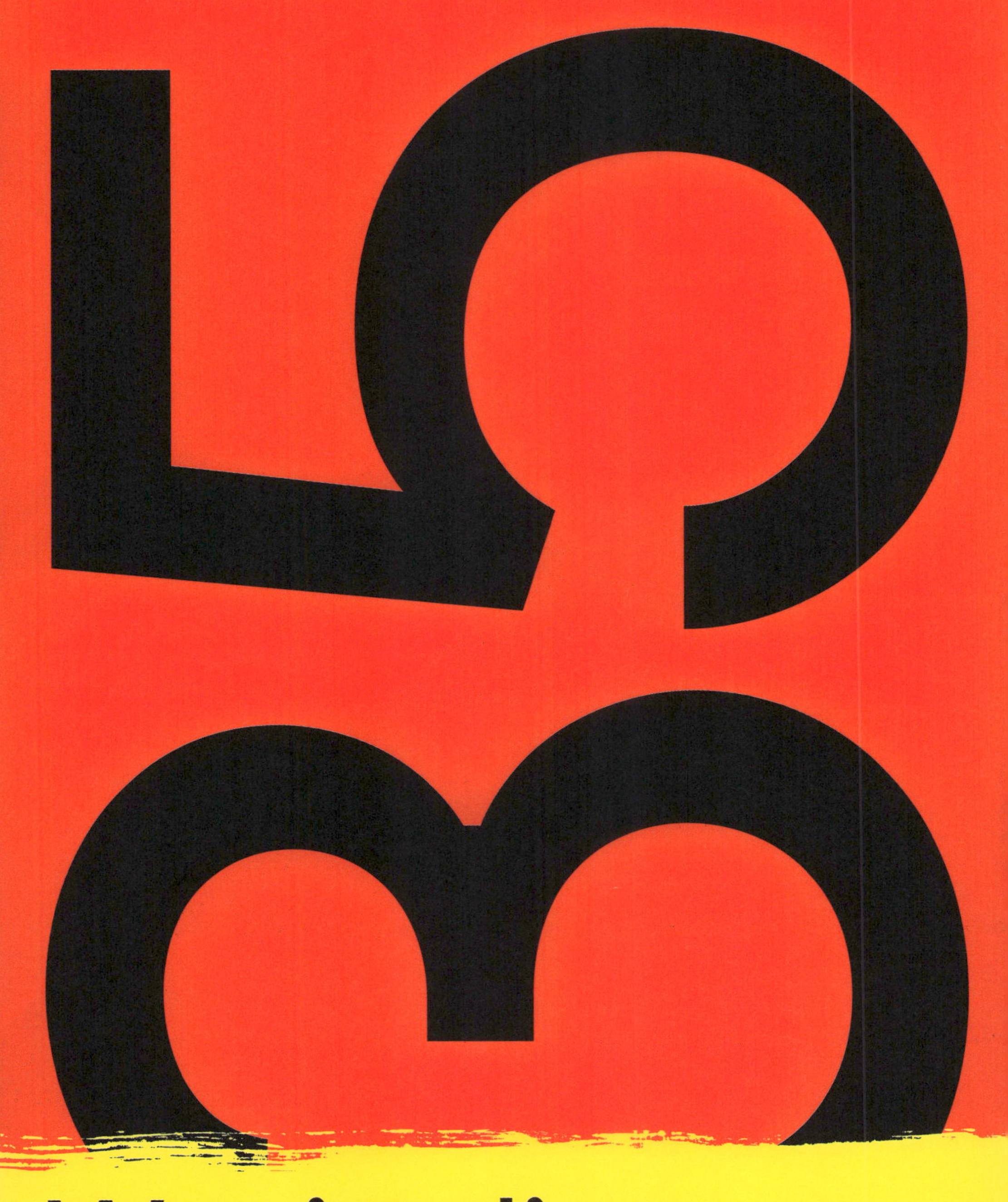

# Was ist die Bauhaustreppe?

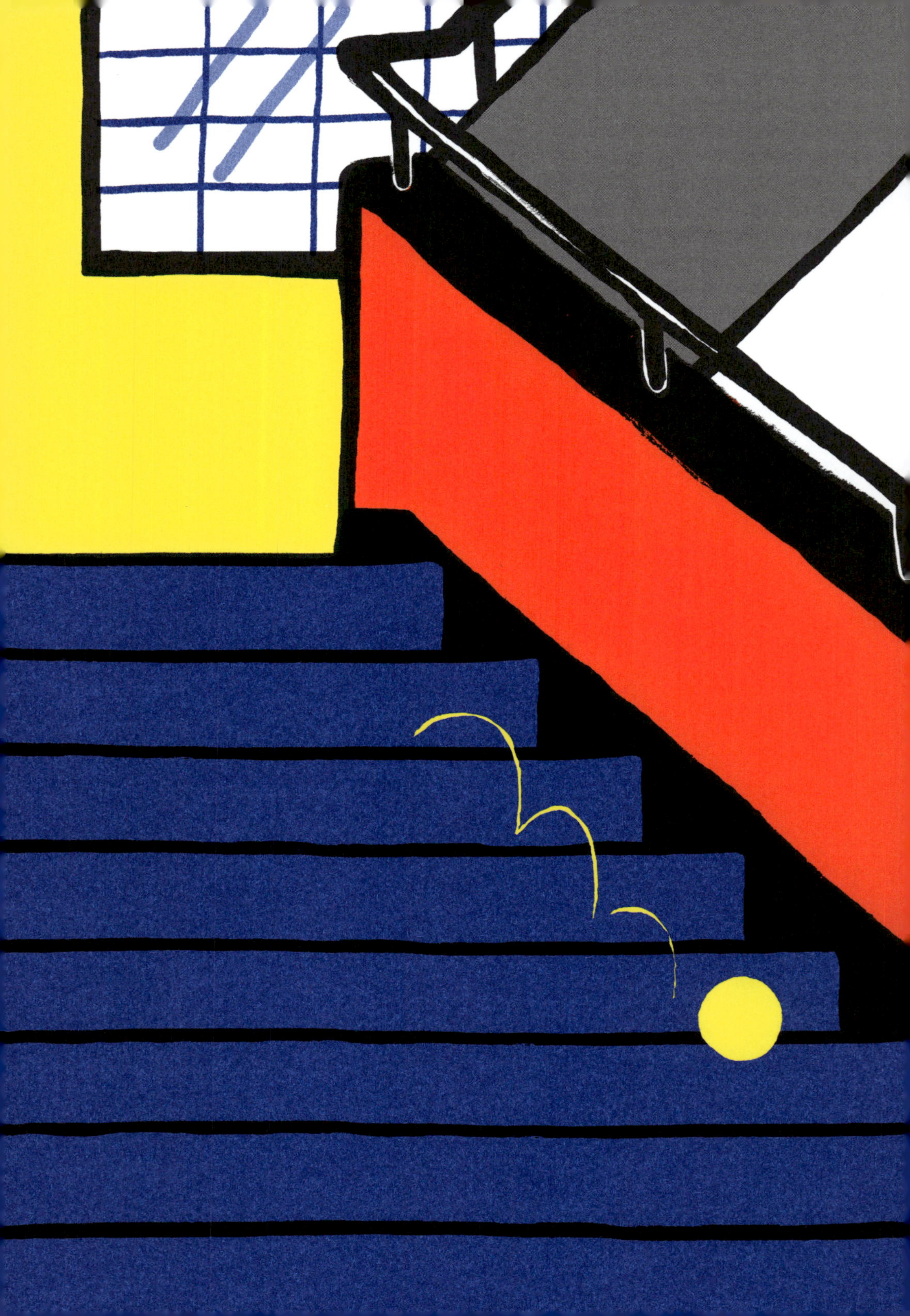

Vor allem eins: bekannt. Es gibt im Dessauer Bauhausgebäude vier Treppenhäuser – zwei eher kleine, versteckte (im Prellerhaus und am Ende des Werkstattflügels) und zwei große, zentrale. Die Letzteren liegen sich quasi gegenüber, beide haben eine große Glasfront, sind breit und repräsentativ – die im Werkstattflügel aber noch ein klein wenig mehr. Diese Treppen waren zentrale Begegnungsstätten im Bauhaus: Wenn die Bauhäusler sich im verschachtelten Schulgebäude hin- und herbewegten, war die Treppennutzung unumgänglich. Und dank der großen Fenster war auch immer schnell ersichtlich, wenn jemand treppauf oder treppab lief – und auch wer. Die Architektur unterstreicht diese Bedeutung der Treppen als dynamische Orte.

Bekannt ist die Bauhaustreppe vor allem aber durch Oskar Schlemmers gleichnamiges Gemälde von 1932, das als sein berühmtestes Werk gilt. Das Bild entstand also drei Jahre nachdem Schlemmer das Bauhaus Richtung Breslau verlassen hatte – und war Schlemmers künstlerische Reaktion, wenn nicht gar sein Veto auf die Nachricht, dass das Dessauer Bauhaus geschlossen wird.

Die »Bauhaustreppe« zeigt neun der typischen, geometrischen Schlemmer-Figuren, von denen sechs treppauf und zwei treppab gehen, während die letzte von draußen hereinschaut. Vorlage für das Gemälde war übrigens eine Fotografie von T. Lux Feininger. Dieser hatte 1927 eine Reihe Bauhäuslerinnen auf der Bauhaustreppe mit der Kamera festgehalten. Diese reine Weiblichkeit gibt es auf dem Schlemmer-Bild nicht mehr, die Figuren wirken eher geschlechtslos.

Die weiß, rot und schwarz gehaltenen Figuren in dem bläulichen Treppenhaus mit der großen Fensterfront, durch die Licht strömt, vereinen bildnerisch die Bauhausidee des »Baus der Zukunft« mit der Schlemmer-Thematik vom »Menschen als Maß aller Dinge«. Oskar Schlemmers »Bauhaustreppe« ist eine Hommage an die Gropius'sche Architektur und an die Bestrebungen des Bauhauses: Figuren und Flächen, Farben und Körper, Räume und Architekturmotive ergänzen sich gegenseitig zu einem einprägsamen Symbol des Aufstrebens der Jugend in eine lichtere Zukunft, der Moderne. Schlemmer zeigt: Das Bauhaus kann geschlossen werden, seine Ideen bleiben.

Dass Schlemmer gerade die Bauhaustreppen wählte, um die Schule und das, was sie so einzigartig macht, künstlerisch darzustellen, ist also natürlich kein Zufall. Eine Treppe ist ja in ihrer kubischen Gleichförmigkeit quasi eine »natürliche« räumliche Skulptur mit den am Bauhaus so verehrten klaren, geometrischen Formen – und hat die klare Funktion, Menschen »wohinzubringen«. Gleichzeitig ist sie ein öffentlicher und demokratischer Ort, ein sozialer Treffpunkt. Zwei Aufzüge gibt es im Bauhaus übrigens auch – einen großen für Lasten im Werkstattflügel und einen für Essen im Ateliergebäude. Der kleine Speiseaufzug im Prellerhaus wurde gern genutzt, um Partys aller Art auf dem Dach des Ateliergebäudes mit der nötigen Verpflegung zu versorgen. So musste niemand einen Bierkasten fünf Stockwerke die Treppe hochschleppen.

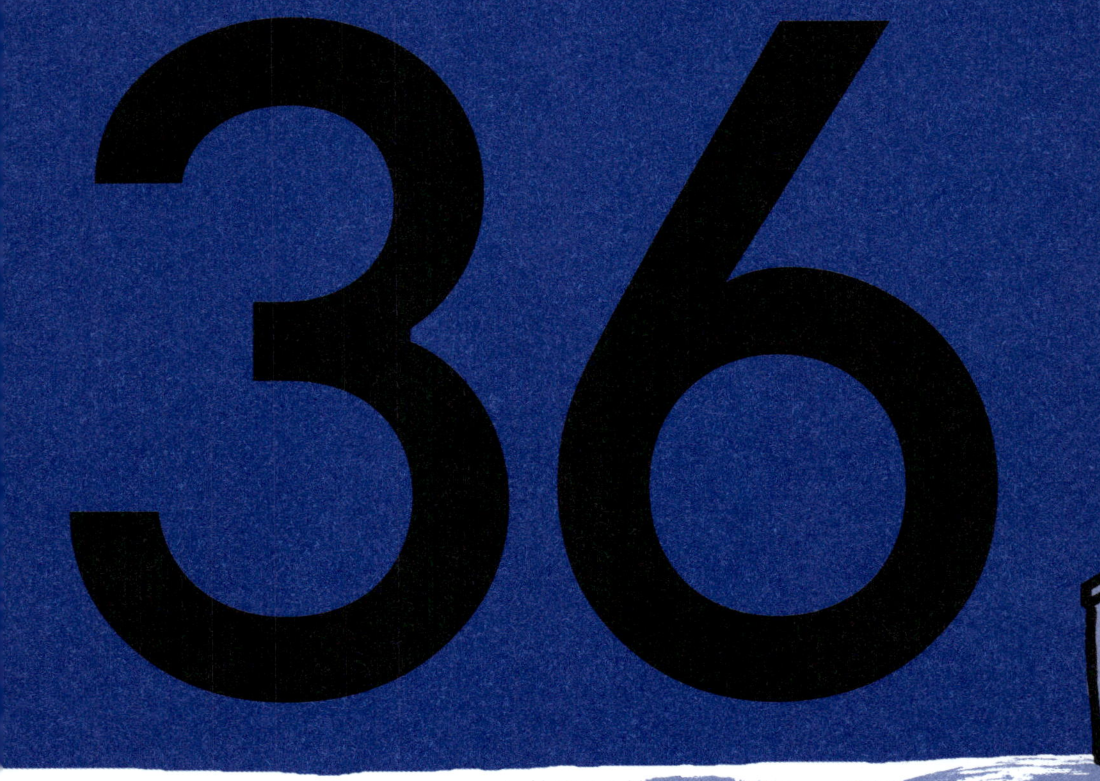

# 36

# Warum war alles so glatt, klar und kalt?

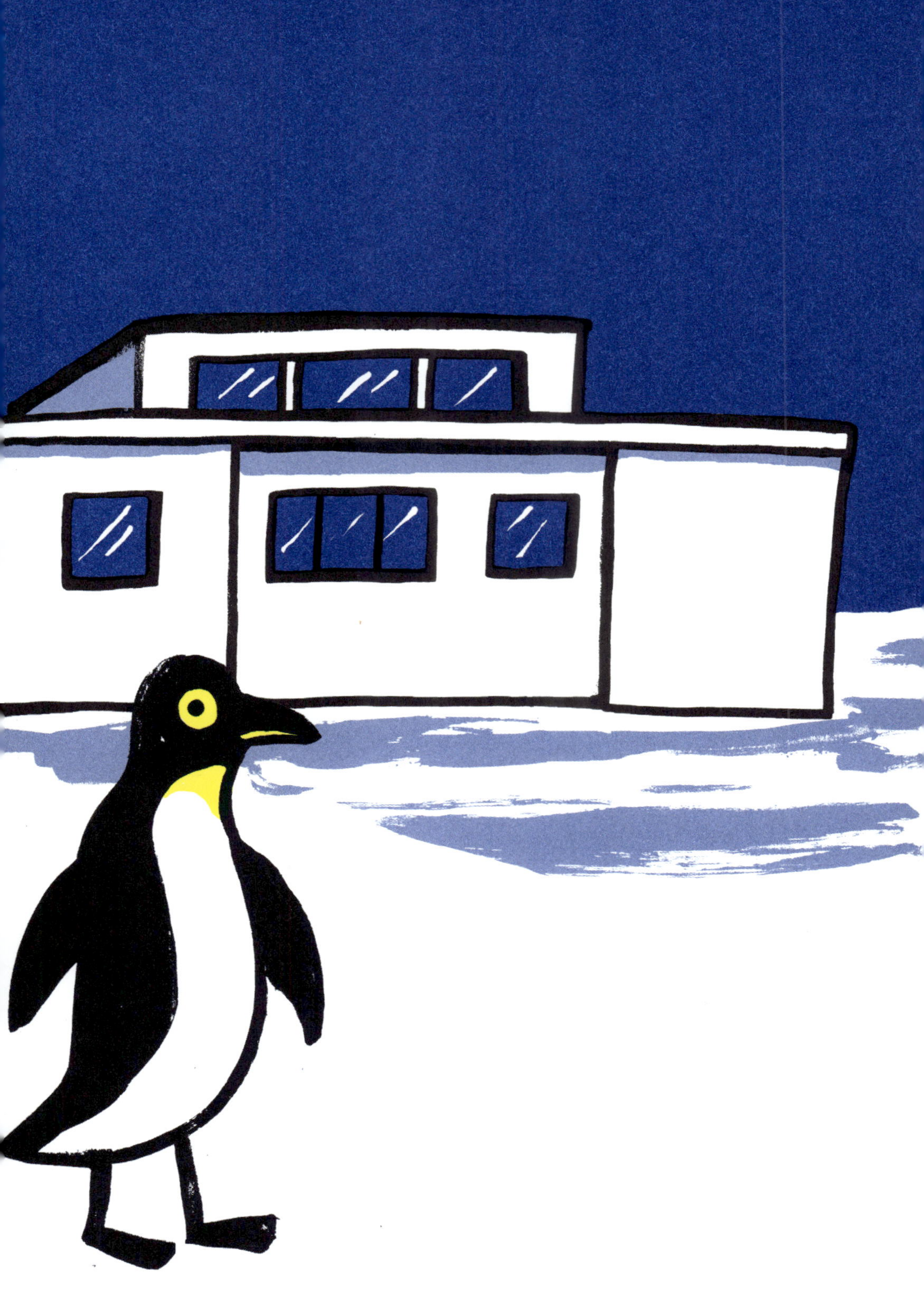

Die typischen würfelartigen, weiß angestrichenen und reichlich verglasten Bauhausbauten wie die Meisterhäuser, das Bauhausgebäude oder das Kornhaus wirken in ihrer Sachlichkeit sowohl klar als auch glatt und kalt. Saubere, harte Oberflächen sind typisch für die Moderne – so sollten die Prinzipien der Sauberkeit, Effizienz, Hygiene und Reibungslosigkeit eine passende Form finden. Hygiene meint hier neben dem Beseitigen von Keimen auch den Wegfall von unnötigen Schnörkeln. Es galt, die gemütlichen, muffigen, dunkeln und vollgestopften Räume des 19. Jahrhunderts ordentlich durchzulüften und ihnen weiße Wände, helles Glas, kubische Kanten und kalten Stahl entgegenzusetzen.

Dahinter steht das Prinzip des Funktionalismus: »Form follows function« – die Funktion bestimmt die Form, alle Schnörkel fallen weg. Gropius rief als gestalterisches Prinzip für das Bauhaus die Suche nach der »reinen Form« aus: »Ein Ding ist bestimmt durch sein Wesen. Um es so zu gestalten, dass es richtig funktioniert – ein Gefäß, ein Stuhl, ein Haus –, muss sein Wesen zuerst erforscht werden; denn es soll seinem Zweck vollendet dienen, das heißt, seine Funktion praktisch erfüllen, haltbar, billig und ›schön‹ sein.«[71]

Gleichzeitig sollte die Architektur durch ihre Transparenz ihr Wesen enthüllen und so beweisen, dass sie funktional sei. Gropius wollte den »nackten Bauleib«[72] schaffen – wo die Hüllen fallen, kann es aber kalt werden. Das erste Bauhaus-Musterhaus, das Haus Am Horn, wurde nicht nur als »weiße Bonbonschachtel« bezeichnet: es sei eine »Nordpolstation«, deren Inneres in seiner Rationalität an »Operationsräume« erinnere.[73]

Robert Musil schreibt im »Mann ohne Eigenschaften« nicht unironisch über das Neue Wohnen: »Der moderne Mensch wird in der Klinik geboren und stirbt in der Klinik: also soll er auch wie in einer Klinik wohnen! [...] Es hatte damals gerade eine neue Zeit begonnen (denn das tut sie in jedem Augenblick), und eine neue Zeit braucht einen neuen Stil.«[74] Wenn man statt einem spitzen ein flaches Dach auf ein Haus setzt und auf jeden Schnörkel verzichtet, so geht es auch um eine Art Selbstversicherung der eigenen Modernität: Wir machen alles anders, denn wir sind modern!

Übrigens war das Dessauer Bauhaugebäude als Prototyp des »nackten Bauleibs« rein klimatisch nur im Winter ein Ort der Kälte – im Sommer war es dort brütend heiß. Die vielen großen Glasflächen sorgten bei Sonnenbestrahlung für einen Treibhauseffekt.

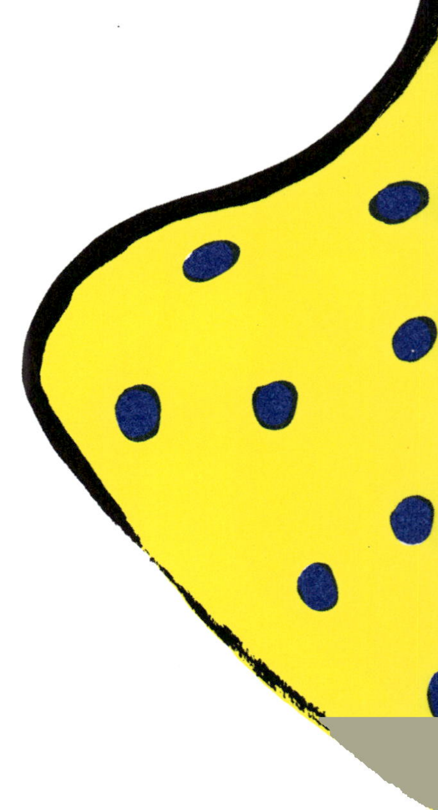

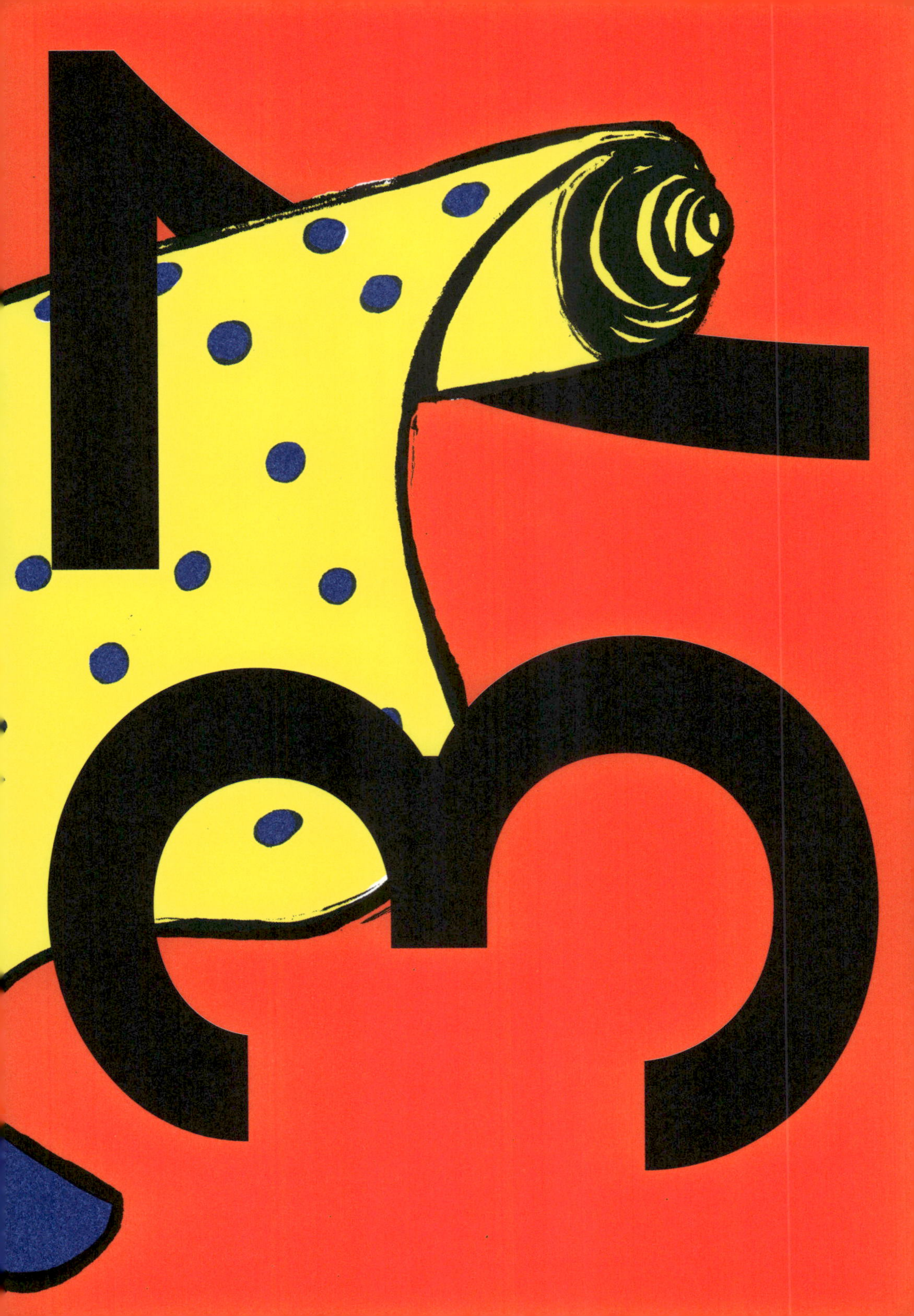

# Was ist das bestverkaufte Bauhausprodukt?

Natürlich nicht die Stahlrohrmöbel, die waren zu teuer und exklusiv. Nein, das bestverkaufte Produkt aus dem Bauhaus ist aus Papier: die Bauhaustapete. Allein zwischen 1929 und 1934 wurden sechs Millionen Rollen verkauft – und auch heute noch kann man sein Heim mit der Bauhaustapete verschönern. Insofern traf der Werbespruch der produzierenden Hannoveraner Firma Rasch voll zu: »der bauhaustapete gehört die zukunft«.

Die Bauhaustapete ist somit das Paradebeispiel für die gelungene industrielle Produktion eines am Bauhaus entworfenen Prototyps – und war eine wichtige Einnahmequelle. Die Kooperation mit der Firma Rasch kam dank einer ehemaligen Bauhäuslerin zustande: Maria Rasch, die von 1919 bis 1923 in Weimar studiert hatte, stellte 1929 den Kontakt zwischen dem neuen Bauhausdirektor Hannes Meyer und ihrem Bruder, Emil, dem Geschäftsführer des Unternehmens, her. Die beiden vereinbarten, dass das Bauhaus zwölf Entwürfe für eine

Kollektion der Bauhaustapete erarbeiten sollte – im Gegenzug würde die Schule mit acht Prozent am Umsatz beteiligt werden.

Dann wurde ein bauhausweiter Wettbewerb für die Tapetenentwürfe ausgerufen, der auf große und vielfältige Resonanz stieß. Die Bauhäuslerin Elsa Thiemann experimentierte mit floralen Mustern, die sie durch Blumen-Fotogramme erzeugte; andere brachten Fische oder Vögel, geometrische Formen oder gar Männchen aus Dreiecken und Kreisen aufs Papier. Hans Fischli rieb Farbe auf Papier, kratzte Muster hinein und lieferte so zwei Drittel der überzeugenden Entwürfe. Den Zuschlag für das letzte Drittel erhielt Margaret Camilla Leiteritz, die Linierungs- und Punktraster gezeichnet hatte. Die ersten Bauhaustapeten waren also eher dezent, geprägt von Mustern aus Linien, Rastern oder Flecken und zwei sehr gut aufeinander abgestimmten Nuancen der gleichen Farbe.

Für die Bewerbung zahlte die Firma Rasch weitere fünf Prozent des Umsatzes und auch diese wurde am Bauhaus produziert: Joost Schmidt und seine Reklamewerkstatt entwarfen Musterbücher, Anzeigen und Plakate für die Bauhaustapete. Sehr erfolgreich, wie der große Absatz zeigt. Besonders Architekten benutzten die Bauhaustapete sehr gern. Vorrangig zum Einsatz kam sie im Siedlungsbau.

Mit dem Ende des Bauhauses 1933 endete auch die Zusammenarbeit mit der Firma Rasch. Für 6000 Reichsmark übertrug Mies van der Rohe die Tapetenlizenzen, die Firma Rasch durfte die Bauhaustapete weiter produzieren und die Kollektion ganz nach ihrem eigenen Ermessen aufbauen und gestalten. So kam es, dass Hitlers Reichsbauinspekteur, Albert Speer, ob bewusst oder nicht, in der Reichskanzlei auch Bauhaustapete verkleben ließ.

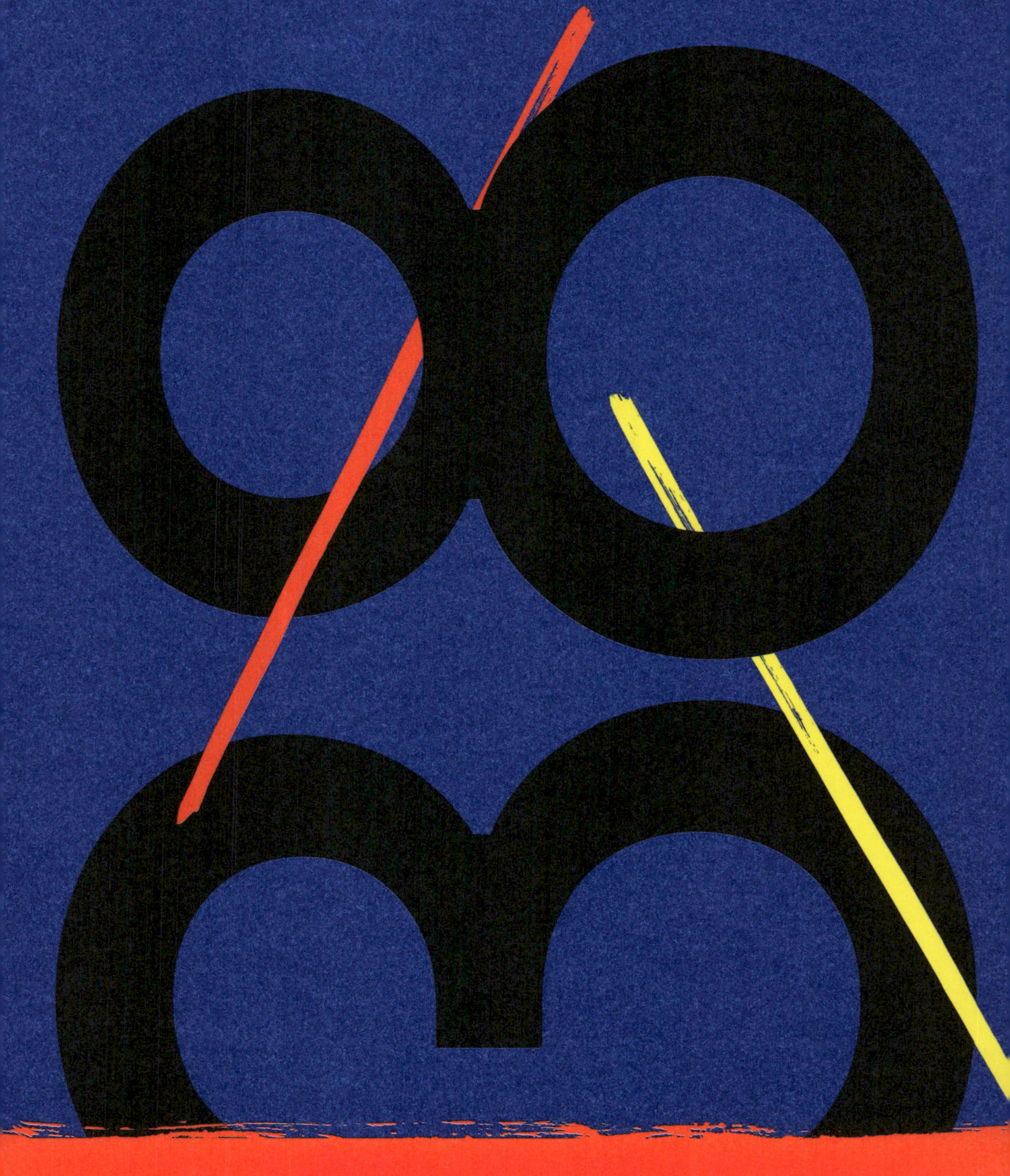

# Was sind Bauhaus-klassiker?

Das Bauhaus hatte sich ja zum Ziel gesetzt, schöne, haltbare und erschwingliche Dinge zu entwerfen, die industriell in Serie produziert werden können. Die Entwürfe für aufsehenerregende Dinge waren so zahlreich wie originell und innovativ, bloß mit der industriellen Verbreitung hat es – außer bei der Bauhaustapete oder der Kandem-Leuchte – nicht wirklich geklappt: Produktion gab es auf jeden Fall, Reproduktion eher nicht.

Natürlich wurden und werden Stahlrohrmöbel und Wagenfeld-Lampe produziert und erfolgreich vertrieben – allerdings nicht zu für alle erschwinglichen Preisen. Dass Bauhausprodukte Luxusgüter sind, liegt eben daran, dass sie industriell nicht leicht hergestellt werden können. Und mittlerweile natürlich auch am Mythos: Eine tolle Marke lässt sich teuer verkaufen.

Darum sind heute noch eine Reihe Bauhausklassiker bekannt und beliebt. Reproduktion hin oder her, jedes dieser Produkte ist auf seine Weise ein Kunstwerk des Industriedesigns – auch weil es sich nach den neuen, modernen Gestaltungsideen richtet. (Und zumindest heutzutage gibt es diverse unautorisierte Kopien, sodass die Reproduktion – wenn auch anders als intendiert – in gewisser Weise gelungen ist.)

Beispielsweise ist die Bauhauslampe von Wilhelm Wagenfeld (1924) eine absolut gelungene Kombination aus Glas und Stahl und nicht ohne Grund eine der Designikonen des 20. Jahrhunderts. Sie dekliniert auf elegante und klare Weise die Grundform Kreis: ein Kreis aus Metall oder Glas als Fuß, aus dessen Mitte ein Zylinder ragt, der die große Fünfsiebtel-Kugel aus weißem Glas trägt. Es gibt keine unnötigen Schnörkel und da sie jeden Raum auf zwar nicht besonders funktionale, aber auf überaus angenehme Weise illuminiert, wird die Lampe ihren Aufgaben auf wunderbare Weise, wenn auch anders als gedacht, gerecht. Eigentlich ist die Wagenfeld-Lampe nämlich eine Tischlampe, wirkt aber eher wie ein skulpturaler Leuchtkörper, eine Art elektrische Petroleumleuchte. Vielleicht liegt auch gerade in dieser Reminiszenz ihr Reiz: Sie verkörpert das Alte in neuer, moderner Form.

Auch Marcel Breuers Stahlrohrstuhl »B3« – oder seit den 1950er-Jahren auch Wassily Chair – ist weltberühmt – und für alle Zeiten mit dem Bauhaus assoziiert. Der von Breuer 1926 entworfene Clubsessel gehörte zur Grundausstattung für das neue Dessauer Schulgebäude – wo heutzutage vor den großen Panoramafenstern im Treppenhaus des Werkstattflügels einige B3s stehen und es immer ein wenig aussieht, als hätten sich Paul Klee und Wassily Kandinsky gerade eben erst aus ihnen erhoben, um in den Unterricht zu eilen. Der Wassily Chair vereint auf jeden Fall Innovation (der erste Stahlrohrstuhl, bis dato waren alle Stühle für den Wohnbereich aus Holz) mit aufregender Form und Ikonizität (nicht nur durch die Kandinsky-Referenz im Namen). Breuer nannte den B3 seine »extremste Arbeit«[75]. Der Stuhl sei »am unkünstlerischsten, am logischsten, am ungemütlichsten und am mechanischsten«[76]. Und der B3 war eine Stuhlrevolution: Inspiriert durch das neue Material begannen auch andere, Stahlrohr statt Holz für den Stuhlbau zu verwenden: Mart Stam entwarf seinen ebenfalls sehr berühmten Freischwinger. Dieser wiederum beeinflusste Mies van der Rohes Freischwinger mit Leder, den »MR 20«, den er 1927 für die Stuttgarter Weißenhofsiedlung erdachte. Allerdings fand er das Vorbild von Stam eher ungenügend. »Häßlich, so was Häßliches mit diesen Muffen. Wenn er wenigstens abgerundet wäre«[77], soll Mies beim Anblick des Stam'schen Freischwingers gesagt haben. So kam es zu der großzügigen Rundung des Mies'schen Freischwingers.

Auch Marianne Brandt hat mit ihrem Tee-Extraktkännchen »MT 49« 1924 einen Bauhausklassiker geschaffen – aus den Luxusmaterialien Silber und Ebenholz. Brandt versuchte, die Grundformen Quadrat, Kreis und Dreieck darin unterzubringen: Auf einem Kreuz aus zwei Balken befindet sich der halbkugelförmige Korpus der Kanne. Der Deckel hat die Form eines flachen Zylinders, der Griff die eines Halbkreises, der mit einem Dreieck am Korpus befestigt ist. Die Oberfläche ist glatt und glänzend. Und Marianne Brandt legte Wert auf einwandfreie Funktion: MT 49 goss tropffrei ein. Weil es so teuer herzustellen war, ging das Kännchen nicht in Serienproduktion.

Ein Bauhausklassiker, den viele Menschen in der Hand halten sollten, ist der Gropius-Drücker. Der Bauhausgründer entwarf – unter maßgeblicher Beteiligung seines Mitarbeiters Adolf Meyer – diese »Türklinke der Moderne« 1922 in Weimar. Sie fand sich u. a. am Musterhaus Am Horn wieder. Es handelt sich um eine reduzierte, geometrische Form, die in ihrer eleganten Klarheit besticht: Gropius setzte einen zylindrischen Griff auf einen Vierkantstab. Die Griffrolle ist beim Dessauer Bauhausdrücker etwas größer und dieser zeigt einen deutlicheren Absatz zwischen Vierkantstab und Griffzylinder. Wie der Name schon sagt, kam er in den Dessauer Bauhausbauten wie Bauhausgebäude und Meisterhäusern erstmals zum Einsatz – und sollte schon bald zum meistverwendeten Türdrücker des Neuen Bauens avancieren.

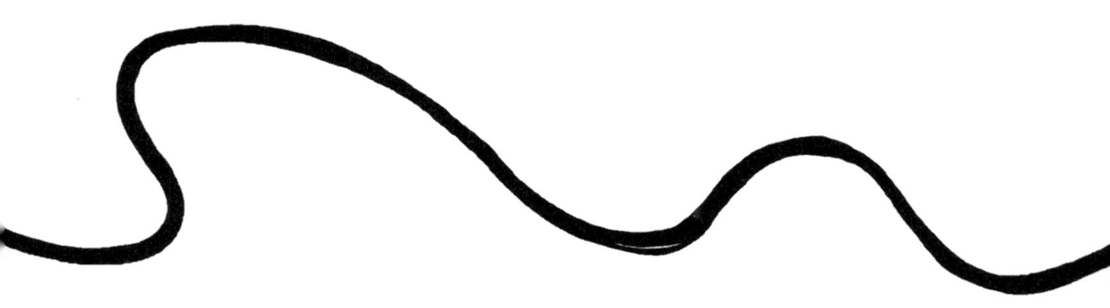

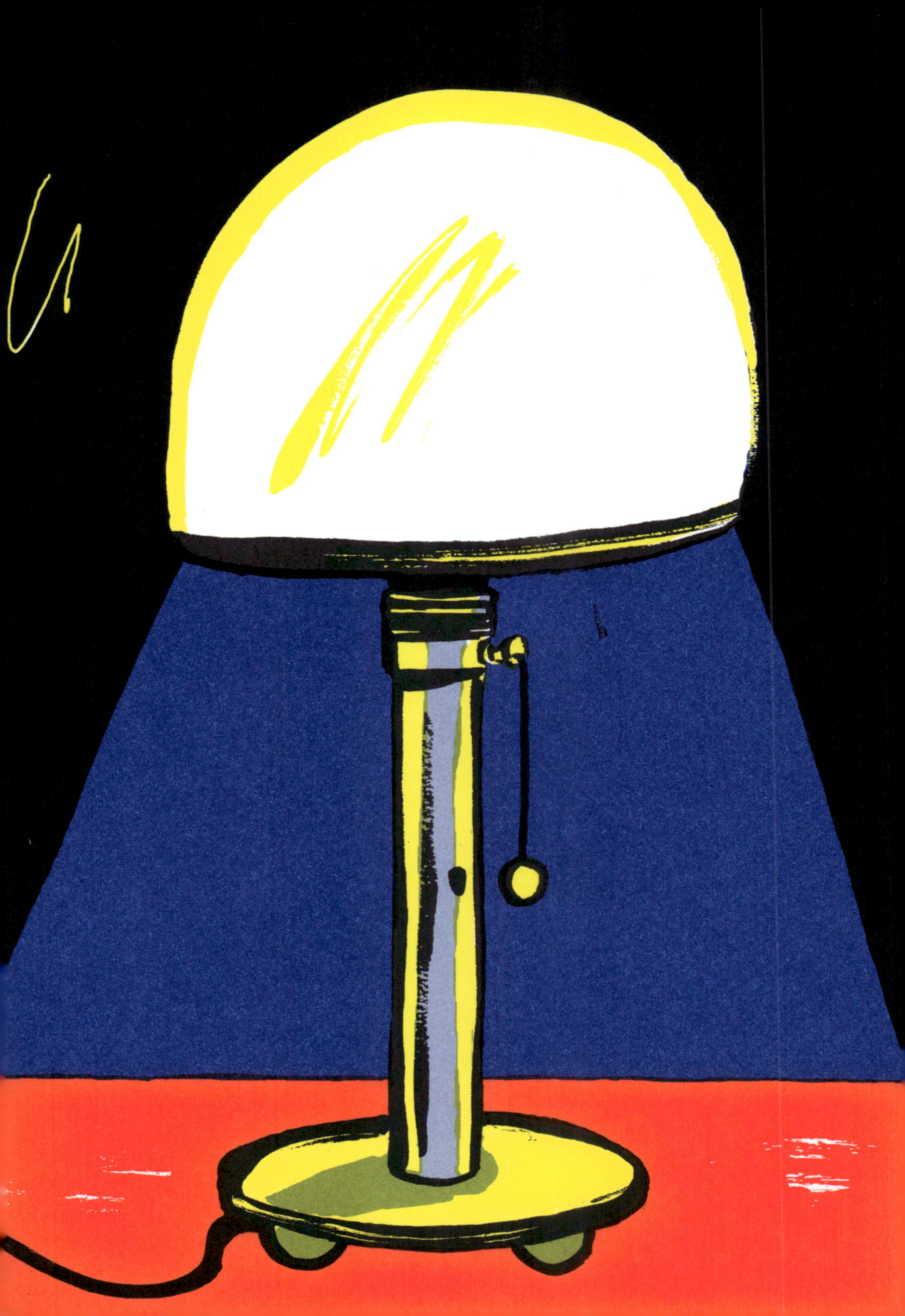

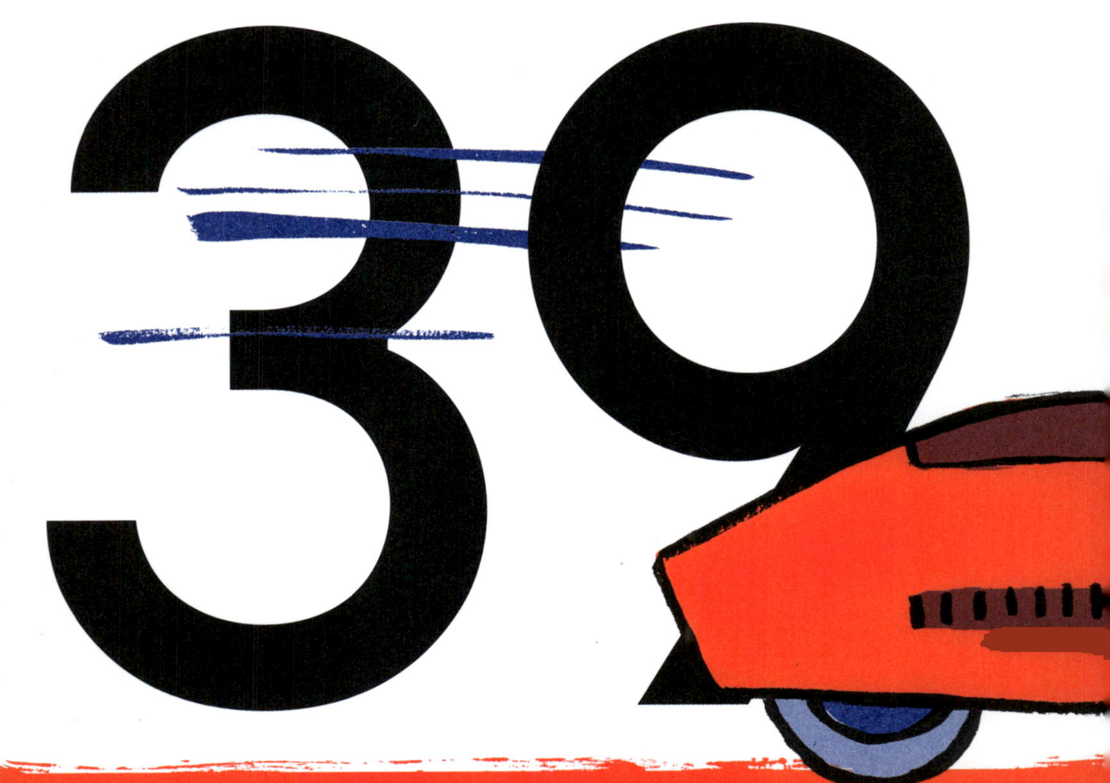


# Gibt es irgendetwas, zu dem es keinen Gestaltungsvorschlag des Bauhauses gab?

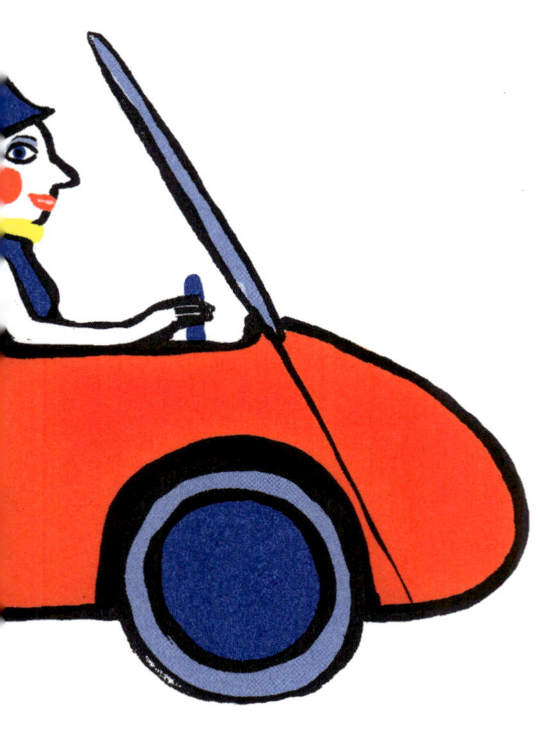

Obwohl das Bauhaus sich als Laboratorium der Gestaltung sah, erfand man dort keine neuen Dinge. Vielmehr ging es um Transformation – nämlich darum, neue, moderne Formen für die Objekte des Alltags zu finden: Tische, Teppiche, Geschirr, Betten, Lampen und natürlich Häuser. Diese Gegenstände sollten im Zeitalter der Industrialisierung verbessert werden. Der Fokus lag auf den Objekten fürs moderne Zuhause. Technisch komplexere Gegenstände wie Uhren, Telefone, Radios oder Autos blieben außen vor. So gibt es, soweit man weiß, leider keinen Entwurf für ein Bauhaus-Automobil, obwohl Walter Gropius seinem Dessauer Direktorenhaus eine Garage in den Vorgarten baute. Die anderen Meisterhäuser oder die Törten-Siedlung wurden übrigens nicht mit diesem Extra ausgestattet.

Ein Kraftfahrzeug aus einer Bauhauswerkstatt wurde also in der Gropius-Garage nie abgestellt. Wahrscheinlich, weil dieses per Handarbeit in den hochschuleigenen Werkstätten schwerlich zu produzieren gewesen wäre und da wohl auch das technische Know-how fehlte. Möchte man unbedingt den Titel »bauhausigstes Auto« vergeben, wäre dies wahrscheinlich der VW-Käfer, dessen Prototyp Ferdinand Porsche 1934 im Auftrag von Hitler entwarf und der in den 1950er-Jahren zur Erfolgsgeschichte wurde: funktional, für die Massen erschwinglich, gut gestaltet und in Serie produziert. Es könnte aber auch der Trabant, das Volksauto der DDR (wenn man von den funktionalen Abstrichen absieht), genannt werden. Oder die motorisierte italienische Designikone für alle, der Fiat 500 – ganz zu schweigen vom Smart.

Das Bauhaus war also ein Labor, in dem mit der Verbesserung von bekannten Formen experimentiert wurde – und keine Erfindungswerkstatt.

Es gab innovative Entwürfe wie das mitwachsende Kinderbett oder die multifunktionale Wickelkommode von Alma Buscher. Und natürlich auf Technik basierende, sich bewegende Kunstwerke wie den Licht-Raum-Modulator. Trotzdem wurde mit den Funktionen eher weniger experimentiert, mit den Formen hingegen umso mehr. Zwar wollte man – zumindest eine Phase lang – Kunst und Technik vereinen, aber das meinte etwas anderes. Und der Ansatz lag auf dem Visuellen, Äußeren und weniger dem Technischen, Inneren – man war ja schließlich auch eine Hochschule für Gestaltung.

Je länger das Bauhaus existierte, desto mehr entwickelte es sich in Richtung Architekturschule – unter dem dritten Direktor, Ludwig Mies van der Rohe, ging es ja fast nur um Baukunst und nicht mehr um die Vereinigung von Kunst und Technik.

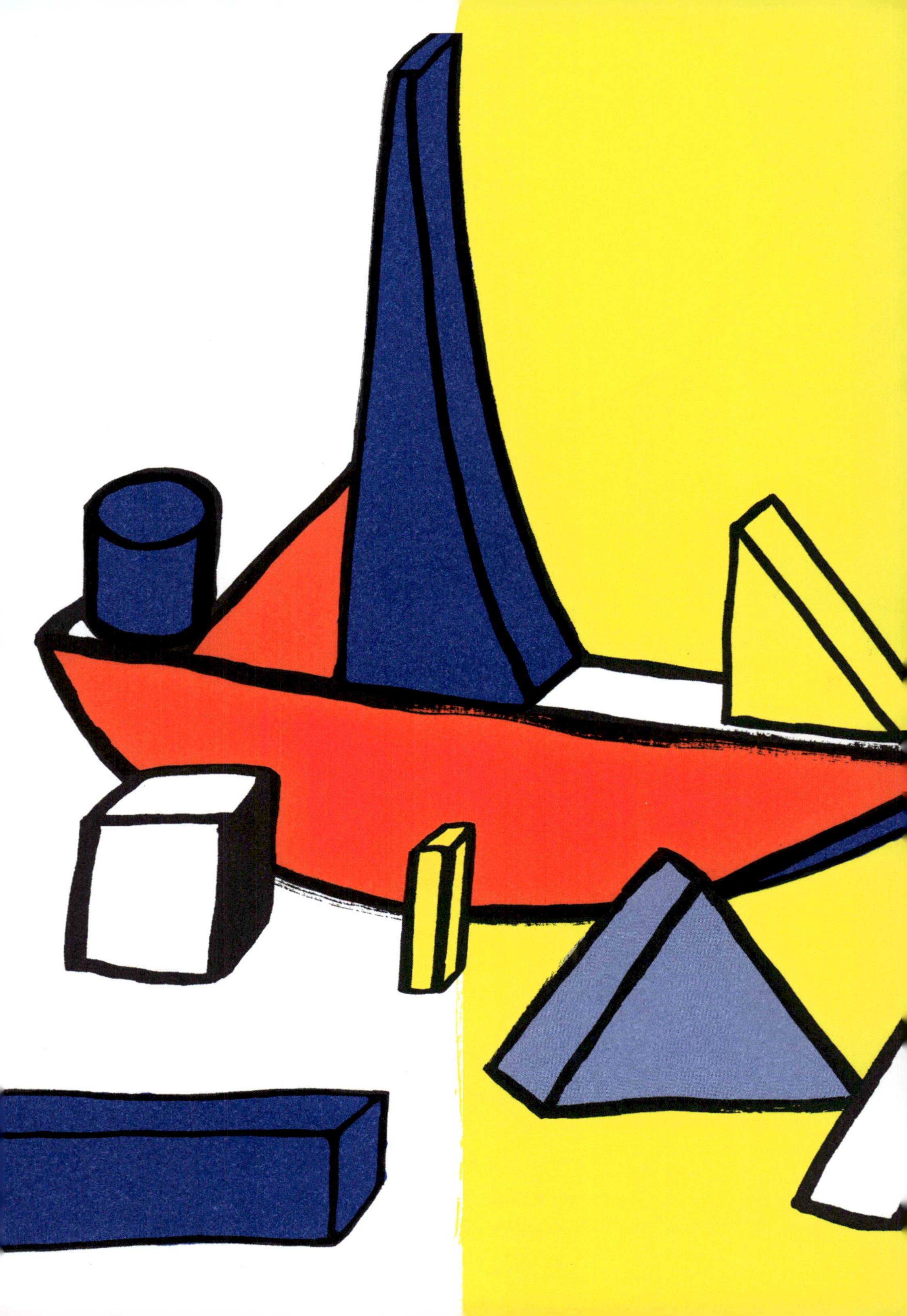

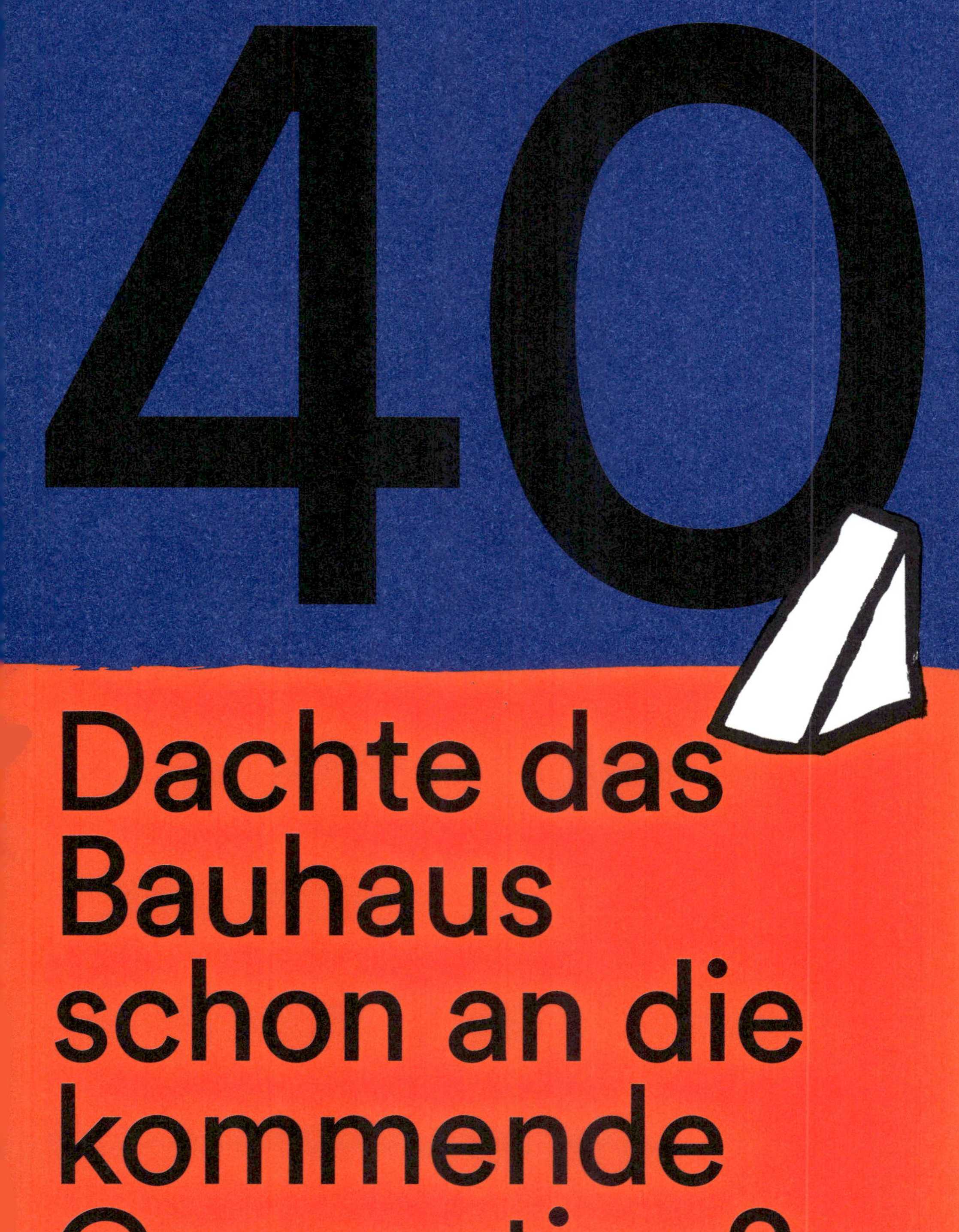


# Dachte das Bauhaus schon an die kommende Generation?

Zu den erfolgreichen Bauhausprodukten gehört auch das Spielzeug: Alma Siedhoff-Buschers »Bauspiel« aus bunten Bauklötzen wird heute noch produziert und erfolgreich verkauft, ebenso das Schachspiel von Josef Hartwig. Außerdem gab es die weichen Strohpuppen zum Kuscheln und Werfen – ebenfalls von Siedhoff-Buscher – oder die an eine Figurine aus dem Triadischen Ballett erinnernde Gliederpuppe von Hartwig und Oskar Schlemmer. Der große Holzschnittmeister Lyonel Feininger schnitzte die in seinen Bildern gern auftauchenden windschiefen Häuser und grotesken Gestalten als buntes, kubistisches Holzspielzeug für seine eigenen Kinder und später auch die Kinder von befreundeten Künstlern – so konnten diese dann beispielsweise mit dem gleichnamigen Set »Die Stadt am Ende der Welt« ebendiese spielend zum Leben erwecken. Und auch Paul Klee baute für seinen Sohn Felix ausdrucksstarke Handpuppen (die allerdings Einzelstücke blieben).

Das Bauhaus war in gewisser Weise mit seinem experimentellen Ansatz und dem Leitsatz »Spiel wird Fest – Fest wird Arbeit – Arbeit wird Spiel« ein Spielhaus. Die vielen Produkte für Kinder zeugen aber auch von dem neuen Kinderbild, das in der Moderne aufkam. Kinder wurden nicht länger als unvollständige, kleine Erwachsene gesehen. Die Spielzeuge sollten dementsprechend kindgerecht sein und die freie, kreative Entfaltung fördern. So wurde der Bauhausgedanke schon auf die nächste Generation übertragen, die mit harmonischem und klarem Spielzeug gefördert werden sollte. Man dachte also schon an den neuen Menschen von übermorgen.

Das zeigte sich nicht nur in den Spielsachen, sondern auch darin, dass das Bauhausmöbel für Kinder entwarf – eine Innovation. Im Musterhaus Am Horn gab es natürlich ein Kinderzimmer. Für dessen Ausstaffierung zeigte sich die pädagogisch bewanderte Alma Siedhoff-Buscher verantwortlich. Neben abwaschbaren Maltafeln, großen Holzwürfeln zum Bauen und Raum zum Theaterspielen enthielt ihr Entwurf eine kubisch-kantige Wickelkommode. Sie war etwas klobig, aber dafür multifunktional, konnte mit dem Kind »mitwachsen« und zum Schreibtisch umgebaut werden. Das traf auch auf das Babybett zu, das auch Kinderbett sein konnte, ebenso auf den Spielschrank, der sich zum Puppentheater oder Regal umfunktionieren ließ, oder auf den Leiterstuhl, der Wagen, Sitzbank, Leiter und Stauraum in einem war.

Auch andere Bauhäusler versuchten sich in Kindermöbeln: Der große Stuhlgestalter Marcel Breuer entwarf mit dem »ti 3a« einen seiner Lattenstühle in Kindergröße. Statt der für den Erwachsenenstuhl genutzten weißgrauen Lackierung war der ti 3a in farbenfrohem Rot-Weiß gehalten. Und berühmt ist heute noch die Wiege, die Peter Keler für das Haus Am Horn entworfen hat. Weniger wegen ihrer Funktionalität (keine verantwortungsbewussten Eltern würden ihr Baby in diese ständig umzukippen drohende, kantige Rhönrad-Krippe hineinlegen), sondern eher wegen der radikalen Verwendung der bauhaustypischen Grundformen blauer Kreis, rotes Viereck, gelbes Dreieck – die aber gerade zu der gravierenden Unfunktionalität der Wiege führen.

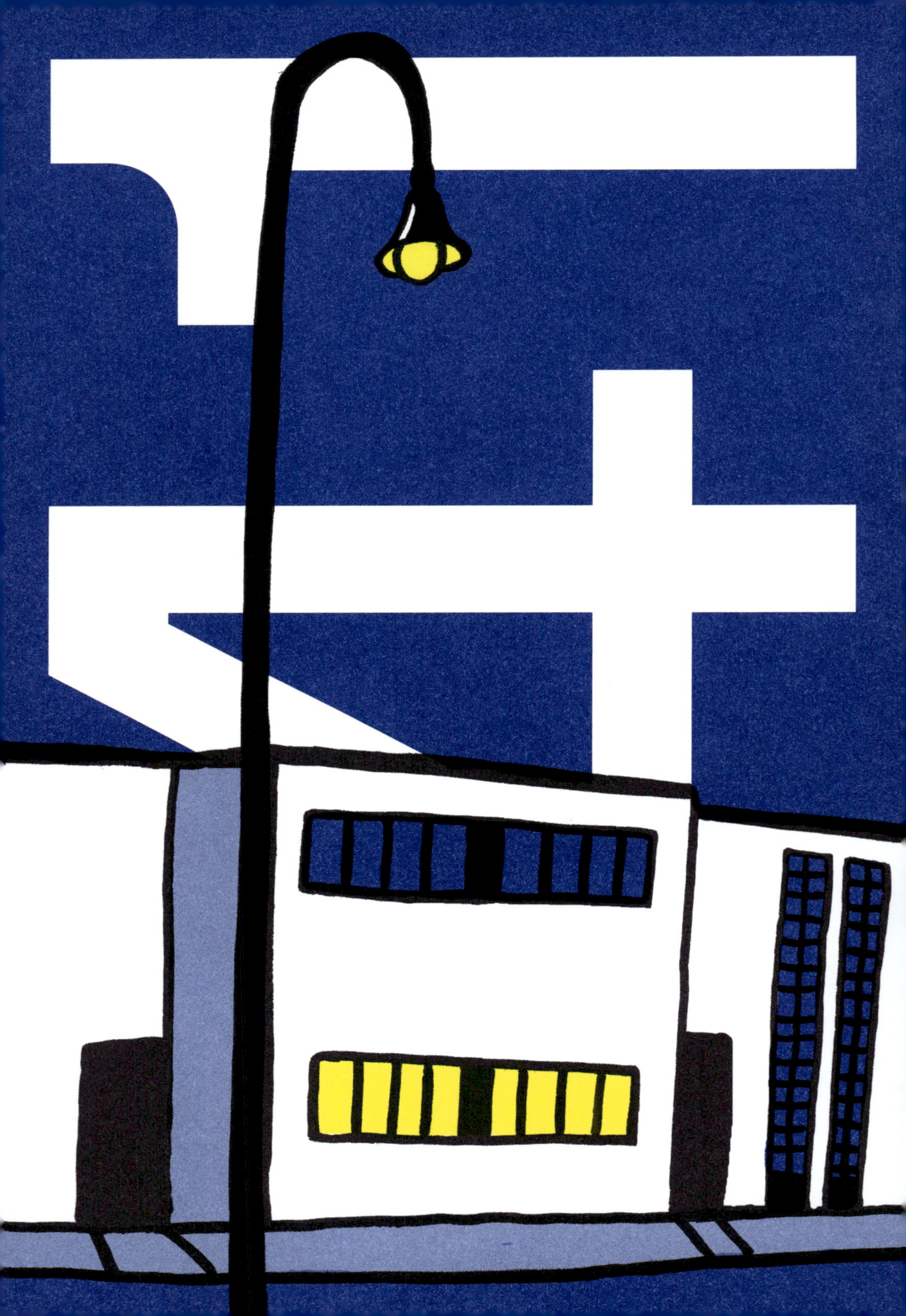

# Stimmt es, dass die Bauhäusler Selbstversorger waren?

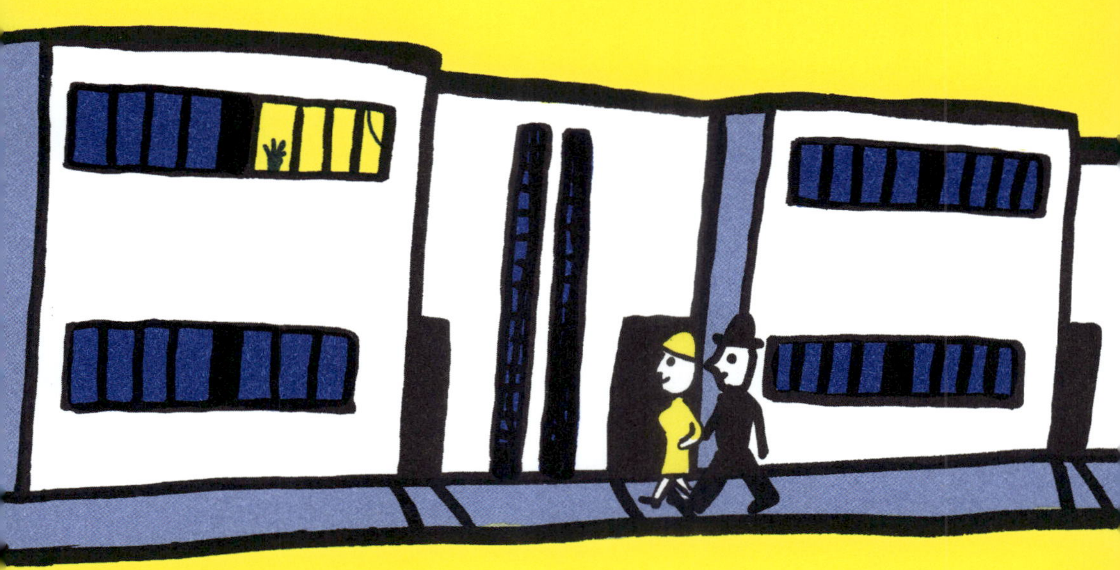

Nein, nicht wirklich. 1920 wurde zwar ein Bauhausgarten ins Leben gerufen, für dessen Grundstückspacht Direktor Gropius sogar Familienerbstücke versetzte, aber das geschah eher, um den hohen Bedarf an Gemüse der damals sehr populären Mazdaznan-Küche zu decken. Auch Gropius' nie realisierten Entwürfe der Weimarer Bauhaussiedlung sehen neben dem Werkstattgebäude und Wohnhäusern Obst- und Gemüsegärten vor, mit denen sich die Bauhäusler selbst hätten versorgen können. Die Idee des Selbstversorgergartens ist aber weniger als Konsumkritik zu verstehen, sondern war wahrscheinlich eher dem praktischen Nutzen geschuldet: Der Krieg war zwar vorbei, aber seine Nachwirkungen wie Armut, Lebensmittelknappheit und Hunger waren sehr präsent. Vor allem in den ersten Jahren lebten viele Bauhausschüler in bitterer Armut, manche hatten nicht einmal ein Dach über dem Kopf: So gibt es Geschichten vom Bauhausfotografen Umbo, der auf Parkbänken nächtigen musste, oder von Bauhäuslern, die unerlaubterweise den Gymnastikraum unter dem Dessauer Prellerhaus als Schlafsaal nutzten. Das typische Bauhausessen (ohne Mazdaznan-Diät) war karg: ausgelassene Zwiebeln oder Brötchen mit Buttermilch.

Die Idee der Selbstversorgung fand dennoch wieder Eingang in die experimentelle Siedlung Dessau-Törten. Die Stadt Dessau hatte das Bauhaus auch damit für sich gewinnen können, Mittel nicht nur für den Bau eines Schulgebäudes und der Meisterhäuser bereitzustellen, sondern auch für eine Arbeitersiedlung. Und so nahm sich das Bauhaus die Törten-Siedlung als Versuchslabor für den industrialisierten Wohnungsbau vor: Erschwinglichen Wohnraum für alle sollte es geben, Luft, Licht und Sonne und modernes Wohnen sollten auch hier erprobt werden.

Zwischen 1926 und 1928 sind 314 Häuser in fünf verschiedenen Typen entstanden. Es handelt sich um einfache Reihenhäuser, gefertigt aus Betonfertigteilen, natürlich mit weißem Anstrich und Flachdach. Und jedes Haus verfügte über einen rund 400 qm großen Garten: für Obst- und Gemüseanbau und Kleintierzucht, um die Lebenshaltungskosten so gering wie möglich zu halten. Zusätzlich gab es in jedem Haus eine Komposttoilette, um im Kreislauf der Natur nichts zu verschwenden. Obwohl Gropius auch im Bauprozess versuchte, durch Rationalisierung die Baukosten gering zu halten (die Bauteile wurden beispielsweise vor Ort hergestellt), war der Bau der Siedlung selbst und damit auch der günstige Wohnraum teurer als geplant – und führte zu Ärger in der Dessauer Bürgerschaft. Für die Preissteigerung war u. a. Gropius' Ästhetikempfinden ursächlich: Statt der deutlich günstigeren Holzfenster mussten es Fenster aus Stahl sein, weil diese in so einem schönen Kontrast zu den weißen Wänden standen.

Befeuert wurde der Unmut in der Bevölkerung durch eine Konkurrenzveranstaltung: Nur wenige Kilometer von Törten entfernt entstand zur selben Zeit mit der Knarrbergsiedlung eine weitere Siedlung in Dessau, die ebenfalls auf Selbstversorgung ausgerichtet war. Während es Gropius mit Dessau-Törten aber auch um die Entwicklung einer neuen Formensprache unter Berücksichtigung von industriellen Fertigungsprozessen ging, hatten die Knarrberg-Väter, Leopold Fischer und Leberecht Migge, einen anderen Fokus: Häuser und Gärten sollten funktional gut zu gebrauchen sein. Gropius baute rational eine Idee, während Fischer und Migge sich mehr von den funktionalen Ansprüchen an das Siedlungshaus mit Selbstversorgergarten leiten ließen.

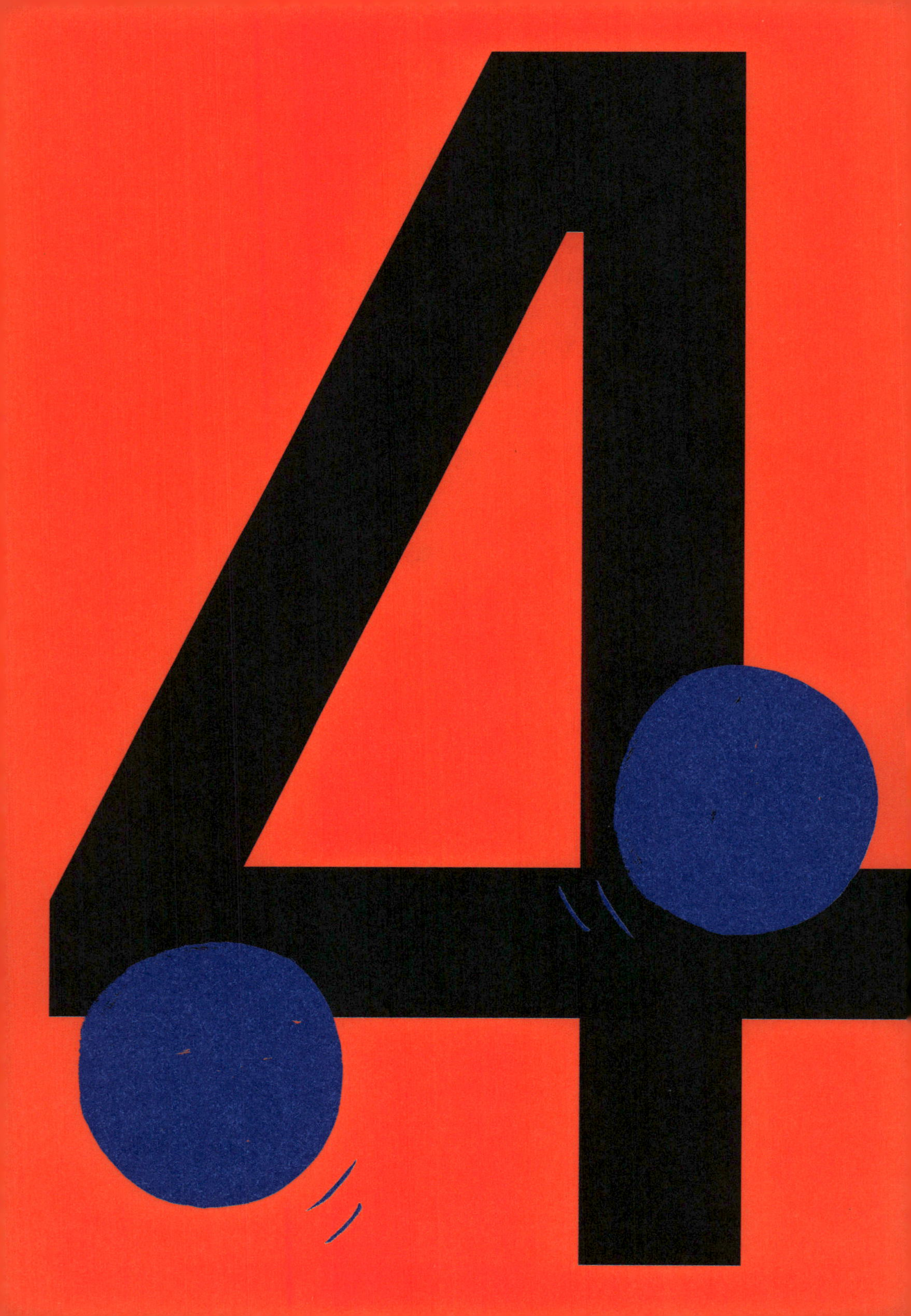
4

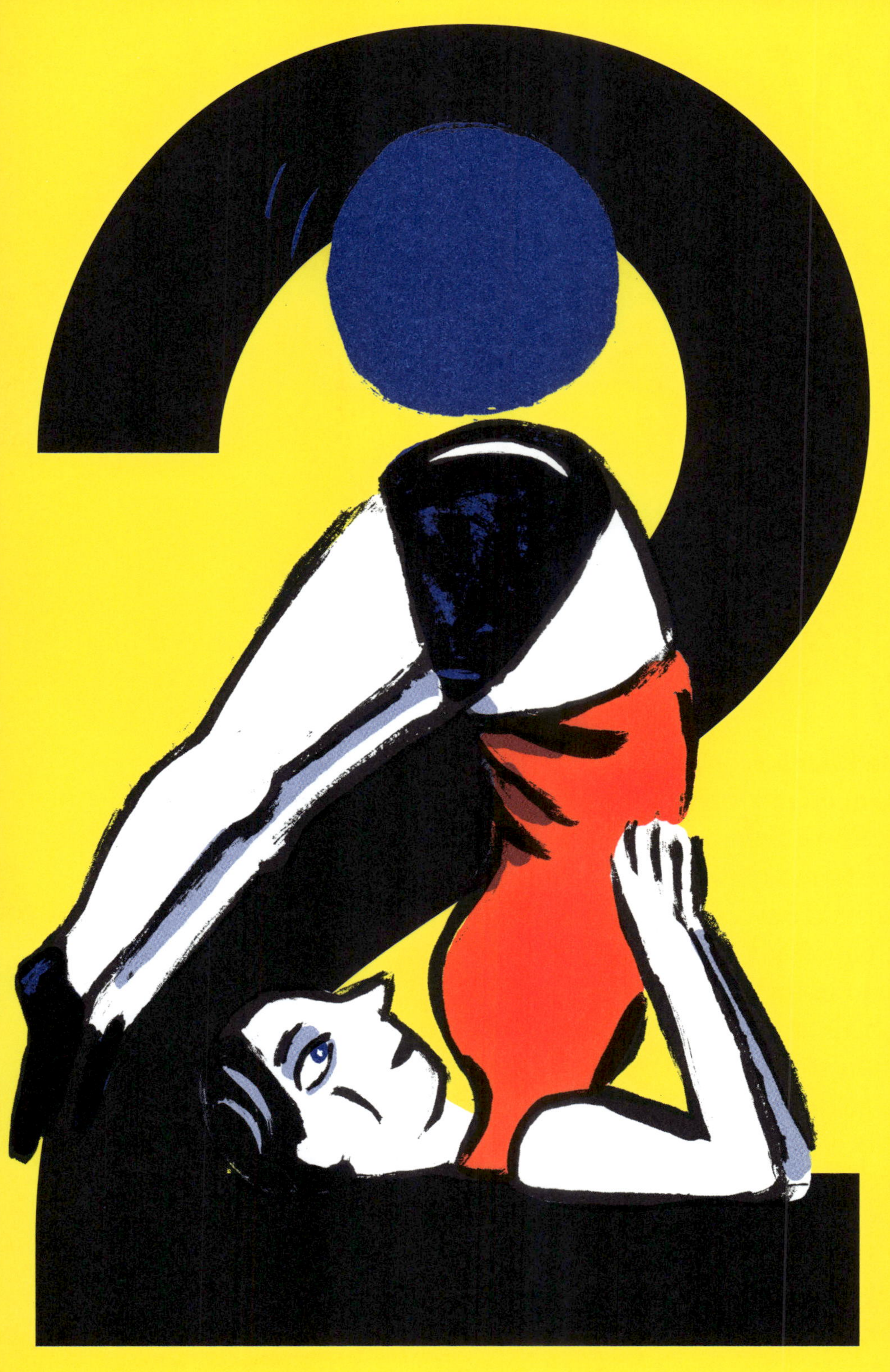

# Welche Rolle spielte Sport am Bauhaus?

Die Bauhäusler waren Sportskanonen – sowohl die Frauen als auch die Männer. Und lagen damit im Trend des neuen Körperkults. Moderne hieß nicht nur Maschinisierung, sondern auch »Versportlichung«: Der Körper sollte durch gezielte Bewegungen geformt und fit gemacht werden, Lebensfreude und Lebensgeister geweckt. So heißt es in einer damaligen Illustrierten: »Der Backfisch von heute schwimmt, turnt, macht seine gymnastischen Übungen, treibt seinen Sport, um für den Lebenskampf gewappnet zu sein.«[78] Sportlerinnen und Sportler waren die neuen Role Models. Der moderne Mensch sollte gesund, schön und leistungsstark sein – auch am Bauhaus, das voll war von jungen, bewegungshungrigen Menschen.

Bereits in Weimar zeugten Ittens Bewegungsübungen oder Gertrud Grunows Harmonisierungslehre, obwohl diese wegen des theoretischen Überbaus nicht wirklich

»Sport« zu nennen sind, von dem neuen Körperbewusstsein. In Dessau wurde der Sport dann institutionalisiert: Im Bauhausgebäude gibt es im Keller unterhalb des Speisesaals einen eigenen, oft genutzten Gymnastikraum inklusive Dusche. Sportliche Betätigung sollte ganz modern einen Ausgleich zum eher statischen Unterrichts- und Arbeitsalltag bieten. Hannes Meyer setzt Sport als festen Bestandteil auf den neuen Lehrplan und stellt mit Karla Grosch 1928 eine Gymnastik- und Sportlehrerin ein. Grosch ist Schülerin der berühmten Tänzerin Gret Palucca (von der es übrigens sehr dynamische Fotos gibt, die sie bei Sprungübungen auf einem Meisterhausdach zeigen) und tanzte dann selber auch in Schlemmers Bauhaustänzen.

Sport ist aber auch immer Spiel: Der Acker neben dem Bauhausgebäude wurde für Fußballspiele genutzt – manchmal auch das Prellerhausdach, was aber von Direktor Gropius als zu gefährlich per Dekret verboten wurde. Ansonsten fuhr man grüppchenweise zum Baden an die nahe gelegene Elbe oder den Großkühnauer See – und konnte dann in Badehose bzw. -anzug die wohlgeformten Körper als Ergebnis der neuen Körperkultur präsentieren und fotografisch festhalten, was gern gemacht wurde. Sehr beliebt war Radfahren, auch bei den Meistern: Lyonel Feininger und Wassily Kandinsky galten als leidenschaftliche Rennradfahrer. Wie dynamisch die sportliche Betätigung auch auf den Geist wirkt, zeigt das Beispiel eines der berühmtesten Bauhausprodukte: Als Jungmeister Marcel Breuers Blick beim Radfahren auf den Stahlrahmen seines Gefährts fiel, soll ihm die Idee zu Möbeln aus Stahlrohr gekommen sein.

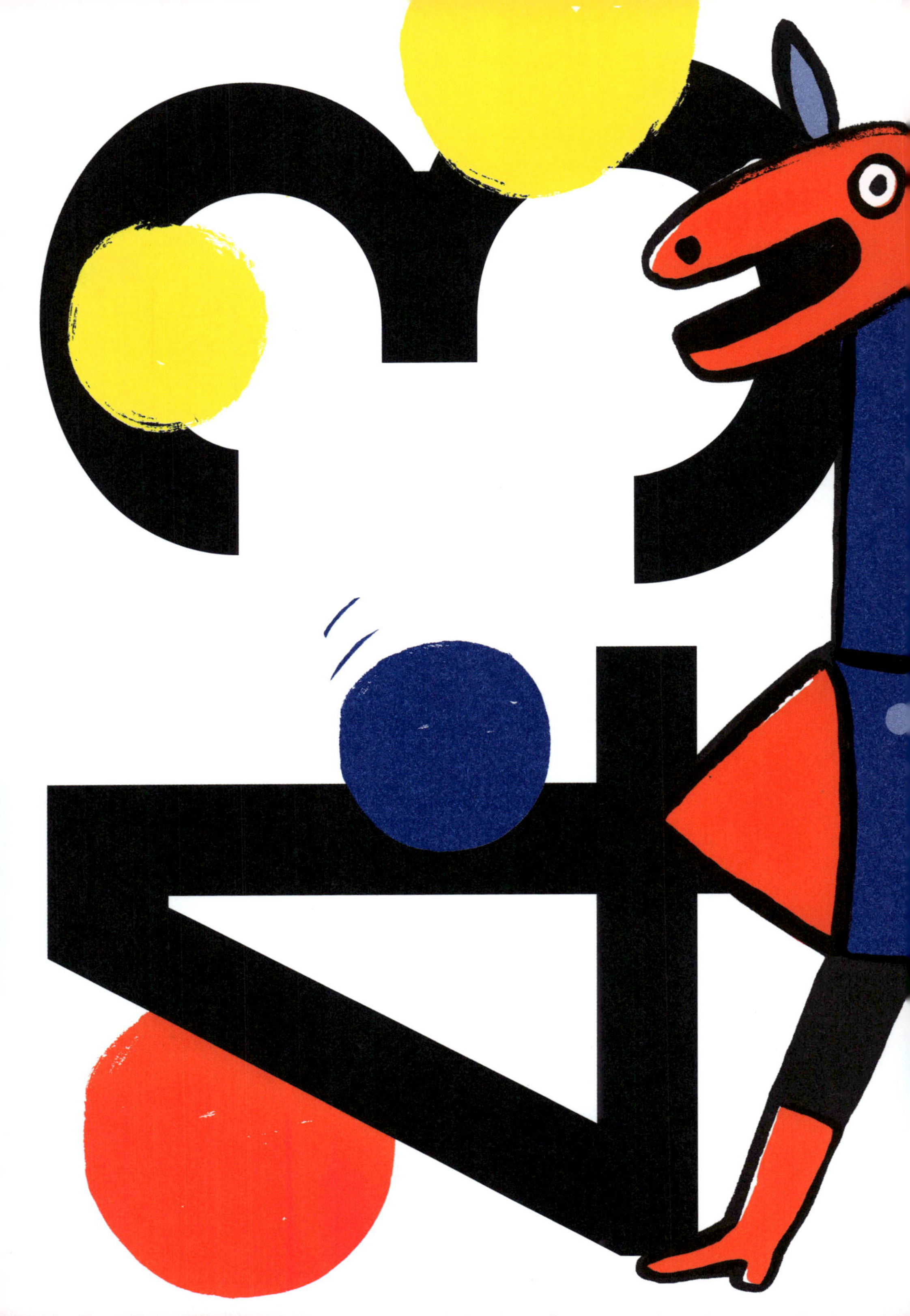

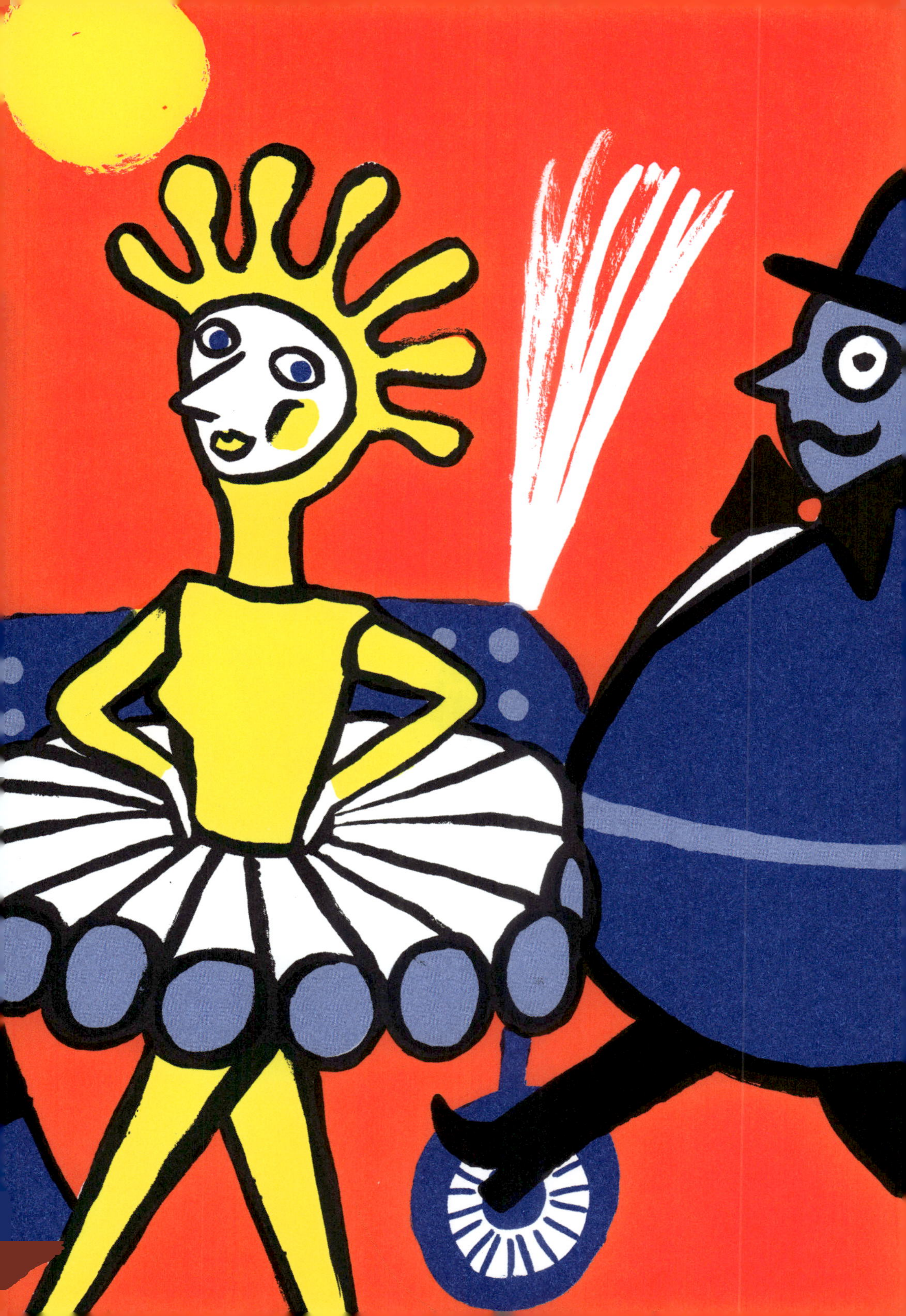

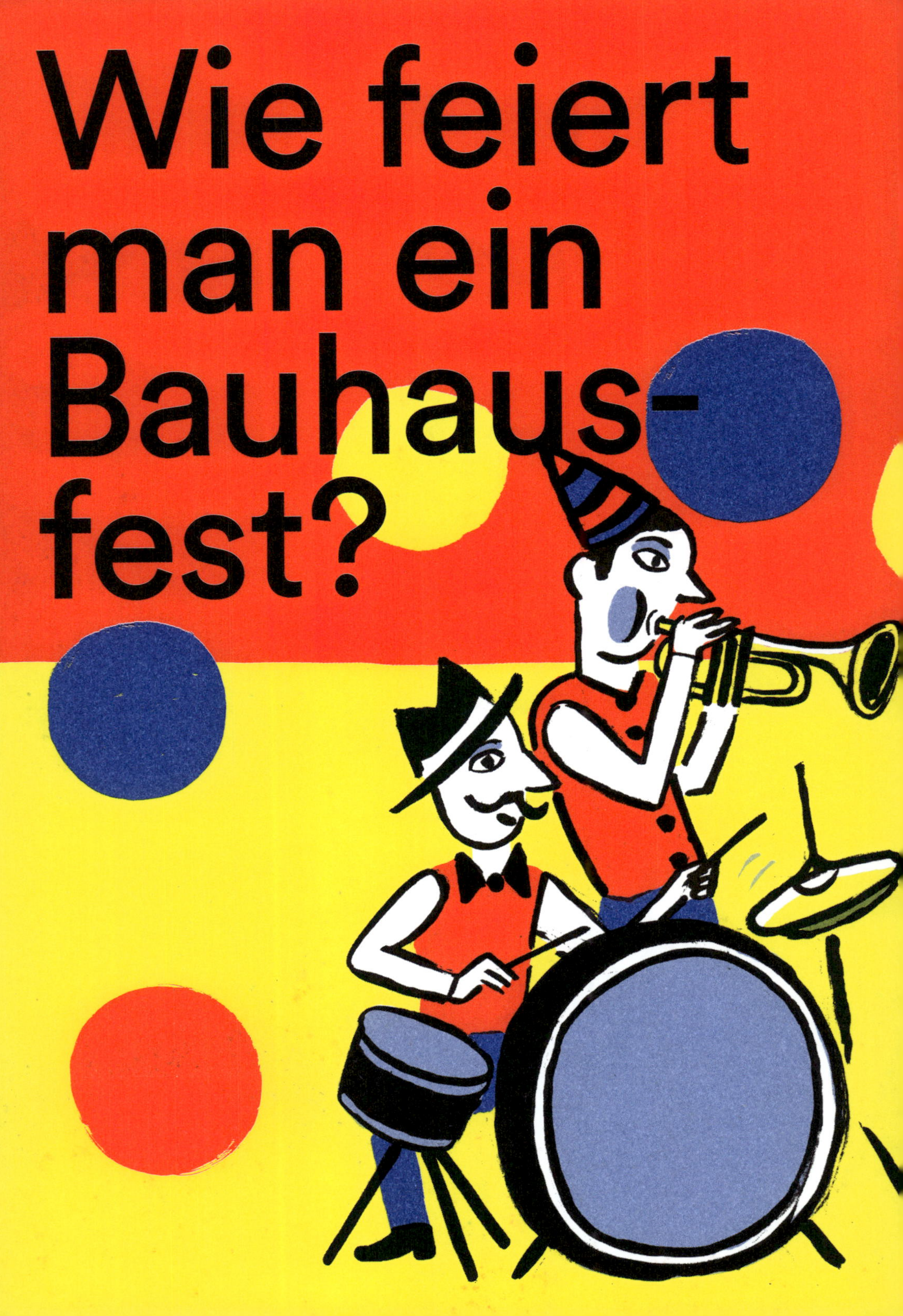
Wie feiert
man ein
Bauhaus-
fest?

Man nehme: Einen kleinen oder großen Anlass (Fertigstellung eines gelungenen Werks oder eben Fasching), ein anspruchsvolles Motto (z.B. »2/3 weiß, 1/3 farbig; gedippelt, gewerfelt und gestreift«), die entsprechenden Verkleidungen (natürlich sehr innovativ), aufwendig gestaltete Einladungskarten (künstlerisch sehr wertvoll), eine Bauhauskapelle, die eine wilde Mischung aus amerikanischem Jazz und östlichen Volksweisen spielt, einen Haufen junger, ungestümer Bauhäusler, die angetreten sind, die Gestaltungswelt zu revolutionieren – fertig ist das Bauhausfest. Diese bunte, brodelnde Mischung wird noch angeheizt durch die relative Abgeschiedenheit der in puncto Roaring Twenties doch eher provinziellen Städte Dessau und Weimar – die wilden Zwanziger finden sonst eher woanders statt.

Es waren übrigens auch immer ein paar interessierte Weimarer bzw. Dessauer Bürger dabei, schließlich ging es mit den Bauhausfesten auch um das Kontaktknüpfen zur allgemeinen Bevölkerung. Obwohl vor allem in Dessau die Bauhausfeiern zu den Höhepunkten im Veranstaltungskalender avancierten, konnte der allgemeine Skeptizismus der Bürger der Schule gegenüber nie überwunden werden – denn wer das Bauhaus sowieso schon für eine Brutstätte der Unmoral hielt, wäre wahrscheinlich eher nicht zu den Partys gekommen und falls doch, hätte er sich in diesem Urteil wohl eher bestätigt gesehen.

Nichtsdestotrotz war das Feiern übrigens im Konzept festgeschrieben: Das Bauhaus-Manifest forderte die »Pflege freundschaftlichen Verkehrs zwischen Meistern und Studierenden außerhalb der Arbeit; dabei Theater, Vorträge, Dichtkunst, Musik, Kostümfeste. Aufbau eines heiteren Zeremoniells bei diesen Zusammenkünften.«[79] Dem wurde Folge geleistet. Die expressionistische Dichterin Else Lasker-Schüler las bei einem Bauhausabend, Oskar Schlemmer führte sein Triadisches Ballett auf oder studierte für ein Fest ein eigenes Theaterstück ein, bei dem schon mal über das Bauhaus gespottet wurde. Für das Schlagwörterfest zum einjährigen Bestehen des Dessauer Bauhausgebäudes im Dezember 1927 wurde das »süßsauer Stück Die Sache von Weimar« aufgeführt. Darin gab es – in Anspielung auf eine Materialübung in Moholy-Nagys Vorkurs – eine wörtlich genommene »Gefühlsleiter« zu sehen: »jede Stufe eine Materie, Wurst, Draht, Besen, Wolle«, schreibt Schlemmer in einem Brief.[80] Und: »Übrigens wird natürlich Co-operativ, das Schlagwort Meyers, besonders hergenommen werden. Es kann sehr lustig werden. Es ist sehr viel Aktuelles, das veräppelt werden wird.«[81] Schlemmers Verkleidung beim Schlagwörterfest war übrigens ein Smoking, ein roter Papierkragen mit weißer Binde, auf der stand »Das Band, das uns alle zusammenhält«, auf der Hemdbrust prangte ein roter Papppunkt mit: »Der dunkle, der wunde, der springende Punkt«.[82] Aus den Schuhen hingen rote Lappen mit der Aufschrift »Die losen Zungen«[83]. Gunta Stölzl kam als Dienstbotin mit weißer Schürze, auf der vorne stand: »Die soziale Frage« und hinten »Angestelltenversicherung« sowie »Liberté, Egalité und Fratellinité« (nach den damals wohlbekannten Fratellini-Clowns).[84] Den Vogel schoss aber wohl Bauhäuslerin Katt Both ab, die als »Nackte Tatsache«[85] kam.

Bühnenleiter Oskar Schlemmer war die treibende Kraft hinter den Bauhausfesten und übernahm in oft wochenlanger Arbeit und unter Beteiligung fast aller Werkstätten ihre Konzeption und Organisation. Frei nach seinem Motto: »Jede Generation, jede Gesellschaftsschicht hat das Fest, das sie verdient.«[86] Übrigens war auch der asketische

Johannes Itten ein Feierfreund. Von ihm stammt der Spruch »Spiel wird Fest – Fest wird Arbeit – Arbeit wird Spiel«.

In Weimar richteten sich die großen Feste noch nach den Jahreszeiten: So gab es das Laternenfest, das Sonnenwendfest, das Drachenfest, Weihnachtsfeste und schließlich zum Abschied das Kehrausfest. Ein fester Festtag war auch der 18. Mai: Gropius' Geburtstag. Der Direktor wurde mit originellen, selbst gemachten Geschenken bedacht – und nahm Platz auf seinem »Thron«, dem Afrikanischen Stuhl von Breuer und Stölzl. Nach dem Umzug kamen auch die Bauhausfeste zu neuer Blüte, es starteten die aufwendigen und bis heute legendären Dessauer Profi-Partys: das Weiße Fest 1926, das Schlagwörterfest 1927, das Bart-Nasen-Herzensfest 1928, das Metallische Fest 1929.

Für die Feste ließ man sich so einiges einfallen: eine Kostümberatungsstelle, einen Frisierladen und eine Fotografenbude, wo Umbo die Kostüme fotografisch festhielt, beim Bart-Nasen-Herzensfest. Das Metallische Fest war nur über eine Blechrutsche zu erreichen und jeder Gast wurde mit einem Tusch der Bauhauskapelle empfangen. Die Glasvorhangfassade war mit Metallfolie beklebt, überall reflektierten und glänzten Metallkugeln; es gab einen »Klempnerladen«, wo »der Bedarf an Blech und edleren Metallen in jeglicher Form gedeckt werden« konnte.[87] Außerdem wurden die besten Verkleidungen prämiert: »Ein Totenkopfhusar in Schwarz, mit Aluminiumpott und Schaumlöffel als Helm, die Brust mit silbernen Blechlöffeln garniert«[88], so schreibt es Schlemmer in seinem Tagebuch.

Überhaupt waren die Verkleidungen das A und O der Bauhausfeste: Lyonel Feininger sah man schon mal als zwei rechtwinklige Dreiecke, das Foto von Marianne Brandt und ihrem eigens gebauten metallischen Kopfschmuck ist legendär, Kandinsky kam als Antenne (oder auch mal in Frack und bayrischer Lederhose) und Walter Gropius verkleidete sich tatsächlich einmal als Le Corbusier. Auch Asta, der Bauhaushund, der mit seinem Hausmeister-Herrchen unter der Bühne wohnte, trat kostümiert mit einer Pfauenfeder am Halsband auf dem Bauhausfest auf und vollführte Kunststücke.

Bauhausfeste waren eine ungezwungen-spielerische Bühne und stärkten das Gemeinschaftsgefühl. Im neudeutschen Corporate-Sprech könnte man auch sagen, sie waren sehr erfolgreiche Teambuilding-Maßnahmen. So wird davon berichtet, dass der eigens entwickelte Bauhaustanz gern eingesetzt wurde, um bei Knatsch das richtige Bauhaus-Feeling wiederaufkommen zu lassen.

Im Februar 1933 fand übrigens auch in Berlin ein Bauhausfest mit Kostümierungen und Kunstwerk-Tombola statt – es sollte das letzte sein.

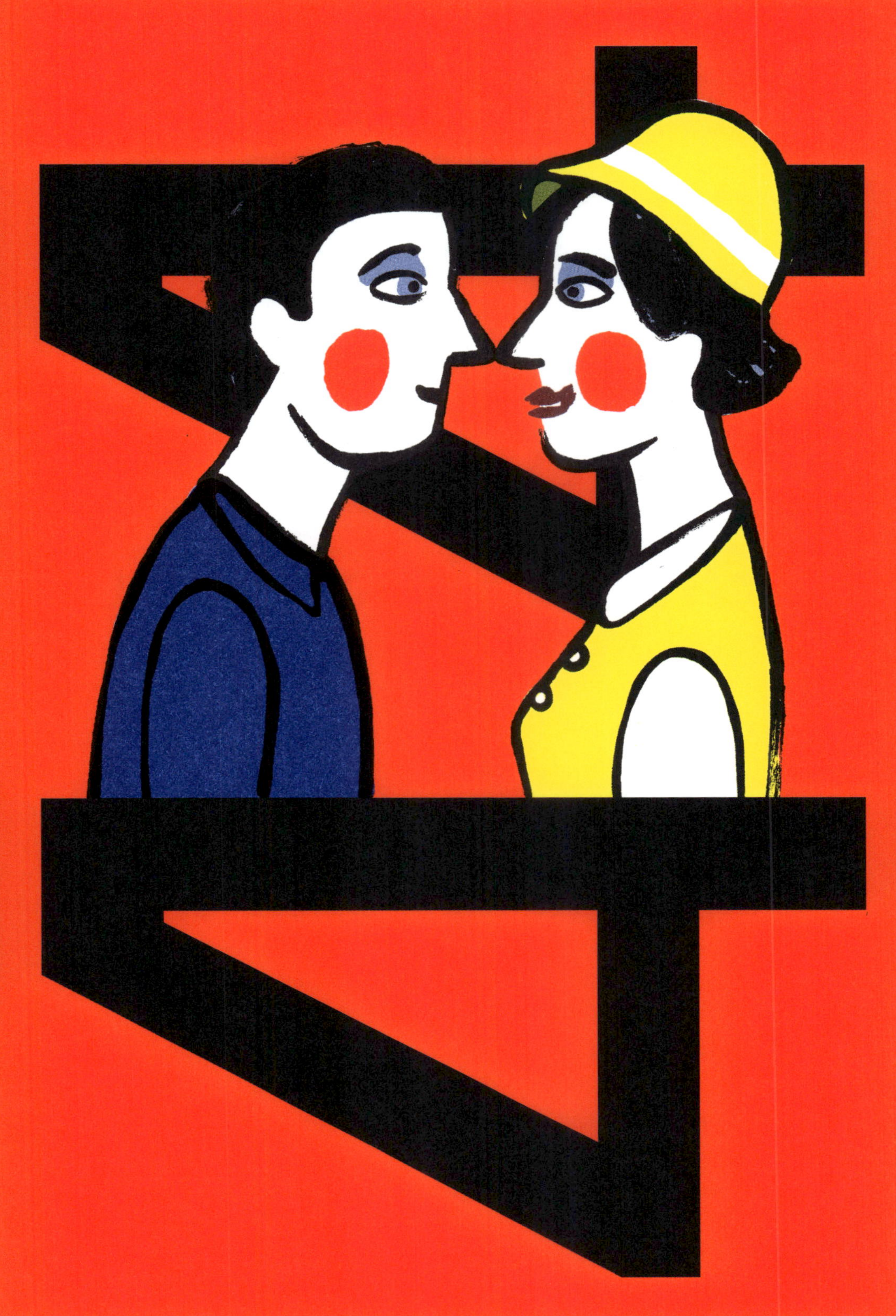

# Wer hatte was mit wem oder war das Bauhaus ein Heiratsinstitut?

So innovativ und freidenkend das Bauhaus war, so wild auch seine Feste – das Maß an freier Liebe blieb im Rahmen. Man haftete doch größtenteils an dem bürgerlichen Ideal der romantischen Zweierbeziehung (natürlich mit den dazugehörigen gelegentlichen Affären): Nicht weniger als 71 Ehen wurden unter den Bauhäuslern geschlossen. Das hätte die konservativen Kritiker in Weimar und Dessau eigentlich besänftigen können, die das Bauhaus des Sittenverfalls und Lotterlebens verdächtigten. (Das transparente Bauhausgebäude gab nun auch freie Sicht auf die Aktzeichenkurse, sodass dieses Vorurteil bei zufällig vorbeispazierenden Skeptikern leicht genährt werden konnte.)

Das gemeinschaftliche Arbeiten, Wohnen, Experimentieren in einer freien Atmosphäre war nichtsdestotrotz ein fruchtbarer Nährboden für romantische

Verwicklungen: die Arndts, die Breuers, die Albers', die Stams, die Marcks', die Peterhans', die Bayers, um nur einige zu nennen. Wie man sieht, war es also überaus üblich, dass Bauhausmeister ihre Schülerinnen heirateten. Auch die einzige richtige Bauhausmeisterin, Gunta Stölzl, ehelichte mit Arieh Sharon einen Schüler.

Unerfüllt blieb Marianne Brandts Liebe zu ihrem Meister, Moholy-Nagy, der sie ignorierte. Es wird kolportiert, dass sie sich anderweitig tröstete: In ihrem Tagebuch erwähnt Brandt die nächtlichen Besuche des Hausmeisters in Begleitung seiner »schönen« Schäferhündin. Diese sollten aber geheim bleiben, schreibt sie weiter, da die Hausordnung so etwas untersage.

Jungmeister Marcel Breuer hatte den Ruf eines Schwerenöters: Bei Erich Consemüllers Bild »Breuer und sein Harem«, dass den Jungmeister unbeteiligt neben den drei verwuschelten und gefährlich dreinblickenden Bauhäuslerinnen Martha Erps-Breuer, Katt Both, Ruth Hollós stehend zeigt, ist nicht feststellbar, ob der Titel ironisch ist oder nicht. Affären mit Gunta Stölzl – der »Afrikanische Stuhl« wird von manchen als ihr »Hochzeitsstuhl« interpretiert – und sogar mit Ise Gropius werden dem Stahlrohrbieger Breuer nachgesagt. (Er schrieb ihr beispielsweise: »wenn ich ihr mann wäre, madame, würde ich sie multiplizieren, und jedem meiner mitarbeiter mit ins bett legen, man soll seine mitarbeiter lieben und bilden, jedoch nur sonnabends, sonst schafft der mann nichts«[89]. Seine Ehe mit Marthe Erps-Breuer scheiterte dementsprechend Anfang der Dreißiger: Sie wird Biologin in Brasilien und erforscht zeichnend Drosophilafliegen, er geht in die USA und macht sich einen Namen mit brutalistischem Kirchenbau. (Diese wuchtigen, skulptural-unförmigen Sakralbauten aus Sichtbeton polarisieren übrigens noch heute – sie werden entweder extrem gehasst oder geliebt.)

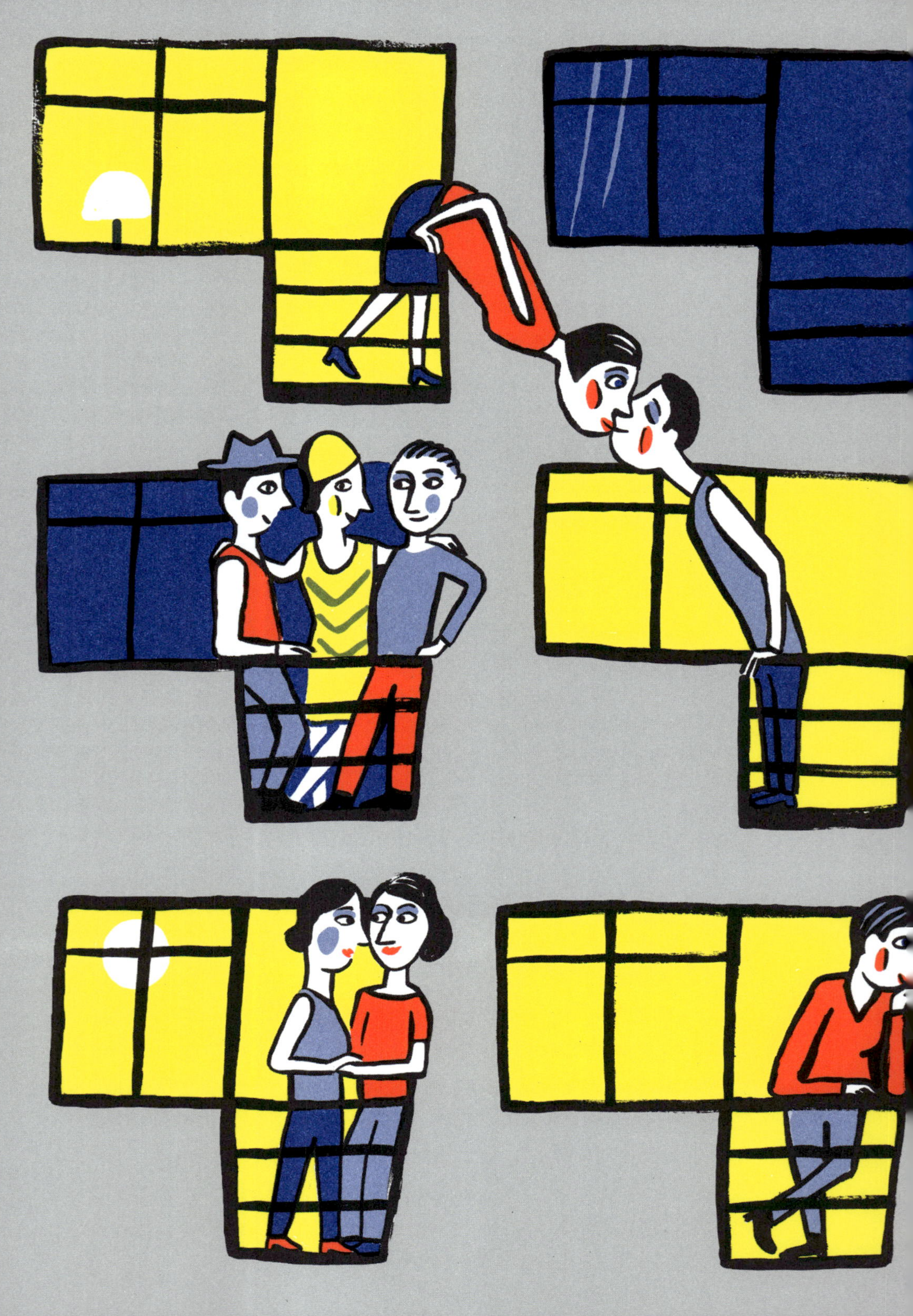

Mit am bewegtesten war wohl das Liebesleben der drei Bauhausdirektoren: 1919 steckte Walter Gropius in einem bizarren Liebesdreieck mit Alma Mahler und Franz Werfel, das er aber beendete und 1923 Ise Frank heiratete. Wieder musste er die Liebe seiner Frau teilen, diesmal aber zu seiner größten Zufriedenheit mit dem Bauhaus: Seine Neue kämpfte mit der Schreibmaschine für die Sache. Von ihrem Mann liebevoll »Frau Bauhaus« genannt, hat Ise Gropius mit ihren Aufzeichnungen großen Anteil an Entstehung und Verbreitung des Bauhaus-Mythos. Nichtsdestotrotz wird ihr eine Schwäche für den schönen Herbert Bayer nachgesagt.

Der ebenfalls ziemlich gut aussehende zweite Direktor, Hannes Meyer, war ein Herzensbrecher: Ihm werden diverse Liebschaften zu Bauhäuslerinnen nachgesagt, mit Lotte Beese zeugte er einen Sohn und heiratete kurz darauf Lena Bergner.

Beim dritten Direktor, Ludwig Mies van der Rohe, verbanden sich Arbeit und Liebe: Nach seiner Scheidung war er seit 1923 mit Lilly Reich liiert. Von Spöttern »Miesmuschel« getauft, war diese sehr direkt und umfassend an seinen Projekten beteiligt. Im Nachhinein ist oft die Rede von einer »Mitarbeiterin«, sodass die private Beziehung etwas unter den Tisch fiel – genau wie später dann gern auch Lilly Reichs Beteiligung an seinen Entwürfen. Das »Daybed«, von Reich entworfen, beispielsweise, wird unter Mies' großem Namen verkauft.

Soweit zu den heterosexuellen Liebschaften – wie schwul das Bauhaus war und welchen Blick man auf Homosexualität hatte, ist bis dato wenig erforscht.

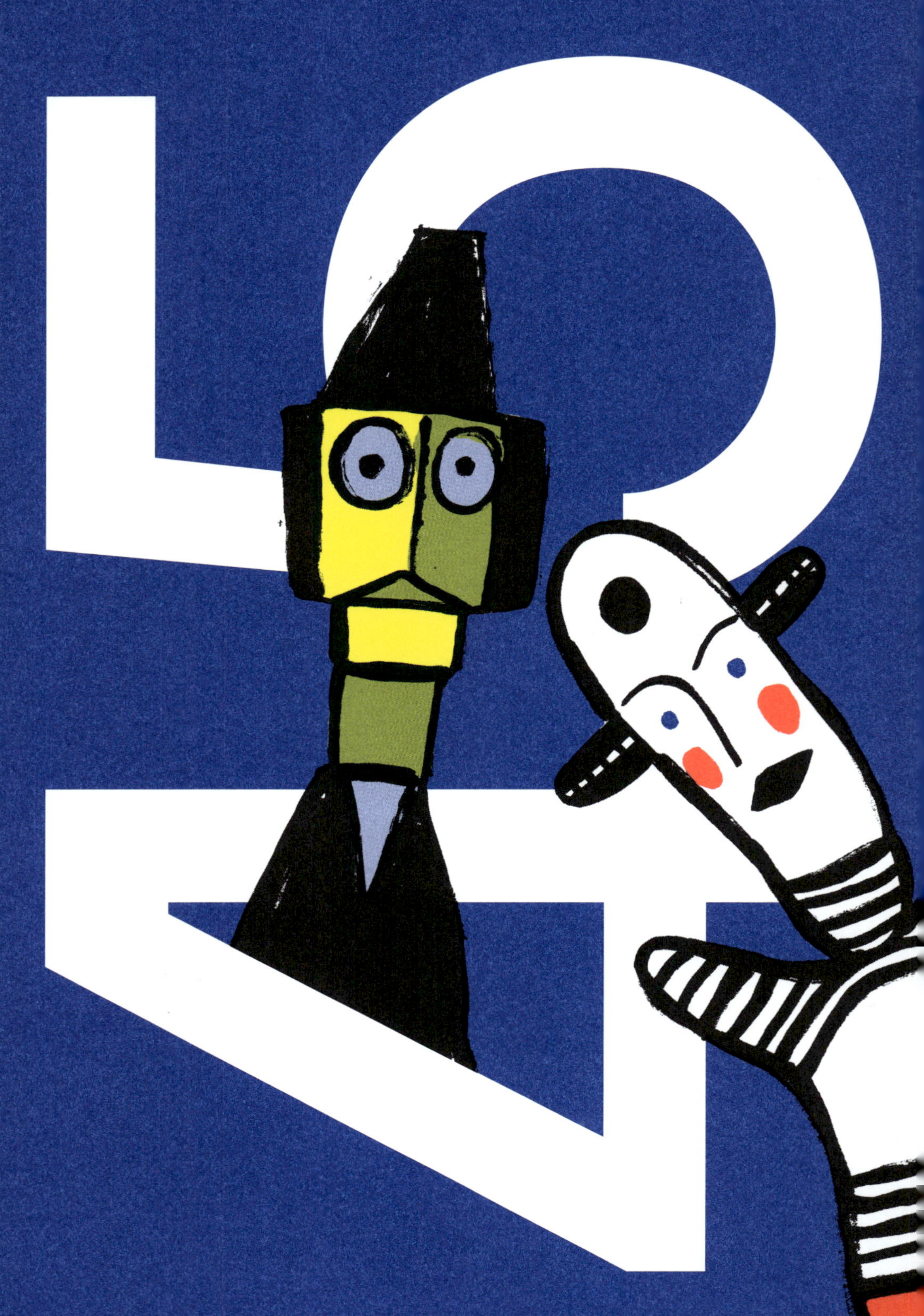

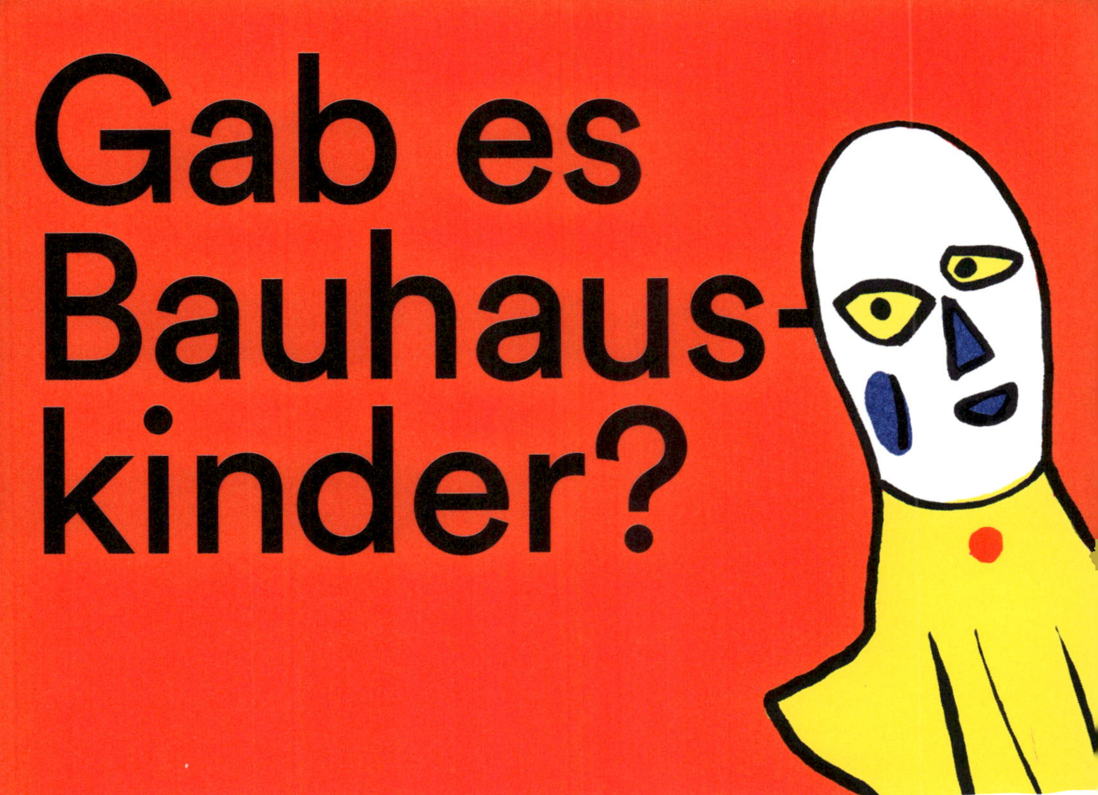

# Gab es Bauhauskinder?

Auf jeden Fall – wo geheiratet wird (oder auch nicht) gibt es meist auch Nachwuchs. Im Dessauer Prellerhaus verbrachten mindestens zwei Babys ihre ersten Lebensmonate. Und Alexandra Bormann-Arndt wurde 1931 sogar in einem Meisterhaus geboren – als Spross der Bauhäuslerehe zwischen Alfred und Gertrud Arndt. Auch die Verbindung von Meisterin Gunta Stölzl und Arieh Sharon trug Früchte: 1929 erblickte in Dessau die Tochter Yael das Licht der Welt. Während der Vater in Bernau an der Bundesschule arbeitete, blieb die Mutter am Bauhaus und schaffte es irgendwie, ihre Pflichten als Webereileiterin mit der Versorgung des Kindes zu vereinen.

Weitere Bauhauskinder sind Jan (geb. 1923) und Britta (geb. 1926): Ihre Eltern sind das Bauhäuslerpaar Hinnerk Scheper und Lou Scheper-Berkenkamp. Im selben Jahr wie Britta wurde auch der Sohn von Werner Siedhoff und der Bauhauspädagogin Alma Buscher geboren. Der – wahrscheinlich nach dem Leiter der Reklamewerkstatt benannte – kleine Joost ist auf so manchem Bauhausschnappschuss zu sehen: beispielsweise beim Waschen in der Prellerhaus-Gemeinschaftsdusche.

Auch die drei Kinder von Bauhausmeister Oskar Schlemmer und Tut Schlemmer, Tilman, Ute-Jaïna und Karin, sind auf so manchem Bauhausfoto, schließlich wohnten sie mit ihren Eltern in der Dessauer Meisterhaussiedlung. Beispielsweise sieht man sie im Kreise ihres stolzen Vaters, ihrer Mutter und der befreundeten Gunta Stölzl einträchtig vor dem Meisterhaus Schlemmer stehen. Ganz vorne im Bild: ihr Holzschlitten. Im Laufe der Zeit sollte diese Eintracht unter den Schlemmer-Nachkommen übrigens schwinden: Die Tochter der früh verstorbenen Karin, Janine Schlemmer, stritt sich jahrelang mit Ute-Jaïna und deren Sohn C. Raman um das Schlemmer-Erbe.

Mit Andreas und T. Lux Feininger gab es weiteren Nachwuchs unter den Bauhäuslern und zwar in den Meisterhäusern. Beide waren quasi am Bauhaus aufgewachsen und wurden 1924 bzw. 1926 selbst zu Bauhausstudenten: Andreas wollte Architekt werden, T. Lux war in der Bühnenwerkstatt und in der Bauhauskapelle aktiv. Vor allem interessierten sich die Feininger-Söhne aber für Fotografie und sind auch dafür heute noch berühmt: Andreas wurde Fotoreporter für das renommierte amerikanische »Life«-Magazin; T. Lux (der eigentlich Theodore hieß, sich aber wegen seiner Liebe für die »Lichtmalerei« Lux, also Licht, nennen ließ) machte einige der berühmten Schnappschüsse vom Bauhausleben, wendete sich aber später der Malerei zu.

Auch Paul Klee brachte seinen Sohn mit an das Bauhaus: Felix Klee wurde 1921 mit 14 Jahren der jüngste Bauhausschüler. 1928 lernte er am Bauhaus seine spätere Frau kennen, die fünfjährige Livia Meyer, Tochter des neuen Direktors, Hannes Meyer. Der 21-jährige Felix spielte Theater für Livia und zwar mit seinen alten Handpuppen, die sein Vater selbst gebaut und ihm als Kind geschenkt hatte. 1938 trafen sich die beiden zufällig wieder, als die gerade mit ihrem Vater aus Russland zurückgekehrte Meyer-Tochter Paul Klee in dessen Berner Atelier besuchte. Dann sollten wieder Jahrzehnte bis zu einem Wiedersehen vergehen: Als Felix Klees Frau 1977 starb, kamen sich die beiden näher, wurden ein Liebespaar und heirateten 1980 – Livia Meyer entschied sich ganz bauhäuslerisch für den Doppelnamen Livia Meyer-Klee.

Sie hatte übrigens einen unehelichen Halbbruder: Aus der Affäre von Hannes Meyer und Lotte Beese entspross 1930 Peter Meyer-Beese. Er wurde in Moskau geboren und zog dann ein paar Jahre später mit seiner Mutter zu seinem neuen Stiefvater, Mart Stam, nach Holland.

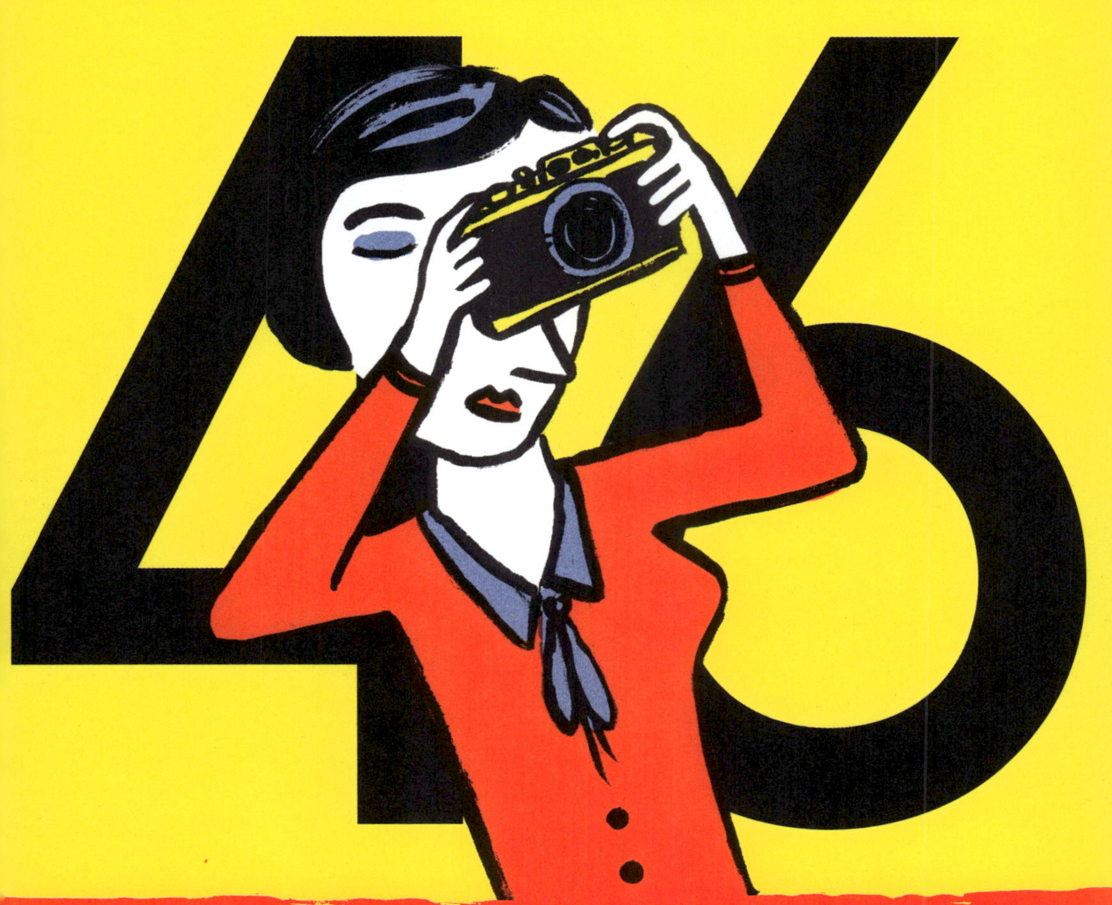


# Was stellten die Bauhäusler mit der Kamera an?

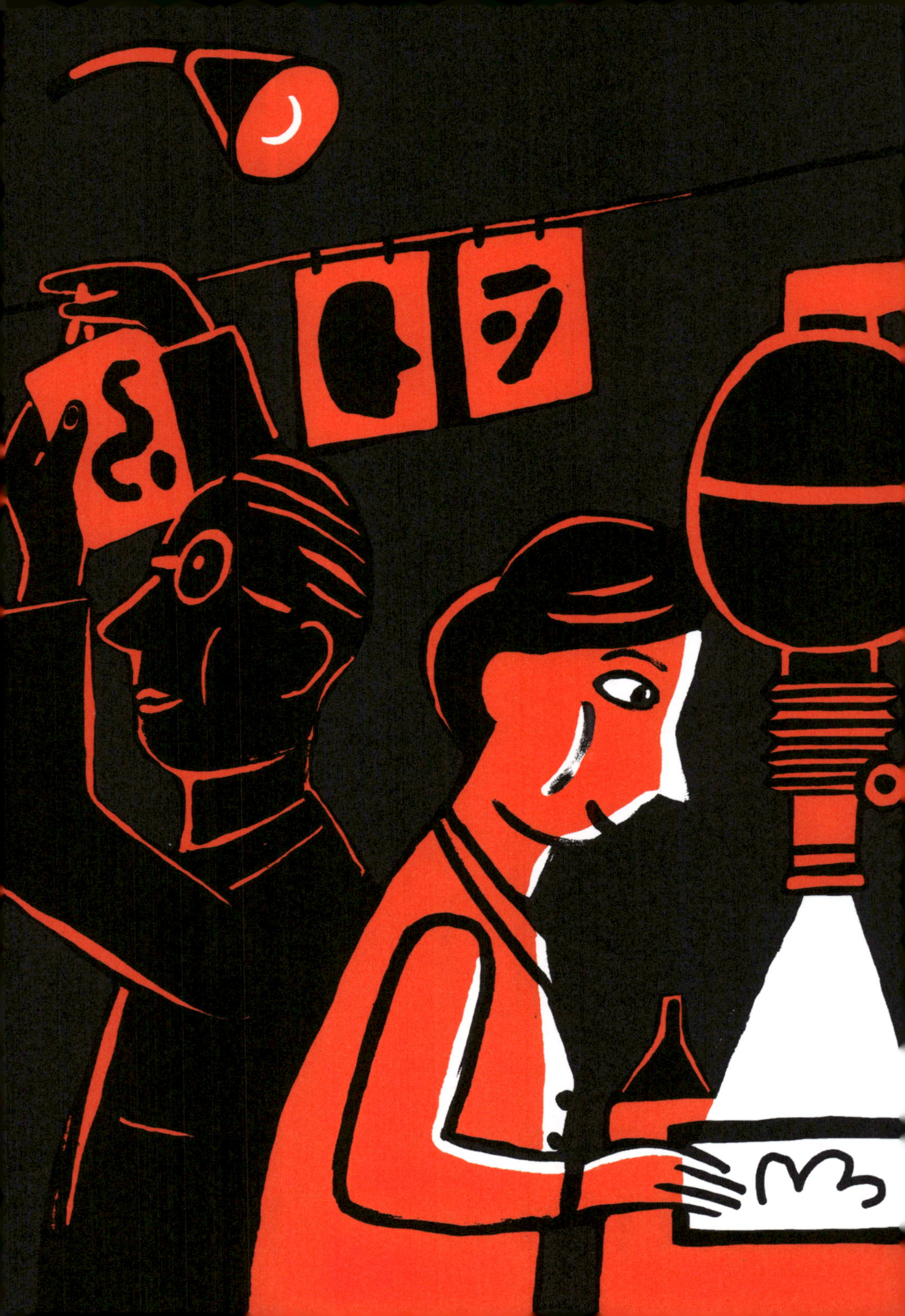

Fotografie war in den 1920er-Jahren bereits auf dem Weg zur Kunstform und das Bauhaus hat sie dabei ein großes Stück vorangebracht – denn natürlich wurde auch hier mit der Kamera experimentiert. Mit unterschiedlichen Ergebnissen: Ging es anfangs vor allem darum, die Arbeitsergebnisse fotografisch festzuhalten (Gropius forderte ab 1921 ein Fotoarchiv der »guten« Bauhausprodukte), begann man bald, mit Licht zu malen. Eine offizielle Fotoklasse gab es allerdings erst ab 1929 (Leitung: Walter Peterhans), dafür war im »Fotografenhaus«, dem Meisterhaus Feininger, schon vorher ein eigenes Fotolabor eingerichtet worden, das von den Moholys, den Feiningers und auch Josef Albers intensiv genutzt wurde.

Bauhausfotografie meint zweierlei: zum einen Bilder vom Bauhausalltag und den Bauhausprodukten und zum anderen eine bzw. mehrere Arten zu fotografieren, das Neue Sehen. Grundvoraussetzung war der technische Fortschritt: Ab Mitte der 1920er-Jahre gab es leichte Handkameras wie die Leica zu erschwinglichen Preisen, die sich problemlos mitnehmen ließen und mit denen – anders als mit den bis dato üblichen schweren Plattenkameras – neue Blickwinkel möglich waren. Die Leica erlaubte es, beispielsweise aus der Froschperspektive, von Dächern, beim Sport, in der Werkstatt oder auf Ausflügen sowohl schnell zu knipsen als auch bewusst zu komponieren.

So uneinheitlich wie das Bauhaus war natürlich auch die Herangehensweise an die neue Kunsttechnik Fotografie. Die erste offizielle Bauhausfotografin war Lucia Moholy. Ihr Auftrag war, Bauhausprodukte und -architektur fotografisch festzuhalten und so in die Welt bringen zu können, ihr Ansatz war extreme Nüchternheit (sie versuchte, möglichst schattenlos zu fotografieren), wohl damit die abgebildeten Dinge für sich selbst sprechen konnten. Auch für Walter Peterhans ging es darum, mit der Kamera die Wirklichkeit möglichst exakt zu vermessen. In seinen Stillleben arrangierte er beispielsweise tote Fische neben Geweben oder ließ Eier auf Holzplatten fallen, um die verschiedenen Materialien mit ihren verschiedenen Oberflächenstrukturen in Szene zu setzen.

László Moholy-Nagy hingegen wollte die traditionellen Wahrnehmungsmuster brechen und mit den Fotos nicht nur die Wirklichkeit reproduzieren, sondern eine eigene Bildwelt schaffen. Moholy-Nagys »Blick vom Berliner Funkturm« beispielsweise sieht dann auch eher aus wie ein abstraktes Gemälde. Mit seinen Fotogrammen erfand er auch die Fotografie ohne Kamera: Hierzu legte er Gegenstände oder auch schon mal seinen Kopf für ein besonderes Selbstbildnis auf Fotopapier, belichtete kurz und schuf so eine völlig neue Ästhetik.

Natürlich stand der Mensch auch im Fokus der Bauhäuslerkamera: Otto Umbehr, genannt Umbo, machte sich nicht nur mit seinen flaneurhaften Fotos des Berliner Großstadtlebens einen Namen, sondern auch mit einer neuen, für die damalige Zeit ungewöhnlichen Art, Gesichter zu fotografieren: Er ging ganz nah ran mit der Kamera, spielte gekonnt mit Licht und Schatten und schuf so die moderne Porträtfotografie.

Gertrud Arndt hingegen avancierte aus »Langeweile«, wie sie selbst sagte, zur heimlichen Cindy Sherman des Bauhauses. Während sie im Meisterhaus auf ihren Mann, den Bauhausmeister Alfred wartete, vertrieb sie sich die Zeit mit Selbstporträts, den »Maskenphotos«: In diesen schlüpfte sie mittels Verkleidung, Mimik und Frisur in unterschiedliche Frauenrollen. Auch Marianne Brandt fotografierte sich gern selbst und setzte dabei auf Inszenierung, wie ihr ikonisch gewordenes Selbstporträt von 1929 zeigt, für das sie einen für das Metallische Fest selbst gefertigten Kopfschmuck trug. Es ging aber auch subtiler: Von Marianne Brandt gibt es eine Reihe Fotos von Spiegelkugeln: Sie fotografierte nicht direkt das Objekt, den Raum oder die Person, sondern dessen bzw. deren Spiegelung in einer blanken Metallkugel. Das hat zum einen den Effekt einer verzerrenden und damit abstrahierenden Bildästhetik, zum anderen ist so auch die Fotografin selbst mit im Bilde.

Das neue Medium Fotografie bot also insbesondere den Bauhausfrauen einen neuen Raum der künstlerischen Betätigung: Neben Lucia Moholy, Marianne Brandt oder Gertrud Arndt stehen die Namen von Florence Henri, Irene Bayer, Grete Stern, Ré Soupault oder Elsa Thiemann für große Fotografie.

Erich Consemüller war der von Gropius beauftragte Chronist mit der Kamera. Seine Schnappschüsse des lebendigen Bauhausalltags – wie die maskierte Frau im Wassily Chair, die Bauhausmeister auf dem Prellerhausdach oder die Bauhausbühnenbilder haben das Hochschulleben ikonisch gemacht. Überdies fotografierten viele Bauhäusler eifrig Werk und Alltag, experimentierten mit Schatten, Spiegeln, ungewöhnlichen Perspektiven, setzten Masken auf, schnitten Grimassen, zeigten akrobatische Einlagen und inszenierten so das Image des wilden Bauhauslebens immer wieder aufs Neue. Hätte es damals die weltweit sichtbare Selbstdarstellungsplattform Instagram schon gegeben, die Bauhäusler wären ganz vorne mit dabei gewesen. Sicher ist: Dass das Bauhaus sich so eifrig in Fotografien inszeniert hat, hat sich auf jeden Fall ausgezahlt und dem Mythos als einzigartiger Experimentierort zur Blüte verholfen.

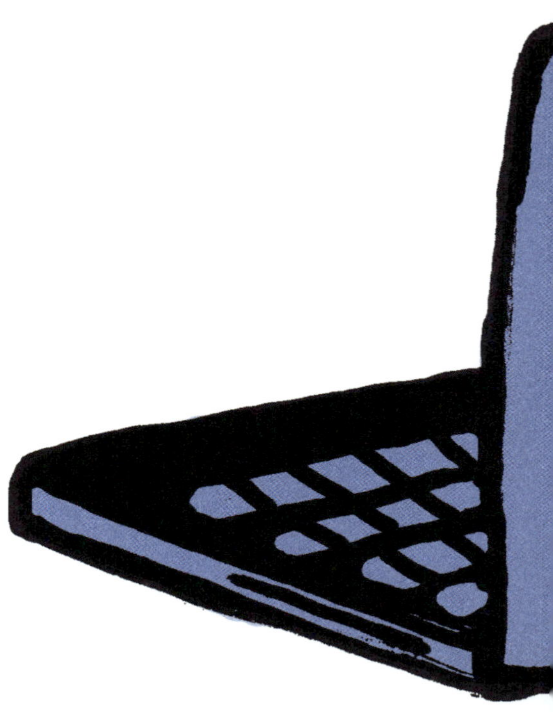

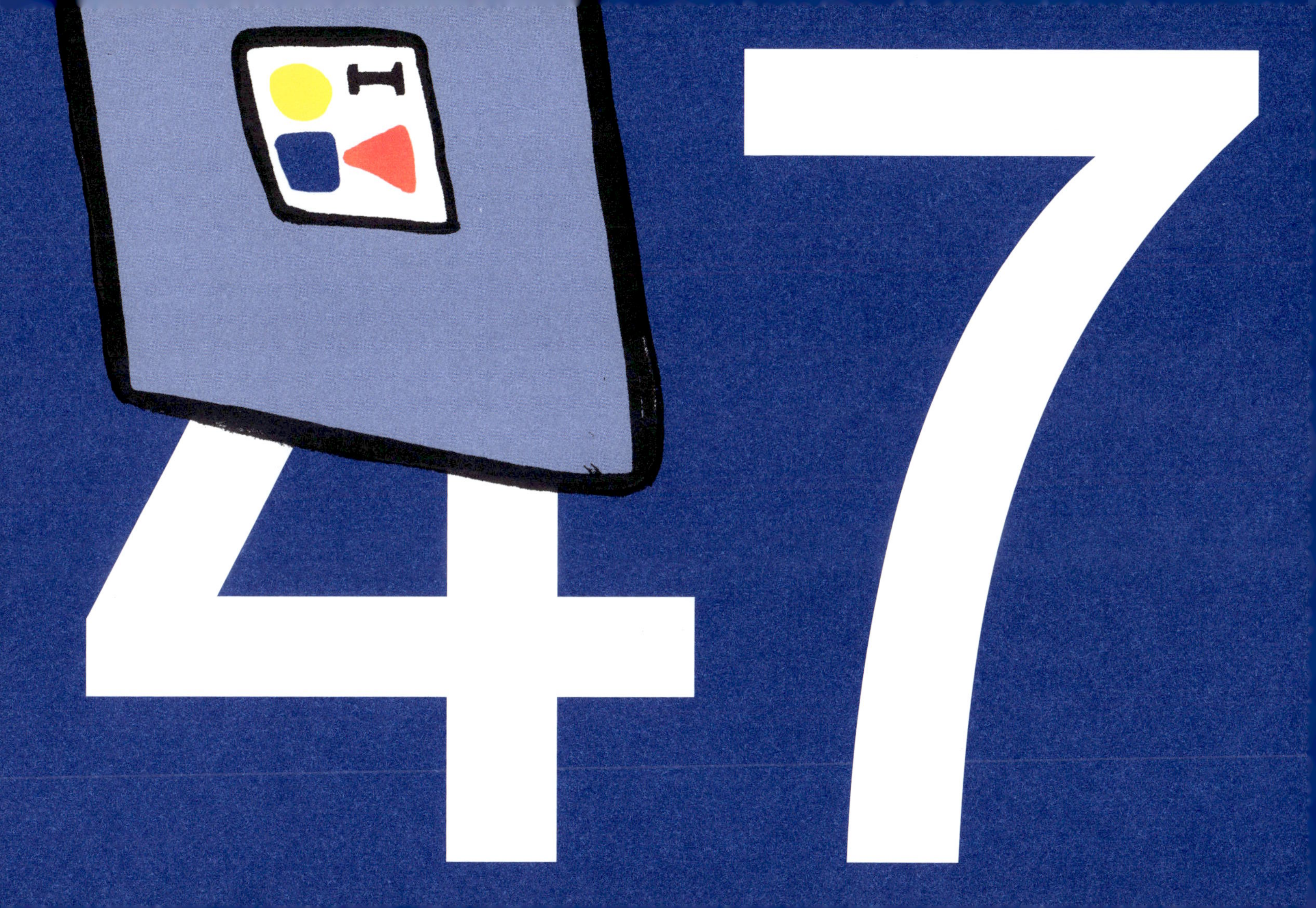
47

# Warum sind so viele Grafik-designer Bauhausfans?

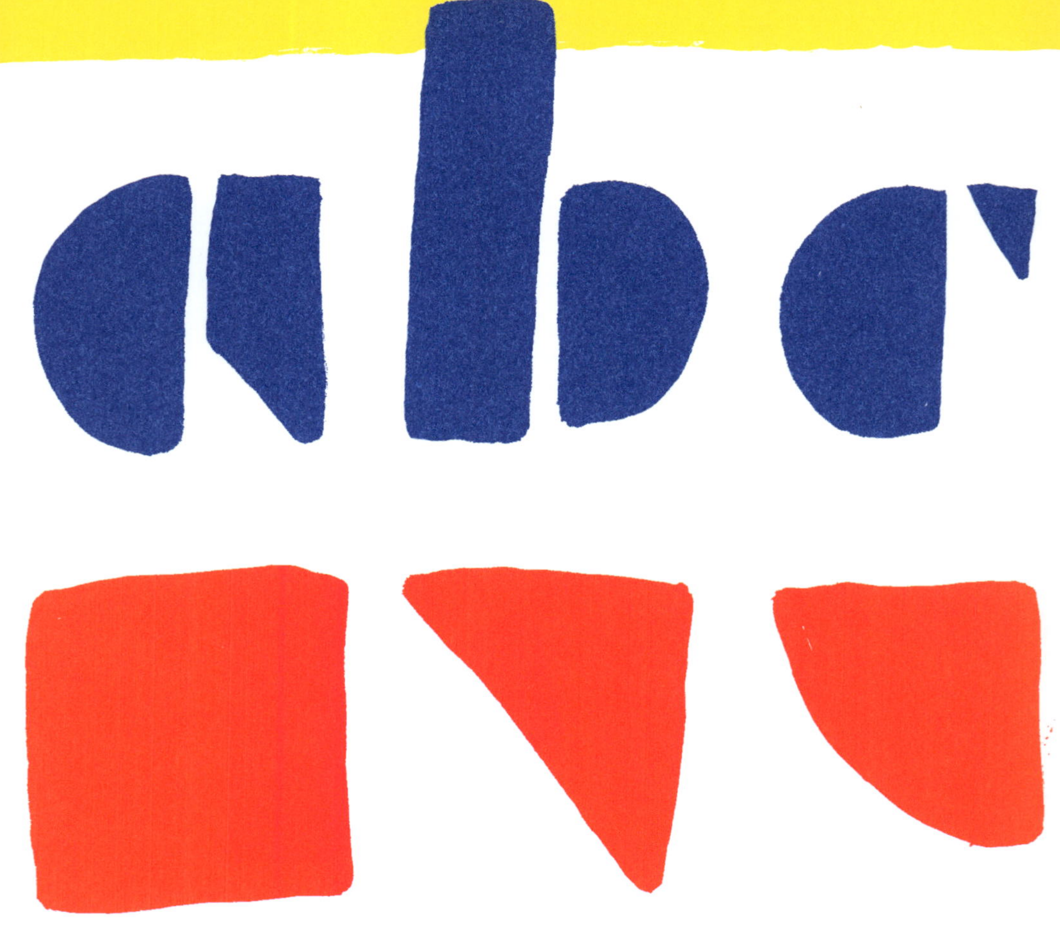

Unter den Bauhausenthusiasten sind – neben Architekten – auch eine Reihe Grafikdesigner zu finden, deren Augen bei bloßer Erwähnung der Hochschule zu leuchten beginnen. Das könnte daran liegen, dass aus dem Bauhaus enorm viele innovative und vor allem schöne Drucksachen stammen: Plakate, Broschüren, die Zeitschrift »bauhaus«, die Bauhausbücher.

Die praktischen Voraussetzungen für gute Gestaltung waren mit der Druckerei, einer Setzerei, später der Reklamewerkstatt – die ja eigentlich ein Grafikbüro war – und auch der Werkstatt für Fotografie gegeben. So war der grafische Output des Bauhauses visuell exzellent: eine klare, stringente, reduzierte und radikal durchgezogene Gestaltung wie bei Herbert Bayers »Katalog der Muster«, experimentelle Collagen wie beispielsweise Bayers Titel der Bauhauszeitschrift oder der generell sehr durchdachte, dynamische Umgang mit Text-Satz und Linien, nicht zu vergessen der geschickte Einsatz von Illustrationen und Fotografien. Die moderne grafische Gestaltung des Bauhauses ist zeitlos aktuell und oft kann man sich heutzutage kaum noch vorstellen, dass diese Dinge – wie etwa Joost Schmidts Werbebroschüre für die Bauhaustapete mit der sich wellenden Titel-Typo – analog und ohne den Einsatz der Adobe Creative Suite entstanden sind.

Vor allem aber hatte man am Bauhaus einen Sinn für Typografie, einer der Königsdisziplinen des Grafikdesigns. Der erste »Typo-Freak« kam 1923 mit László Moholy-Nagy ans Bauhaus. Der Mitinitiator der Bauhausbücher proklamierte die Neue Typografie: Bis dato hatte es vor allem die mit Schnörkeln überfrachteten wilhelminischen Fonts gegeben. Moholy-Nagy befand nun: »Die Typografie ist ein Instrument der Mitteilung. Sie muß eine klare Mitteilung in der eindringlichsten Form sein.«[90] Darum forderte er die »Einheitsschrift, ohne Minuskeln und Majuskeln; nur Einheitsbuchstaben – nicht der Größe, sondern der Form nach«[91].

Als Herbert Bayer 1925 der Jungmeister der Reklamewerkstatt und der angeschlossenen Druckerei wird, führt er den Gedanken Einheitsschrift – für ihn die »Weltschrift« – fort. Diese Universalschrift soll weder individuelle Charakter- oder Künstlerschrift sein noch historische Formen haben, da sie ja eine international gültige Schrift sein soll, der Zeit entsprechend.

»So wie moderne Maschinen, Architektur und Kino Ausdruck unserer exakten Zeit sind, muss es auch die Schrift sein«[92], so Herbert Bayer. Überdies forderte er, »dass alle Buchstaben aus den Grundformen von Kreis und Quadrat basieren und eine durchgehend gleiche Strichstärke besitzen. Es gibt kein großes und kleines Alfabet. Es ist nicht nötig, für einen Laut ein großes und ein kleines Zeichen zu haben. Die gleichzeitige Verwendung zweier im Charakter vollständig verschiedener Alfabete ist unlogisch und unharmonisch.«[93] So schrieb denn das Bauhaus ab 1925 auch alles klein. (Ausgenommen der Schriftzug am Bauhausgebäude, der in Versalien der »Universal« gesetzt ist.)

Mit Josef Albers arbeitete ein weiterer Bauhäusler an Schriftkonzepten auf Basis geometrischer Grundformen. Aus Quadrat, Dreieck und Viertelkreis entwickelt er eine Serie von zehn Standard-Elementen, die sich zu allen Buchstaben des Alphabets und natürlich Satzzeichen, Umlauten oder Ziffern kombinieren lassen. Daher der Name »Kombinationsschrift«. Diese Reduktion sollte der Effizienz und Serienproduktion dienen. Albers meinte, dass die Kombinationsschrift »bei der reichlich komplizierten herstellung von typografischen schriften eine außerordentliche arbeits- und materialersparnis verspricht«[94].

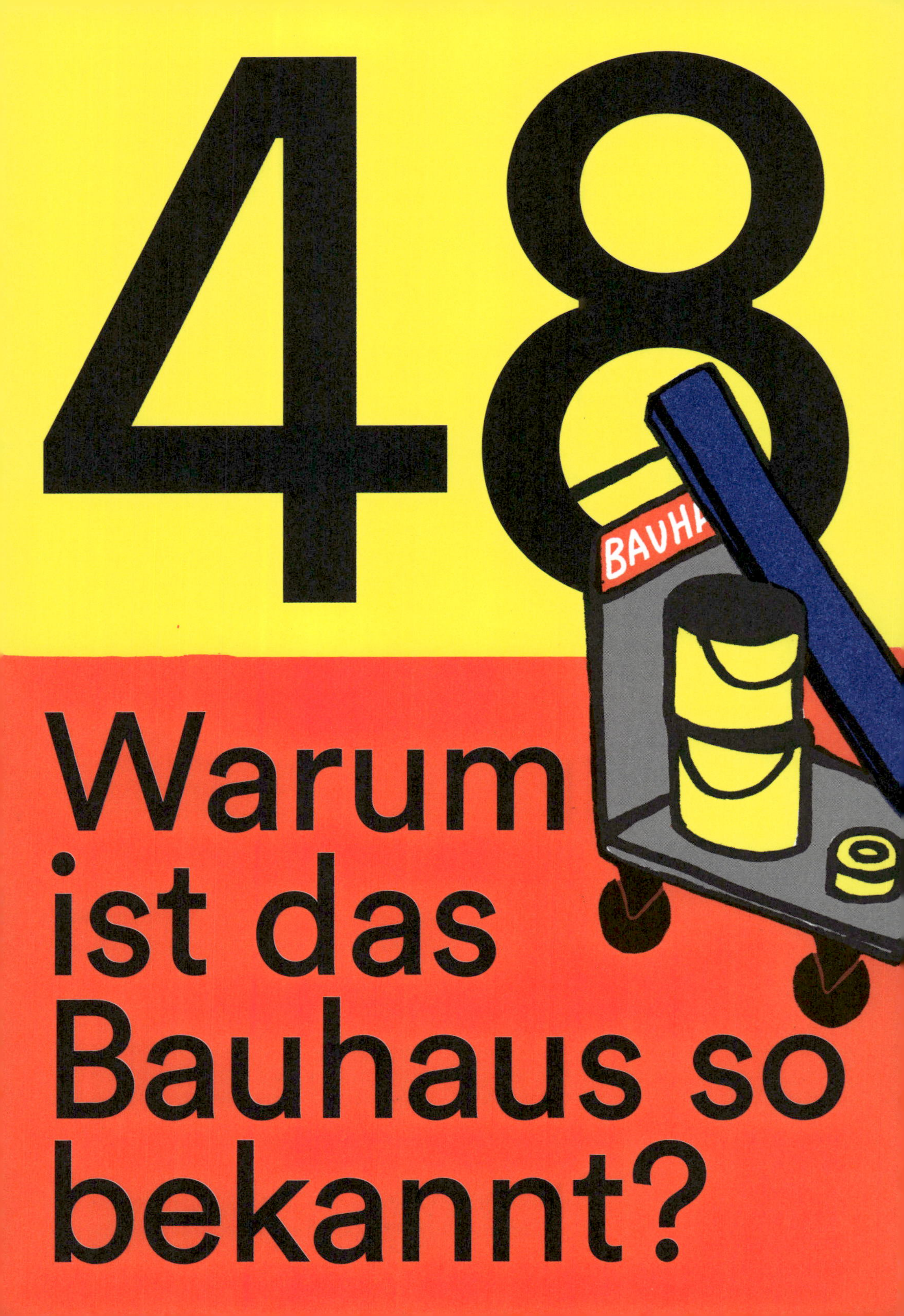
48
BAUHA
Warum
ist das
Bauhaus so
bekannt?

»Bauhaus« ist heute Synonym für moderne Architektur und Design – so werden diverse Gebäude oder Produkte mit der Hochschule assoziiert, obwohl sie nicht dort entstanden sind und auch nicht von Bauhäuslern erschaffen wurden. Das Bauhaus gilt immer noch als der »erfolgreichste kulturelle Exportartikel« Deutschlands, das 100. Jubiläum 2019 wird weltweit groß gefeiert.

Einerseits beruht die Bekanntheit natürlich auf der Besonderheit des Bauhauses. Allein, dass die großen bildenden Künstler Klee, Kandinsky und Feininger da waren und mitwirkten, macht eine Menge aus. Die gelungene Mischung aus Architekten, Designern und Künstlern, die mit einer jugendlichen, idealistischen und auch markenbewussten Attitüde an der Moderne arbeiteten, konnte ja nur eine Erfolgsgeschichte sein. Besonders nach dem Zweiten Weltkrieg verkörperte das Narrativ vom demokratischen, freien Bauhaus aus deutschen Landen – zumindest in Westdeutschland – einen willkommenen Gegenentwurf zu der dunklen Nazi-Zeit, der gern am Leben erhalten wurde. Frei nach dem Motto: Wir Deutschen hätten auch anders gekonnt. In der DDR dauerte die Wiederentdeckung des Bauhauses etwas länger. Die Nationalsozialisten haben übrigens auch auf eine zweite Weise zur Verbreitung der Bauhausidee beigetragen: Dadurch, dass sie Bauhäusler wie Gropius oder Mies in die Emigration trieben, gelangte die Geschichte vom Bauhaus in die ganze Welt. (Sehr zum Ärger von Tom Wolfe, der die amerikanische Architektur durch eine Bauhausideen-Invasion bedroht sah.)

Bauhaus ist also immer auch eine Utopie, eine mythische Erzählung – die sich in einem enormen kreativen Output manifestiert hat und so greifbar wird. Wer sich eine Wagenfeld-Lampe oder einen Wassily Chair leisten kann, kann sich damit ein Stück dieser Utopie nach Hause holen. Und das Bauhaus hatte eine Reklamewerkstatt, die eigentlich den Produktverkauf ankurbeln sollte, aber natürlich auch für die Bekanntheit der Schule und ihre Images sorgte.

Trotz allem denkt – zumindest in Deutschland – die Mehrheit der Menschen bei der Lautfolge »Bauhaus« eher an einen Baumarkt als an die Gestaltungsrevolution aus Weimar, Dessau und Berlin. Der Markenprofi Gropius hat nämlich versäumt, sich den Namen zu sichern. Und so wurde 1960 zwar mit dem Bauhaus-Archiv eine Nachfolgeinstitution zur Bewahrung des Erbes in Darmstadt gegründet, aber eben auch eine Baumarktkette gleichen Namens, deren Besitzer das Wort »Bauhaus« im Handelsregister eintragen ließ. Erst in den 1970er-Jahren versuchte das Bauhaus-Archiv, sich die Namensrechte vor Gericht zurückzuholen, aber ohne Erfolg. (Die Stätten in Weimar und Dessau waren damals noch DDR und somit außen vor.)

Weltweit wird unter dem Namen »Bauhaus« übrigens so einiges verkauft: Schokolade, Postlermöbel aus Mississippi, eine britische Post-Punk-Band, Mode aus Hongkong und Luftfahrtforschung. Als 2009 allerdings eine Studenteninitiative der Bauhaus-Universität in Weimar unter dem sprechenden Namen »my bauhaus is better than yours« begann, die Entwürfe junger Möbeldesigner zu vertreiben, wurde geklagt und das neue Design-Netzwerk musste sich umbenennen. Wohlgemerkt ging die Klage nicht von den Institutionen aus, die das Bauhauserbe verwalten (diese müssen selber vorsichtig mit der Verwendung des Namens »Bauhaus« sein), sondern von dem Baumarktbesitzer, der wohl nicht einsah, dass jemand anderes Dinge unter »seinem« Namen verkaufen wolle.

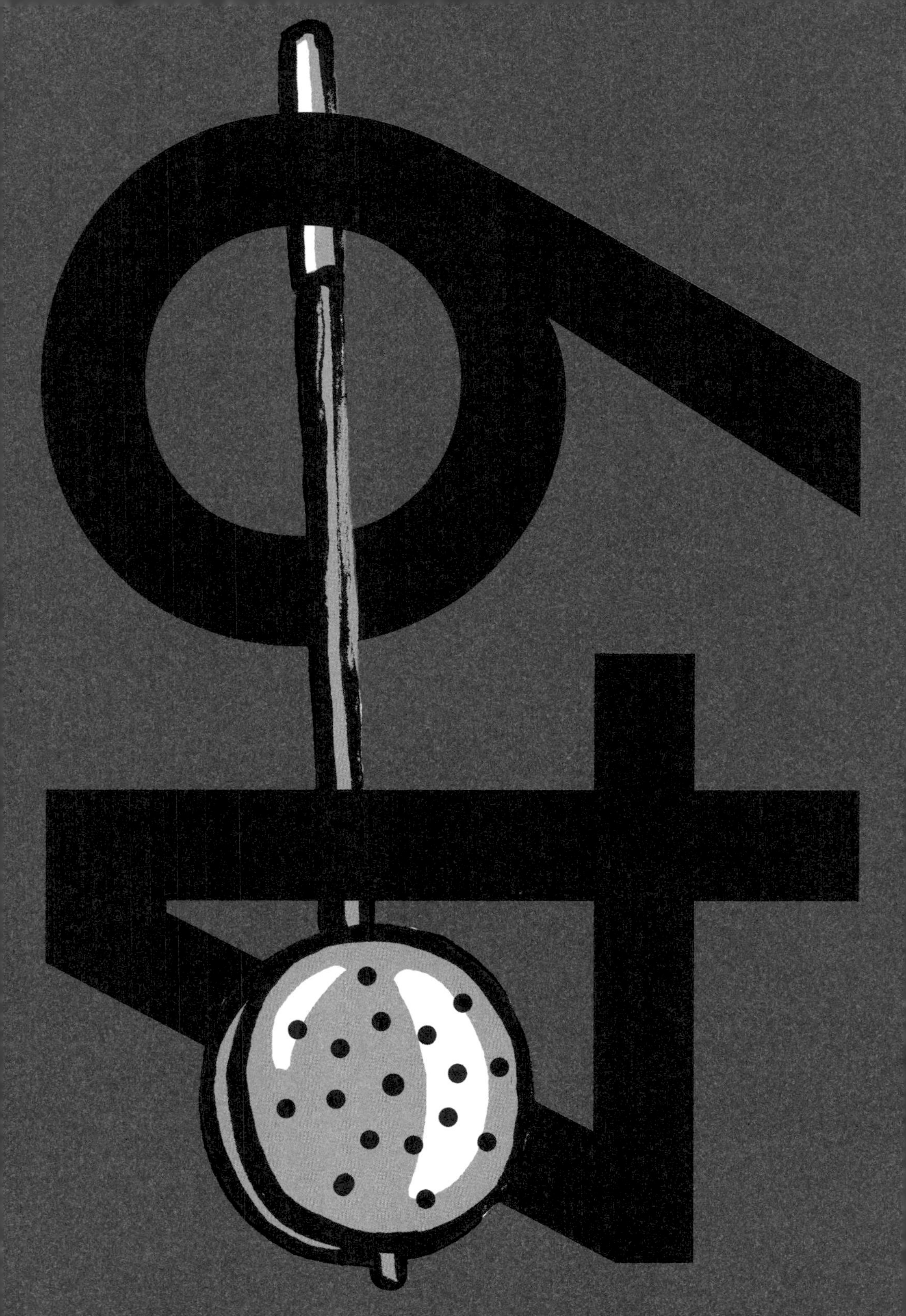

# Inwiefern hat das Bauhaus es geschafft, die Gesellschaft zu verändern?

Schwer zu sagen. Zuerst einmal muss dafür die Frage beantwortet werden, ob Gestaltung überhaupt Gesellschaft verändern kann? Und Gesellschaft sich nicht sowieso immer von alleine verändert – Gestaltung hin oder her?

Abgesehen von den pädagogischen Errungenschaften hat das Bauhaus auf jeden Fall einigen Ideen der Moderne eine Form gegeben – ob diese Form immer hundertprozentig gelungen ist, ist dabei vielleicht erstmal zweitrangig. Das Bauhaus hat mitnichten alles richtig, gut und schön gemacht. Aber es war wichtig, dass über gutes Wohnen oder schöne Dinge für alle nachgedacht wird. Allein schon, dass man an sich den Anspruch stellt, gleichberechtigt, demokratisch und sozial zu gestalten, ist ein veränderndes Statement. Dass man, wie Hannes Meyer, den Menschen zum Maß aller Dinge macht. Es kommt nicht nur, aber auch, auf die Haltung an. Insofern war das Bauhaus ein Katalysator der Moderne. Es hat die Menschen bewegt: ans Bauhaus zu kommen, mitzudenken an der neuen, besseren Welt – auch wenn es sie nicht unbedingt geschaffen hat.

Und es bewegt die Menschen auch heute noch dazu, über das Bauhaus nachzudenken – und sie so auf eine Frage hinzulenken: In was für einer Welt wollen wir eigentlich leben?

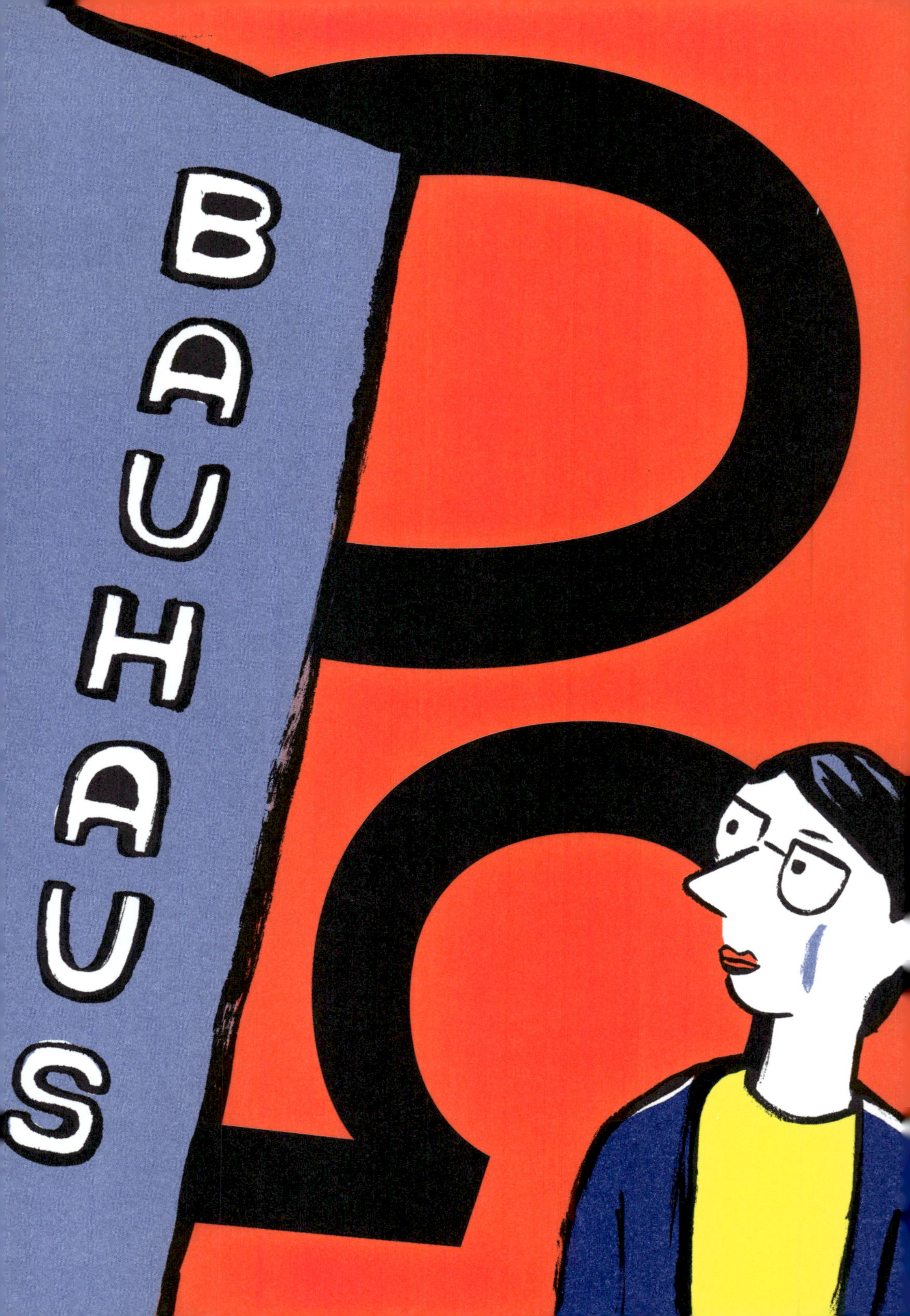
BAUHAUS

# Was hat uns das Bauhaus heute noch zu sagen?

Seit der Bauhausgründung sind nun fast 100 Jahre vergangen. Die Welt hat sich ganz schön weitergedreht und aus der jungen wilden Avantgardebewegung Bauhaus ist das traditionelle Bauhauserbe geworden, aus der Schule ein Museum – eigentlich ein Paradox.

Nichtsdestotrotz sind die Ansätze des Bauhauses auch heute noch überaus aktuell: interdisziplinär und demokratisch die Dinge und die Welt immer neu zu betrachten, kritisch zu hinterfragen – immer mit dem Auftrag, die Gesellschaft und die Welt zu verbessern. Und wir haben heute mit der digitalen Transformation eine ähnliche Umwälzung erfahren, wie sie damals von der Industrialisierung ausgelöst wurde. Insofern sind ein paar radikal auf Menschenfreundlichkeit und Gemeinschaft, Ehrlichkeit und Transparenz, Demokratie und Freiheit ausgerichtete Gestaltungsansätze ein vielversprechender Ansatz.

Aber statt um industriell gut herzustellende Möbel oder typisierte Architektur geht es im 21. Jahrhundert eher um die Fragen, wie klare und ehrliche Benutzeroberflächen von Handys oder Computern aussehen, wie man ressourcenschonend gemeinschaftsstärkende Wohnanlagen bauen kann, die fit für den Klimawandel sind, oder wie man mit dem knappen Raum bei Stadtplanungen effizient und gerecht umgeht.

Würde es das Bauhaus heute noch als Avantgardebewegung geben, würde man dort also vielleicht mit Gamedesign oder künstlicher Intelligenz experimentieren; statt Architekturen für Häuser würden Informations- oder Software-Architekturen gebaut werden oder Wege gesucht, die analoge, »wirkliche« Welt in der digitalen, virtuellen Welt zu behaupten – was sich für manchen nostalgischen Bauhausfan wahrscheinlich ziemlich gruselig anhört.

Aber man muss sich das Bauhaus gar nicht im Heute vorstellen, um sich von ihm etwas sagen zu lassen: Das Bauhaus ist auch heute noch in seiner Vielfalt und radikalen Experimentierwut eine scheinbar nie versiegende Inspirationsquelle für Gestalter, Künstler und Architekten. Das zeigen auch die vielfältigen Projekte der Nachfolgeinstitutionen wie Stiftung Bauhaus Dessau, Bauhaus-Archiv Berlin oder Klassik Stiftung Weimar, die versuchen, die Bauhausideen ins Heute zu übertragen, lebendig zu halten und mehr zu sein als Museum. Denn ob Freund oder Feind – so ziemlich jeder wird etwas finden, um sich am Bauhaus abzuarbeiten.

## Zahlen, Zahlen, Zahlen

14 Jahre gab es das Bauhaus an 3 Standorten. In dieser Zeit hat es 222 km zurückgelegt.

Rund 1250 Leute aus mindestens 29 Ländern haben am Bauhaus studiert: Die Welt kam ins Bauhaus und nahm es auch wieder mit in die Welt.

71 Mal trauten sich Bauhäusler, sich trauen zu lassen.

20 Mark betrug 1919 die einmalige Aufnahmegebühr für das Bauhaus – festgeschrieben im Bauhaus-Manifest. Ausländer zahlten das Doppelte, ergo 40 Mark.

1920 sind von den 143 Bauhäuslern 62 weiblich und 81 männlich; 1929 studierten 119 Männer und 51 Frauen. Nur 11 waren über 30 Jahre alt.

Für 6000 Reichsmark verkaufte Mies 1933 die Rechte für die Bauhaustapete, den »Bestseller« am Bauhaus, an die Firma Rasch.

3 Pfund bringt das einzige verkaufte Werk auf der Bauhausausstellung in Indien 1922: ein Aquarell von Bauhaus-schülerin Sofie Korner.

Für 1,60 Mark konnte bei der Bauhaus-ausstellung in Weimar 1923 ein Bau-haus-»Schnäppchen«, eine Mokkatas-se Marke Bauhaus, erworben werden.

Das Dessauer Bauhausgebäude kostete 800 000 Reichsmark und umfasste 32 000 m³ Raum.

314 Häuser plante Walter Gropius für die Siedung Dessau-Törten, ein Haus sollte 10 000 Reichsmark kosten.

Im Prellerhaus Dessau gab es auf fünf Stockwerken 28 Wohnateliers von jeweils 24 qm² Größe. Im ersten Stock wohnten vor allem Bauhäuslerinnen, darum hieß dieser auch »Damenetage«.

Erschwingliches Bauhaus?
Für 361 000 $ wechselte das Tee-Extraktkännchen MT 49 von Marianne Brandt 2007 auf einer Auktion den Eigentümer.

54 Bauhausbücher waren geplant, tatsächlich erschienen sind 14.

37,50 Reichsmark betrug die Monatsmiete für eine Zweizimmerwohnung in den Dessauer Laubenganghäusern.

36 Geschmacks- und Gebrauchsmuster Marke Bauhaus waren 1932 auf den Namen der Stadt Dessau angemeldet.

Rund 700 Gäste besuchten das letzte Bauhausfest im Februar 1933 in Berlin, bei dessen Tombola Werke von Picasso, Nolde, Kandinsky, Klee und Feininger zugunsten der Bauhauskasse versteigert wurden – welcher heutige Kunsthändler wäre da nicht gern dabei gewesen?

Liebe auf den ersten Blick: Nach ihrem ersten Aufenthalt in Mexiko reisten Anni und Josef Albers zwischen 1935 und 1967 noch 12 Mal in dieses Land – insbesondere Anni ließ sich hier von der präkolumbianischen Kunst inspirieren.

# 82 Jahre war »Urgestein« Ludwig Mies van der Rohe alt, als 1968 mit der Neuen Nationalgalerie in Berlin sein letztes Bauwerk eröffnet wurde.

1→W. Gropius, Bauhaus-Manifest, Weimar 1919, S. 1. Im Folgenden mit der Sigle BM zitiert; 2→Ebd.; 3→Ebd.; 4→Ebd.; 5→Ebd.; 6→W. Nerdinger, u. a. (Hg.), Ausstellungs-Katalog: 100 Jahre Deutscher Werkbund, München 2007, S. 142; 7→W. Gropius, Rede zur ersten Ausstellung von Schülerarbeiten, in: Volker Wahl, Das Staatliche Bauhaus in Weimar, Böhlau 2009, S. 242; 8→Robert Musil, Der Mann ohne Eigenschaften, in: Robert Musil, Gesammelte Werke, hg. von Adolf Frisé, Bd. 1, S. 402f.; © 1978 by Rowohlt Verlag GmbH, Reinbek bei Hamburg; 9→BM, S. 2; 10→Ebd.; 11→Ebd.; 12→J. Albers, zit. n. O. Barker, Der Künstler als Lehrer, in: Stift. Bauhaus Dessau (Hg.), Zeitschrift Bauhaus 1 (2011), S. 48; 13→BM, S. 3; 14→Zit. n. M. Droste, Bauhaus 1919–1933, Köln 2015, S. 25. Im Folgenden zitiert mit der Sigle MD; 15→Ebd., S. 54; 16→O. Schlemmer, Briefe und Tagebücher, hg. v. T. Schlemmer, Stuttgart 1977, S. 59. Im Folgenden zitiert mit der Sigle OS; 17→Ebd., S. 66; 18→W. Gropius, Der Baugeist der neuen Volksgemeinde, in: Die Glocke 10 (1924), H. 1, S. 311–315, hier S. 314; 19→T. Blume, Ein Unternehmen wider die Natur, in: Stift. Bauhaus Dessau (Hg.), Zeitschrift Bauhaus 6 (2014), S. 8; 20→Zit. n. W. Gropius, Meisterhaus Muche/Schlemmer, Stuttgart, Zürich 2003, S. 180; 21→J. Feininger (Hg.), Compiled Correspondence of the Lyonel Feininger family and friends, Bd. 2, 1927, S. 13; 22→MD, S. 138; 23→W. Gropius, Grundsätze der Bauhausproduktion, in: Neue Arbeiten der Bauhauswerkstatt. Bauhausbücher 7, München 1925, S. 5; 24→H. Meyer, Bauen und Gesellschaft, Dresden 1980, S. 68; 25→MD, S. 169f.; 26→H. Meyer, Junge Menschen kommt ans Bauhaus, 1929, Buchdruck auf Papier, 14,7×20,9 cm; 27→H. Meyer, Bauhaus und Gesellschaft, in: Bauhaus 3 (1929), H. 3, S. 4; 28→Ebd.; 29→H. Meyer, Erläuterungen zum Schulprojekt, in: Bauhaus 2/3 (1928), S. 13; 30→Ebd., S. 14; 31→H. Meyer zit. n. MD, S. 196; 32→Zit. n. ebd., S. 192; 33→Zit. n. MD, S. 236; 34→Zit. n. Die letzten Tage, in: Stift. Bauhaus Dessau (Hg.), Zeitschrift Bauhaus 5 (2013), S. 142; 35→Zit. n. MD, S. 226; 36→Zit. n. Die letzten Tage, in: Stift. Bauhaus Dessau (Hg.), Zeitschrift Bauhaus 5 (2013), S. 142; 37→Rundschreiben 10.08.1933, zit. n. ebd.; 38→Zit. n. F. Werner, Kabale, auch wegen Liebe auf 28 mal 24 Quadratmeter, in: Stift. Bauhaus Dessau (Hg.), Zeitschrift Bauhaus 5 (2013), S. 107; 39→Zit. n. W. Nerdinger (Hg.): Bauhaus-Moderne im Nationalsozialismus, München 1993, S. 19; 40→W. Gropius, Die neue Architektur und das Bauhaus, Mainz 1965, S. 63; 41→P. Westheim, Bemerkungen zur Quadratur des Bauhauses, in: Das Kunstblatt (1923), S. 319f.; 42→H. Meyer, Bauhaus und Gesellschaft, in: Bauhaus 3 (1929), H. 3, S. 4; 43→BM, S. 1; 44→G. v. Lukács, Theorie des Romans, in: Zeitschrift für Ästhetik und allgemeine Kunstwissenschaft 11 (1916), S. 225–271, hier S. 234; 45→OS, S. 54f.; 46→Ebd., S. 47f.; 47→H. Meyer, Bauhaus und Gesellschaft, in: Bauhaus 3 (1929), H. 3, S. 4; 48→Zit. n. MD, S. 199; 49→L. Moholy-Nagy, The New Vision and Abstract of an Artist, New York 1947, S. 79; 50→E. Kállai, Es gibt mehr Maler am Bauhaus, in: Bauhaus 4 (1929), S. 21; 51→E. Kállai, Zehn Jahre Bauhaus, in: Die Weltbühne (1930), H. 4, S. 135; 52→Zit. n. J. H. Ulbricht, Undeutsche Umtriebe, in: P. Oswalt (Hg.), Bauhaus Streit, Ostfildern 2009, S. 23; 53→Ebd.; 54→P. Schultze-Naumburg, Flaches oder geneigtes Dach?, Berlin 1927, S. 10; 55→Zit. n. G. Wendermann, Der Internationale Kongress der Konstruktivisten und Dadaisten, in: H. Seemann (Hg.), Europa in Weimar, Göttingen 2008, S. 391; 56→P. Westheim, Bemerkungen zur Quadratur des Bauhauses, in: Das Kunstblatt (1923), S. 319f.; 57→B. Brecht, Nordseekrabben oder Die moderne Bauhauswohnung (1927), in: ders., Gesammelte Werke 11, Bd. Prosa 1, Zürich 1976, S. 153–162, hier S. 159; 58→E. Bloch, Die Bebauung des Hohlraums (1929), in: ders., Gesamtausgabe in 16 Bänden, Bd. 5, Frankfurt a. M. 1977, S. 858–873, hier S. 858f.; 59→R. Schwarz, Bilde Künstler, rede nicht, in: U. Conrads, u. a. (Hg.), Die Bauhaus-Debatte 1953, Braunschweig, Wiesbaden 1994, S. 37; 60→W. Ulbricht (1951), zit. n. W. Thöner, Staatsdoktrin oder Regimekritik, in: P. Oswalt, Bauhaus Streit, Ostfildern 2009, S. 232; 61→C. Jencks, Die Sprache der postmodernen Architektur, Stuttgart 1977, S. 8; 62→T. Wolfe, Mit dem Bauhaus leben, Königstein 1982, S. 13; 63→Zit. n. P. Oswalt, Einleitung, in: P. Oswalt (Hg.), Bauhaus Streit, Ostfildern 2009, S. 6f.; 64→BM, S. 4; 65→Zit. n. MD, S. 40; 66→Zit. n. ebd.; 67→Zit. n. ebd., S. 72; 68→Anni Albers im Interview (1968), Archives of American Art, Smithsonian Institution; 69→OS, S. 65; 70→Anni Albers im Interview (1968), Archives of American Art, Smithsonian Institution; 71→Grundsätze der Bauhausproduktion, in: W. Gropius, L. Moholy-Nagy (Hg.), Neue Arbeiten der Bauhauswerkstatt. Bauhausbücher 7, München 1925, S. 6; 72→Ebd.; 73→Zit. n. MD, S. 105; 74→Robert Musil, Der Mann ohne Eigenschaften, in: Robert Musil, Gesammelte Werke, hg. von Adolf Frisé, Bd. 1, S. 19f.; © 1978 by Rowohlt Verlag GmbH, Reinbek bei Hamburg; 75→The Museum of Modern Art (Hg.), MoMA Highlights, New York 2004, S. 128; 76→Ebd.; 77→Zit. n. S. Ruegenberg im Interview (1985), Tecta-Archiv; 78→Moden-Spiegel 30 (1928), o. S., zit. n. Ita Heinze-Greenberg, Bauhaus und Bubikopf: Der Typenschnitt im genormten Raum, in: M. Naehring Kegler (Hg.), RaumKleider, Bielefeld 2018, S. 66; 79→BM, S. 3; 80→OS, S. 100; 81→Ebd.; 82→Ebd.; 83→Ebd.; 84→Ebd.; 85→Ebd.; 86→Ebd., S. 109; 87→Ebd.; 88→Ebd., S. 110; 89→Lajko, an marie! 1929, in: Marcel Breuer, Dokumentensammlung, Mappe 6, Bauhaus-Archiv, Berlin; 90→Zit. n. F. Friedl (Hg.), Thesen zur Typografie 1900–59, Bad Homburg 1986, S. 17; 91→L. Moholy-Nagy, Offset. Buch- und Werbekunst (1926), H. 7, S. 375f.; 92→Zit. n. MD, S. 149; 93→Ebd.; 94→J. Albers, Kombinationsschrift »3«, in: Bauhaus Zeitschrift für Gestaltung 1 (Januar 1931), S. 8.

Impressum

Bibliografische Information der Deutschen Nationalbibliothek: Die Deutsche Nationalbibliothek verzeichnet diese Publikation in der Deutschen Nationalbibliografie; detaillierte bibliografische Daten sind im Internet über http://dnb.dnb.de abrufbar.



www.seemann-verlag.de

ISBN 978-3-86502-408-4



Die im Buch verwendeten Abbildungen sind Illustrationen nach Originalen der jeweiligen Künstler.



Illustrationen:
Halina Kirschner, Leipzig

Gestaltung und Satz:
Ondine Pannet & Lisa Petersen,
Bureau David Voss, Leipzig

Fachliche Beratung:
Werner Möller, Leipzig

Projektmanagement:
Caroline Keller

Lektorat:
Iris Klein, Alina Palesch

Herstellung, Druck und Bindung:
feingedruckt – Print und Medien,
Neumünster

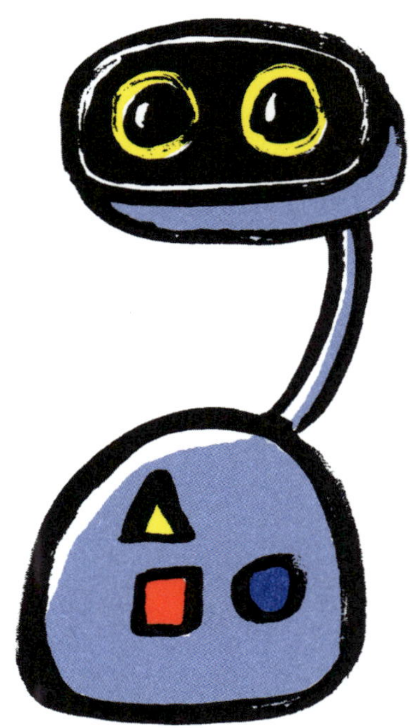